国家社会科学基金重大项目
"农民工文化需求与城市公共文化服务体系建设研究"
(12&ZD023)阶段性成果

城市公共文化研究

吴予敏 等 著

中国社会科学出版社

图书在版编目（CIP）数据

城市公共文化研究/吴予敏等著. —北京：中国社会科学出版社，2017.12

ISBN 978-7-5203-1586-9

Ⅰ.①城… Ⅱ.①吴… Ⅲ.①城市文化—群众文化—研究—中国 Ⅳ.①G122

中国版本图书馆 CIP 数据核字（2017）第 286484 号

出 版 人	赵剑英
责任编辑	戴玉龙
责任校对	李　军
责任印制	王　超

出　　版	中国社会科学出版社
社　　址	北京鼓楼西大街甲 158 号
邮　　编	100720
网　　址	http://www.csspw.cn
发 行 部	010-84083685
门 市 部	010-84029450
经　　销	新华书店及其他书店
印　　刷	北京明恒达印务有限公司
装　　订	廊坊市广阳区广增装订厂
版　　次	2017 年 12 月第 1 版
印　　次	2017 年 12 月第 1 次印刷
开　　本	710×1000　1/16
印　　张	20.75
插　　页	2
字　　数	341 千字
定　　价	88.00 元

凡购买中国社会科学出版社图书，如有质量问题请与本社营销中心联系调换
电话：010-84083683
版权所有　侵权必究

序　言

吴予敏

一

2016年12月，经十二届全国人大常委会第二十五次会议审议，我国第一部《公共文化服务保障法》获得通过。这标志着我国的公共文化服务体系建设已经从政策引导层面发展到法律规范层面，对于全社会重视、投入、参与公共文化服务起到了更高的引领和规约作用。在党的十八大绘就的深化改革的总体战略蓝图中，到2020年，我们要基本建成覆盖全国城乡、惠及大众、满足人们基本文化需求、保障人民群众基本文化权利的现代公共文化服务体系。为此，从中央到地方，从城市到乡镇，在公共文化基础设施建设、落实政府的公共文化服务主体责任、培育扶持公共文化服务组织、丰富公共文化服务产品和项目、提升公共文化服务管理效能等方面，大力持续推进，显著提高了我国基本公共文化服务均等化水平。

建设惠及全民的公共文化服务体系是建设中国特色社会主义的重要内容。这是一项伟大的社会实践和文化创造。在一定程度上说，实践走在理论前面，为我们深入开展社会主义公共文化服务理论研究提供了丰富的材料，打下了深厚的基础。从我国的社会主义建设历程来看，经过了新中国成立以后的计划经济主导时期，改革开放以后又进入社会主义市场经济时期。这两个时期的经济体制、文化体制和社会环境都发生了深刻的变化，对于公共文化服务体系建设有着重大的影响。计划经济主导时期，公共文化服务基本上是按照社会经济单位的建制，实施系统化管理，按区划、按比例、有计划地进行文化供给，专业化文化宣传服务和群众性文化活动并举，面向工农兵大众的文化需求的服务和政治宣传动员机制有机统一。另外，文化市场的作用相对微弱，文化供给的丰富性不足，群众自由选择度不高；城乡之间的文化供给差异很大。广大农村基本上还是依靠民间文化习俗活动和间断性的专业文化宣传下乡来弥补日常性的文化短缺。在改革开放初期，市场经济大潮涌动，文化市场空前活跃，人们多元化的文化需求通过市场机制得到不同程度的满足。文化市场对原有的行政化、专业化的公共文化服务体系造成了一定的冲击。一些地方的文化体制改革，片面强调市场化，以文化市场取代公共文化服务。原有的公共文化服务机构与体制脱钩，转化为文化经营单位，公益性文化服务转化为商业性文化经营。由此，在大型工业区以及广阔的农村中，原有的公共文化服务网络不同程度地断裂，公共文化服务基础设施老化。仅仅依靠自上而下组织的文化宣传输送，不能有效解决广大群众日常的文化需求。城乡之间、不同收入人群之间的文化需求差异越来越大，公共文化服务资源的配置和利用的不公平现象也凸显出来。

近年来，党和国家充分认识到公共文化服务体系建设是关系到国民文化素质提升的百年大计。公共文化服务体系和文化市场是两个不同的运行机制，需要并行不悖，各自发挥功能。前者保障广大人民群众基本的文化需求，后者满足社会不同层次不同个性的文化需求。对于一个经济和文化底子都相对薄弱，各地发展不平衡的发展中国家而言，国家这只看得见的手，要首先考虑如何解决好前者的问题。这需要通过国家财政的调控作用，大力推进一批高水平的大型公共文化设施建设，统筹推进城乡基层公共文化服务网络建设，使公共文化服务体系有坚实的物质根基。2001年以来，中央资助地方文化场馆建设，基本实现了"县县有图书馆文化馆、乡乡有综合文化站"的建设目标。2012年以来，中央又进一步支持地方新建和改扩建公共图书馆、博物馆和文化馆，对基层文化设施设备购置进行补助，撬动地方财政更多地向公共文化服务体系建设倾斜，基本建成了遍及全国城乡的公共图书馆、文化馆、群艺馆、乡镇（街道）文化站、公共博物馆、纪念馆、工人文化宫、青少年宫、科技馆、青少年校外文化活动中心、广播电视传输发射台站、出版物发行网点以及城乡居民体育健身工程。"十二五"时期，基本实现全国农村广播电视村村通，使广播电视节目综合人口覆盖率达到

98.6%。在文化软环境建设方面，大力实施全国文化信息资源共享工程已建成近百万个村（社区）基层服务点，基本实现覆盖所有乡镇、行政村，建成农村电影放映工程、建设数字院线250多条，在广阔乡村建立了60多万个农家书屋，在边远地区还建立了数万个卫星数字农家书屋。中央在公共文化服务体系建设方面的布局和措施充分体现了对我国城乡文化发展的不平衡状况的深刻认识，并依据国力和国情逐步推进的战略把握。

连续两个五年计划期间，全国的超大型城市和各大中城市的公共文化服务体系建设，是经济、社会和文化协调发展的重要内容。城市在国家整体发展的格局中是关键节点并具有辐射作用。城市化进程是我国现代化的最突出的现实。最近三十年，生产流通和商业贸易促进城市的空前膨胀，亿万的农村人口进入城市，经济结构调整和企业转型改变了城市人口的社会文化属性，经济收入的不平衡也体现在文化需求和文化活动的差异化。城市的公共文化服务体系的建设问题，既关系到广大人民群众的基本性、保障性、均等化的文化需求的满足，也关系到城市文化的发展和提升需求，充分发挥文化引领风尚的作用，为城市发展提供强大的精神动力和文化支撑。

从各地城市的公共文化服务体系建设的基本情况看，主要着力点是：第一，大力推动基本公共文化服务城乡一体化建设，优化基层文化设施空间布局。根据城市规划、人口分布相协调的原则，构筑"公共文化服务圈"。在城市建设中实现文化广场、文化公园和文化场馆建设的全覆盖。第二，实施公共文化服务设施重点工程，突出城市的文化特色和亮点，建设高水平、高层次的公共博物馆、公共图书馆、公共体育馆、公共艺术馆、歌剧院等，形成高端文化活动的聚集地，构筑城市文化形象。第三，将物质的和非物质的文化遗产保护与公共文化建设融为一体，根据城市本土文化传统和居民文化习俗特点大力发展城市特色文化。第四，健全公共文化服务网络，重点推进城市居民社区、新建大型居住社区、人口集聚区域的社区文化活动中心建设，统筹建设集宣传文化、党员教育、科技普及、普法教育、体育健身等多功能于一体的基层公共文化服务中心，并依托社区文化活动中心，将老年人、未成年人、残疾人、外来务工人员、生活困难群众等作为公共文化服务的重点照顾对象。第五，统筹考虑如何满足群众的基本文化需求和多样化文化需求,协调公益性文化服务和文化市场供给两个机制,实现多元化的文化供给侧改革。积极培育和促进文化消费,加强文化创意产品研发,创新文化产品和服务内容等。开发提升城市文化节庆活动等平台,培育新型城市文化民俗生活。第六,推进公共文化服务与高新科技融合发展,促进公共文化服务资源信息的数字化提升,推动文化资源整合、文化服务便捷化、精准化和个性化,扩大主流文化在网络新媒体环境中的影响力。

二

这本文集是作为一项国家社会科学基金重大项目("农民工文化需求与城市公共文化服务体系建设研究",项目号:12&ZD023)的中期成果之一,聚焦于城市的公共文化服务体系建设研究,主要着眼于经济发展新常态、城市化新进程的趋势,将公共文化服务体系建设和社会建设、社会治理、文化治理、融合媒体发展、文化市场培育等有机结合起来思考。

我们注意到近年来西方的新公共管理理论、新公共服务理论、公共价值理论、移民文化理论、城市化理论、社会结构化理论、文化身份理论、社会资本理论等对于公共文化服务体系研究有一定的启发,但是,我们更需要突破既定的理论和观念框架,探索提出体现中国特色社会主义特点的公共文化服务理论。

理论反思篇收录了五篇文章。笔者在《城市公共文化服务的结构二重性和社会行动者——以吉登斯结构化理论为视角》一文中,借鉴了吉登斯的结构化理论,依据中国现实,提出了目前城市公共文化服务体系存在着由政府主导管控、民众自主参与所共同建构的结构二重性,这既不是单一的科层制管控架构,不是纯粹顶层设计的政策产物,也不是任由文化市场自然形成的,而是上下互动,不断生成的结构,使二重结构能够有效运转的则是两个层面的公共文化服务的社会行动。文章提出,政府是公共文化服务的首要行动者,以其管控权威性资源和配置性资源,动员广泛的社会力量参与;而其他的社会行动者也在不同程度上依附于体制来获取行动资源。在公共文化服务的互动情境中,社会行动者的自主性和自觉性仍获得了明显提升。这一观点承认了政府在公共文化服务中的主导作用，但是并不认为社会的其他行动者只能以依附性方式参与其中。社会共同参与的互为服务是公共文化成为共享文化的行动前提。杨立青在《论公共文化服务的社会化》一文中提出了相近的观点，他认为尽管近年来我国公共文化服务体系建设取得了很大进展，但建设主体仍然显得过于单一，在发展中存在着难以为继的困境。在客观上要进一步转变政府职能，推动文化事业单位的社会化改革，促进文化类社会组织发展壮大，实行供给与生产分开的执行机制，强化服务过程的监管，推动公共文化服务社会化的发展，形成"多元互补共供"的治理结构。任珺在《文化的公共性与新兴城市文化治理机制探讨》一文中基于文化公共性特征以及理论界对公共领域的探讨，对"文化的公共性"命题进行了新的诠释，提出"文化的公共性"直接表现为公众对公共领域文化生活的充分参与，这是形成公共秩序的文化途径，其价值尺度在于保障人民群众的文化权益，通过广泛的社会参与来共建核心价值，在公共领域中重构文化主体性。

由罗雅莉和笔者合写的《公共文化服务视角下的公共价值创造》一文，对近十年来公共文化服务研究领域作了概要性的评述。其中涉及理论建设、绩效评估、发展模式等多方面的研究成果，对具有一定代表性的研究进行了分类总结。文章还对"文化公共性""均等化""基本性"等概念进行了梳理，对西方学者继新公共管理理论之后提出的公共价值理论的内涵以及对公共文化服务理论的启示作了较多的讨论。

不可否认，目前国内关于公共文化服务的研究，还大多停留在政策宣示和实践经验描述层面，对理论问题的研究显得不足。在这一背景下，西方新公共管理理论、新公共服务理论、新公共价值理论的影响是较大的。尽管这本文集还未能全面探讨这些理论的合理性以及对中国问题适合与否，但我们对这些理论的借鉴还是有所反思的。20世纪80年代以来较为盛行的新公共管理理论，在一定程度上是新自由主义经济管理学在公共管理领域的运用，核心概念是管理的自由化和市场化，以节约成本、提高效益为尺度，将私营部门的管理技术运用于公共事务部门，强调将决策与施行分开，引入竞争机制和成本概念，以市场机制调控公共资源。这一理论出现在欧美福利国家模式陷于困境的时期是不足为奇的。对于我国长期以来计划经济主导下公共管理体制所形成的效率低下、官僚主义弊端，也不无针砭作用。问题是，新公共管理理论并不完全适用于我国实际。我国的基本经济制度是社会主义市场经济，在公共资源管理范畴，社会主义原则和施政体制是起到决定性作用的，而政府又是作为公共资源管理的责任主体。在公共文化服务领域，不是简单地放权分权，任由市场化运作就能达成公共服务效益的。90年代中期，新公共管理理论在西方学术界受到了批评，认为它过分强调市场化和私营模式会损害社会公平正义，偏离社会民主原则。由此又有学者提出了"新公共服务理论"和"公共价值理论"对其进行矫正。新公共服务理论是以公民权利为价值核心的公共管理哲学。在这一理论中强调广泛的公众对话协商、社会参与形成公共价值；强调公共服务不只是体现为"顾客"服务，也要充分考虑到社会不同阶层的需求，体现公平正义；强调公共服务目标在于培育公共意识、社会责任和奉献精神，避免短期效应，等等，都是对片面强调市场效能的一个矫正。另外，新公共服务理论中界定政府的角色作用，强调其仅仅是服务者、中介者而非领航者，则也不尽符合我国国情。至于公共价值理论，对于衡量公共文化服务效益不仅有理论启发，也有实际参照作用。什么是公共价值？各个国家根据自己的国情可能会有不尽相同的解释和理解。所谓"公共价值"是以大多数人的需求为基本尺度，是社会的最大公约数。政府作为国家机器，掌握了最大的公共权力以及对公共资源的实际支配权和管理权。因此政府更需要树立公共价值理念，充分意识到公共价值原则对于执政体制和机制的支配作用，从而采取更加科学的方式，合理运用权力和限制权力，以更加切实有效的方式实现公共价值。

宋阳在《政府公共文化服务绩效评估的理论探讨》一文中探讨提出"公共绩效管理"理论，作为公共文化服务绩效评估的理论基础。绩效评估对于公共管理而言是重要抓手，也是政策规划的标尺。他提出公共文化服务绩效评估包括对公共文化服务的决策机构、执行机构和非营利性文化服务机构的绩效评估，主要应当体现为价值导向、实效考核、全方位综合评估和常态实施四项原则。

三

　　建设考察篇集中于公共文化体系的基础建设和运行机制的讨论。笔者在题为《城市化与信息化及数字化关联性研究——以广东为个案》一文中，侧重于讨论公共文化服务的技术基础。文章根据珠江三角洲和广东省的城市化实践，研究了公共文化服务的信息化基础及其与社会环境的关系。城市化和信息化、数字化的深度结合推动宽带城市、智慧城市的诞生，进而为公共文化服务信息平台的建设创造技术条件。这篇文章试图回答"均等化"的基础设施条件问题。今天的大量公共文化资源之所以未能有效实现供给效应，除了社会供给结构的不平衡以外，也有技术屏障造成的区隔。公共信息平台作为公共文化的基础设施在客观上可以大幅度推进公共文化资源的集成、共享、合创。这一看法是受到媒介生态论的启发的，也是立足于深圳市等国家高新技术示范城市的实际经验而提出的。田丹、张萍撰写的《24小时自助图书馆与学习型城市建设》一文，选择信息化城市建设中创造的公共文化服务的典型案例——深圳首创的遍及全市的24小时自助图书馆进行实地考察分析。24小时自助图书馆就是城市信息化的一项重要成果，有很大的技术优越性和社会应用前景。文章通过深度调研，全面分析自助图书馆的运行管理、读者的使用行为，提出信息化技术条件是公共文化服务的物质基础，但是要充分提高其服务效能，还需要加强政府和社会组织之间的协作，进一步提高自助图书馆的知晓率和利用率，构建良好的用户反馈机制。陈雅雪、易柏伶撰写的《公共文化服务信息平台比较分析——深圳市区一级图书馆和博物馆调研分析》一文，抽取门户网站和微信订阅号两大类的公共文化服务信息平台，进行比较分析，将公共文化服务信息平台看作公共文化服务体系的重要组成部分，是连接公共文化与市民参与的重要纽带。文章认为，公共文化服务信息平台应当具备服务信息传递、信息资源整合、信息资源共享和公众教育培训四大基本功能。

　　作为公共文化服务基础设施之一的博物馆是公共文化服务的实施主体，不仅是陈列、展示、宣传人类文化和自然遗存的重要场所，也是国民教育体系的重要组成部分。石筱夏、宋景朵撰写的《博物馆的公共文化服务与公众满意度》一文中侧重比较分析了深圳初步建立的公办和民办相结合的博物馆体系。两类博物馆的公共文化服务定位和服务特点均有所侧重。

在城市化进程中，城市空间如何与公共文化服务体系相嵌入是一个普遍的问题。在实践中，对于公共文化服务网络化建设的理解需要将实体空间和虚拟空间结合起来才是更加实际而有效的。由王梦兰等四位年轻人撰写的《公共文化设施与市民文化权利——深圳市区一级图书馆和博物馆调研分析》一文，通过对深圳市的区级图书馆和博物馆调研，聚焦于公共文化设施的空间布局和运作机制。文章以令人信服的数据指出了一个严峻的现实：在激越的城市化进程中，大量的劳动人口进入新兴城市，在现阶段人口居住和工作的空间布局和公共文化服务设施的空间布局方面形成了一定程度的错位。这个问题不是一个城市特有的现象，在其他超大型城市和大中城市中，都有不同程度的存在。这在客观上造成了城市居民文化权利的不平等。文章提出要从人的全面发展、社会的公平正义、环境的和谐美好的角度来处理文化空间的问题。

从很多城市的规划和文化生活形态观察，城市广场是目前我国城市中市民公共文化活动比较密集的空间。有不少学者从"公共领域""城市景观"等视角介入对这一现象进行讨论，也有一些研究注意到商业推销和政治宣传对这些城市空间的介入。李婷菊、伍诗乐撰写的《文化广场与广场文化》一文以深圳的文化广场为研究对象，探索它在人们的日常生活中发挥的基本功能。文章不是从一般化的理论概念入手，而是通过实地访谈和深度调查，关注广场活动参与者和广场活动组织者，以便分析文化广场的管理和活动机制，关注参与广场活动的人们的社会特点和行为特点，并将文化广场在促使人们对城市的文化身份认同方面起到的作用作为调查的重点。

周志鹏、许亚阁的《绿道：公共文化视域下的城市空间建构——以深圳绿道为例》提出了一个独到的发现，他们将城市绿道网络看作一种线性的绿色开敞空间。今天，绿道规划建设概念已经在中国大中城市的规划建设中得到普及推广。广东省在全国较早开始大规模绿道建设，尤其是深圳市的绿道建设工作已经走在全国前列。过去我们对绿道建设的理解多半是从生态环境保护方面来看的，由于生态建设的优势，进一步发展为商业地产价值和城市形象提升的优势。随着绿道建设的系统化和完善化，绿道正在成为新型的多功能的公共文化空间，绿道休闲也逐渐成为市民日常生活的内容。文章分析了绿道对于城市公共文化以及对于城市文化认同所产生的深刻影响。

四

公共文化服务在文化设施建设和文化政策落实方面的效果要通过实际的文化服务行动来实现。本文集第三篇为行动主体篇。如上我们在讨论城市公共文化服务体系的二重结构的时候提出，社会行动者即广义的公共文化服务主体。叶蕊、丰玮等在《"红马甲"风景线：文化义工现象探究》一文中关注近年来在各地出现的文化义工现象。笔者认为他们是城市公共文化服务体系的重要组成部分和生力军。文章通过市级、区级和街道三级义工联组织的调研，分析文化义工的组织体制和活动机制，从具体案例分析文化义工如何实施公共文化服务，分析文化义工的组成结构、社会特征、行为动机、伦理价值观和文化认同。罗雅莉等的《"文化春雨行动"中的社会行动者》一文，延续关于社会行动者理论的思考，抽取广东省公共文化示范项目——深圳宝安区"文化春雨行动"中的一线志愿者（被冠以"文化钟点工"和"文化义工"称谓）作为研究对象。文章不仅分析了文化义工组织的机制和政策条件，还重点分析了文化义工如何在开展文化服务的过程中逐渐改变了自我认知，通过人际互动拓展了文化资本，进而更好地融入新兴城市。从而论证了公共文化服务的过程本质上是社会自组织过程，也是文化融入和创造城市文化认同的过程。

城市社区是城市肌体的组成部分，也是凝聚人群和家庭的空间聚合形态和社会文化管理的基层。城市社区千姿百态，管理模式也呈多样化。公共文化服务是社区服务的主要内容，也是社区文化建设中的重要环节。王琛的《多类型城市社区公共文化服务考察》选取了深圳的五个典型社区，通过调研分析其成功建立社区公共文化服务模式的路径和经验，作为城市基层社会公共文化服务管理创新的有益参照。社区媒介作为一种新的媒体业态方兴未艾，是创新社区治理和城市公共文化服务体系建设的重要途径。闻葵花的《社区媒介参与社区治理的角色与机制研究——以深圳海裕社区为个案》以深圳海裕社区为个案,分析了社区媒介的创办主体、居民的社区媒介生活方式,从中揭示社区媒介在社区公共服务中的角色和机制,提出了社区媒介在促进居民社交沟通、道德文化建设,以及在移民化社会里重建社会文化共同体的重要作用。

在计划经济时期,我国的公共文化服务活动基本上是自上而下的有计划、按系统的配置;同时群众性的公共文化活动主要通过党群口的工青妇等组织团体来实施。本单位和本系统是文化活动的基本框架。当社会逐渐开放、人口大幅度流动的情况发生以后,通过何种方式和途径开展公共文化服务就是一个新的问题。近十几年来各地兴起的大量非政府组织(NGO)进入公共文化服务领域,并且以其专业化、特色化的方式深入社会服务大众。公共文化服务 NGO 也是公共文化服务体系的主体之一,在公共文化服务产品的生产、分配与流通中起着重要的作用。张萍等撰写的《公共文化服务 NGO 传播机制研究——以深圳市三叶草故事家族为例》,通过一个典型案例——深圳市民间阅读组织"三叶草故事家族"来揭示公共文化服务 NGO 的传播实践,以及对构建城市文化共同体的社会价值。三叶草故事家族在七八年中致力于推进亲子阅读进入家庭和社区,其活动遍布全国 11 个城市,发展到 57 个民间阅读活动站点,累计影响全国 3 万多家庭,成为新型的跨城市的专题性公共文化服务网络。这深刻反映了我国城市公共文化服务体系的生机与活力。李静怡、王文博、张凯、张萍等在《公益 NGO 网络新媒体传播力的建设——基于深圳市福田区的调查》一文中探讨网络新媒体技术给公益 NGO 的发展带来的机遇与挑战。作者立足于深圳市福田区的公益 NGO 样本,解析公益 NGO 运作模式中的网络新媒体技术条件,概括出公益 NGO 的七大传播力:数据分析能力、利用互联网协作能力、互联网宣传能力、传播公信力、聚合资源的能力、知识与信息管理能力以及拓展业务的能力,这些讨论深化了对公共文化服务行动能力的认识。

顾煜桓和郑子涵在《创客文化现象和创新型城市建设》一文中对兴起的创意文化圈和创客文化社群进行了研究。在"大众创业、万众创新"的热潮下,创客文化在中国各大城市迅速发展起来。对于"公共文化服务"的概念又有新的补充,这就是不仅仅从文化消费的角度看公共文化,更是从文化创造的角度看公共文化。这篇文章主要通过文献研究和深度访谈,对深圳的创客群体和创客文化进行考察,归纳总结创客群体形成和发展的内在驱动力,揭示出创客文化已经作为新兴的创新型城市的公共文化组成部分。

尽管这本文集还没有提出统一的系统性的理论框架,但是,各位作者在共同聚焦的研究对象面前,采取了实事求是的研究态度。这些研究不拘泥于既成的理论政策概念,而是根据我国城市公共文化服务体系建设的实际状况,深入社会,深入基层,从事实出发,通过大量的第一手的案例研究、现场考察、深度访谈、数据统计分析,总结了鲜活的实践经验,提出了发人深思的问题,对于我们进一步建设好社会主义公共文化服务体系是很有参考价值的。

2017 年 2 月 20 日

目 录

第一辑 理论反思篇：观念与价值

城市公共文化服务的结构二重性和社会行动者 ………… 吴予敏（3）
公共文化服务视角下的公共价值创造 ………… 罗雅莉 吴予敏（16）
论公共文化服务的社会化 ………………………………… 杨立青（30）
文化的公共性与新兴城市文化治理机制探讨 ……………… 任 珺（41）
政府公共文化服务绩效评估的理论探讨 …………………… 宋 阳（53）

第二辑 建设考察篇：基础与运行

城市化与信息化及数字化关联性研究 ……………………… 吴予敏（71）
24小时自助图书馆与学习型城市建设
　　　　　　　　　　　　　　　　吴予敏 田 丹 张 萍（88）
公共文化服务信息平台比较分析 ………………… 陈雅雪 易柏伶（99）
博物馆的公共文化服务与公众满意度 …………… 石筱夏 宋景朵（112）
公共文化设施与市民文化权利
　　　　　　　　　　　王梦兰 夏 奎 曾秋琪 吴翔凌（127）
文化广场与广场文化 ……………………………… 李婷菊 伍诗乐（146）
绿道：公共文化视域下的城市空间建构 ………… 周志鹏 许亚阁（166）

第三辑 社会行动篇：主体与动能

多类型城市社区公共文化服务考察 ………………………… 王 琛（181）
社区媒介参与社区治理的角色与机制研究 ………………… 闻葵花（212）
"红马甲"风景线：文化义工现象探究
　　　　　　　　　　　　　　　　　　　叶 蕊 丰 玮 吴予敏（228）
"文化春雨行动"中的社会行动者 ………………… 罗雅莉 吴予敏（244）

公共文化服务 NGO 传播机制研究……………… 张　萍　吴予敏（264）
公益 NGO 网络新媒体传播力的建设
　　……………………… 李静怡　王文博　张　凯　张　萍（281）
创客文化现象和创新型城市建设 ……………… 顾煜桓　郑子涵（301）

第一辑
理论反思篇:观念与价值

城市公共文化服务的结构二重性和社会行动者
——以吉登斯结构化理论为视角

吴予敏

摘要 城市公共文化服务体系是由政府主导管控、民众自主参与的社会行动所共同建构的，既不是单一的科层制管控架构，也不是纯粹顶层设计的政策产物，而是基于不断成长的社会文化需求的社会行动过程。公共文化服务行动主体和主题的多元化，是这一体系的结构化动因。在当前发展阶段，政府仍作为首要行动者，以其管控的权威性资源和配置性资源，策动广泛的社会参与；而社会行动者也在不同程度上依附于体制来获取行动资源。自主性和依附性形成动态的辩证关系。在公共文化服务的互动情境中，社会行动者的自主性和自觉性仍获得了明显提升，不仅对原有文化管理体制构成促改动因，也由此培育出具有共享性和创造性特质的新的城市文化。

一 城市公共文化服务的突出问题与变通之道

伴随着现代化的进程，当今城镇发展的两极化和中心城市超大规模化，正在造成城市生活的异质性因素的积累。从古代到工业革命早期的城市统治者通过政治的和经济的强制方式营造出和社会等级秩序、权力关系同构的区隔。今天城市中的信息、人员、物资自由流动，客观上打破了传统区隔，但却将异质性因素压抑到更加微观的层面，浸润到城市生命的细胞组织中。如果一个城市仅仅追慕她的繁荣，无视异质性因素的积累，就无法避免流动带来的排异性反应，无法摆脱内在于城市生活的社会裂隙。如何化解城市的异质性因素，将个体的生存感受转化为社会共同体意识成为今天城市文化建设不能不面对的突出问题。

我国党和政府十分重视城市的公共文化服务体系建设，提出"满足人民基本文化需求是社会主义文化建设的基本任务。必须坚持政府主导，按照公益性、基本性、均等性、便利性的要求，加强文化基础设施建设，完善公共文化服务网络，让群众广泛享有免费或优惠的基本公共文化服务。"到2020年，要实现基本公共文化服务均等化，完善覆盖城乡、结构合理、功能健全、实用高效的公共文化服务体系。①

城市的公共文化服务不同于农村。城市人口结构十分复杂，流动性高，文化需求多样化。全国各大城市中非户籍人口占常住人口的比例从30%增至将近70%。根据深圳市统计局的资料，截至2015年年末深圳常住人口1137.89万人，其中户籍人口354.99万人，占常住人口比例为31.2%；非户籍人口782.9万人，占比为68.8%。（其中不含尚未纳入政府统计范围的流动人口有近500万之多）。② 过去城市公共文化服务③的财政投入、基础设施建设、人力资源供应都是以户籍人口作为服务对象基数来测算的。如果转变到以常住人口为测算基数，公共文化服务与人口需求之间较大的缺口并非短期可以补齐。关于城市公共文化设施和人口结构相脱节的问题，笔者在另一篇文章中已有论述。④ 本文主要从公共文化服务人力资源方面来讨论。

和城市公共文化设施短缺相比较，人力资源短缺是更加突出的问题。造成这一问题的根源在于现行公共文化服务体系的科层制结构和专

---

① 《中共中央关于深化文化体制改革、推动社会主义文化大发展大繁荣若干重大问题的决定》（中共十七届六中全会通过），新华网（http://news.xinhuanet.com/2011-10/18/c_111105176.html）2011年10月18日。

② 深圳统计局：《2015年深圳国民经济和社会发展统计公报》，深圳统计网（http://www.sztj.gov.cn/xxgk/tjsj/tjgb/201604/t20160426_3606261.html）2016年4月26日。

③ 按照现在中国政府的公共文化管理职能的概念来定义城市公共文化，主要是指公共博物馆、图书馆、美术馆、群众艺术馆、艺术演出、文化娱乐、文化传媒等方面，并未包括文化教育培训、文化旅游、文化遗产保护、文化交流、文化创造及文化产权保护等内容。因此，城市公共文化服务，还是一个"小文化"的服务内涵。

④ 参见吴予敏《以公共文化服务为纽带，重建可沟通的城市》，《中国传播学评论（第六辑）》，复旦大学出版社2015年版，第40—43页。该文列举了城市人口分布和公共文化设施分布的地理统计，说明这种分布的严重的不均衡性，不只是一种文化建设的滞后性表现，更是隐含着社会区隔的施政观念问题。

业化区隔。长期以来我国高度一体化的行政管控形成了以垂直控制为主的科层制社会，即科层制法则贯穿于社会各单位（俗称"官本位"）。而社会的横向联系脆弱、分散，难以实现自组织化。改革开放以来，市场经济造就了新型的社会生活形态，社会的横向联系、流动性、自由度和自主性都显著增加了。从经济结构到社会结构的进一步演变，要求政府转变职能，由原来的全能型政府转变为有限责任政府，由权威型政府转变为服务型政府，将科层制收归于公务管理体系内，重建社会的自组织系统，释放社会动能。现实的问题是，当政府的公共管理责任在施政理念上转变为服务导向，高度科层化的行政运作体制却没有大的改变。一方面行政体系控制了几乎全部权威性资源和大部分配置性资源而不易放手；另一方面行政管控的意识形态化又和社会安全体系直接关联而不敢放手。公共服务所需要的公共资源仍然在科层化体制内上下垂直流动。公共资源和公共服务效能之间不能直接匹配，行政权力的主观干预时有发生，出现了施政理念和施政机制自相矛盾的情况。政府的公共文化服务责任不断加重却又普遍面临人力资源短缺的困境。公共文化服务的专业化区隔也根源于科层制结构。行政权力管辖范围专业化，文化服务的资格、技能专业化，体制内人员身份化，使得公共文化服务和服务对象需求相脱节，"对上不对下""重政绩、重形象、重规模"；部门之间协同难，服务活动启动难、服务项目精准难、服务质量评估难；层层传导压力大，公共资源浪费大，落地效果却不显著。

从施政者的角度而言，如何在公共文化服务方面有效地实现管控和服务两个职能的平衡？如何在人力资源方面既能动员社会供给，又能保持对社会的控制？当公共文化服务的职能开始面向社会，体制化改革的压力就增加了。体制化的改革先从职能转换开始启动。"项目制"便是职能转换的一个开端。所谓"项目制"，本质上是在原有的科层体制内，以专项单列的形式，以目标、行动和效能直接对应的原则实施的资源分配。这是对行政化常规运作的一个功能上的弥补。诸多公共文化服务项目，基本上是在政府的宏观政策导向之下设立的，仍然处于政府对社会的总体管控范围。所不同的是，通过设立公共文化服务项目，将政府的职能做了部分的解脱，政府可以通过对社会征集、招标项目，来搜求社会资源和社会支持；政府也可以配置公共资源，将一部分公共财政配送到各类项目上去。政府通过对各类项目的规划设计、目标设定、征集招标、审核选择、运行监督、绩效评估等手段，完成对公共服务效能的管控。这是从"管办一体"走向"管办分离"的一个过渡。"项目制"成为科层制文化管理的中介和转换形式，是行政管控的"职能外溢"部分。经过"项目"的"撬动"作用，社会分散的资源开始激活。这些公共文化服务的社会资源主要是在人力方面。分散于社会各个角落的文化人才，开始以各种方式聚合到"项目"框架里面，成为有序的活动分子。公共文化服务就由此获得了丰富的人力资源。这个特殊的公共文化服务的社会行动者群体，不同于原来在体制内的行动者，他们既是公共文化服务的受益者，又是提供者；既是被服务者，又是服务者。这种人力资源的"项目购买"方式，成为我国在公共文化服务体系完成转型之前的变通之道。我们需要深入具体案例分析这一变通之道"变"在何处，又"通"向何处。

目前我国的公共文化服务社会行动者序列中，实际上存在着三类：第一类是体制内的行动者，主要是各级政府机构的文化管理公务人员以及事业性文化单位的专职人员；第二类是介于体制内外之间的文化活动分子；第三类是体制外的社会组织和文化经营团体人员。我们把公共文化服务看作持续实施的社会行动，这三类行动者都要面对现行公共文化管理体制。他们各自的行动构成公共文化管理的结构性存在形式。本文采取吉登斯的结构化理论及社会行动者理论的视角，来分析城市公共文化服务行动者及其能动作用，并由此来看它对城市公共文化服务结构性改革的意义。

二 城市公共文化服务体系结构的二重性

吉登斯结构化社会理论提出了"社会结构"和"社会行动"互为建构的模式。结构和行动不是彼此外在作用的二元关系，而是体现为一种内在的二重性。结构是整合了各种资源和规则的不断再生产的结果。结构内在于人的社会行动，对行动具有约束性和使动性。行动者在生产出结构性特征的同时也通过对行动的反思性监控再生产出行动的条件。

对社会行动的分析是解释社会结构及其变迁的出发点和立足点。①

这一理论可以用来分析城市公共文化服务结构的二重性（见图1）。城市公共文化服务体系结构的二重性，集中体现为不同类型的社会行动者的能动作用和反思监控作用。现行公共文化管理制度内含的结构性原则规定了资源的配置方式和行动的组织方式；而"项目制"作为结构变通的中介和转换出现，打破了惯例性运作，促成新的社会行动。社会行动的整个过程在不同层面实施反思性监控，由此再生产出公共文化服务的结构形态。

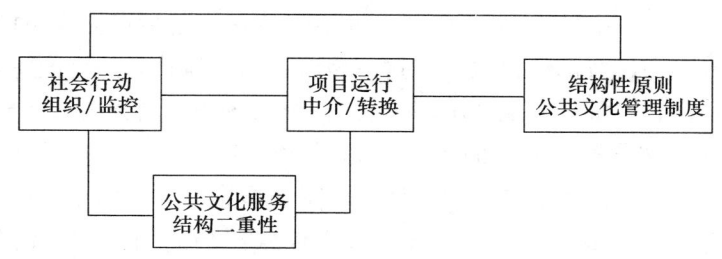

图1 城市公共文化服务结构的二重性

我们以深圳市宝安区"文化春雨行动"为例。

宝安区地处深圳西部，面积 392 平方千米，下辖新安、西乡、福永、沙井、松岗、石岩 6 个街道。至 2015 年年末，宝安区总人口超过 500 万，其中常住人口达到 286.33 万，户籍人口仅 43.68 万，非户籍人口 242.66 万②，流动人口超过 200 万，是名副其实的劳务工大区。

在"文化春雨行动"开展前，宝安区文体旅游局曾进行过一次公共文化服务需求及满意度调查，报告称："公共文化服务的总体供应量不足，尚未能满足公众日益增长的文体需求。"根据当地媒体报道，宝安区体制内文化服务人才仅为每万人中 0.25 人。③"体制内的文化人才数量与承担的文化建设任务不相匹配，尤其是街道和社区普遍缺少文化专干，文化建设面临着'小马拉大车'的管理和服务困境。"就是在这样的背景下，宝安区实施"文化春雨行动"，作为吸纳社会人力进行公

---

① ［英］安东尼·吉登斯：《社会的构成：结构化理论纲要》，中国人民大学出版社 2016 年版。

② 深圳统计局：《2015 年深圳国民经济和社会发展统计公报》，深圳统计网（http://www.sztj.gov.cn/xxgk/tjsj/tjgb/201604/t20160426_3606261.html）2016 年 4 月 26 日。

③ 叶志卫、陈震霖：《机制创新引领市民文化自觉》，《深圳特区报》2013 年 7 月 12 日。

共文化服务的尝试。

这一行动完全起源于一次偶然经验。笔者于2016年1月28日访问宝安区群众文化艺术馆馆长刘明军。他说:"2011年广场舞不是在全国兴起吗?我爱人喜欢跳广场舞,她就在那儿(海滨广场)跳,跳了三个月,每次交两块份子钱,有个人带她们跳舞。后来我爱人就开玩笑说,你们文化馆请那么多专业老师,我们还是更爱跟着广场这些人跳,……当时我就想'收买'这支队伍,然后我来付钱给领舞的人。"不久,刘明军与海滨广场的领舞陈××达成了协议——群艺馆每月向陈支付1000元的酬劳,每晚7点半到9点半陈在固定地点提供领舞服务,不再向来参与跳舞的市民收费。这一做法得到当地政府的高度肯定,遂在全区范围普及推广。从2012年设立首个广场舞公益点开始,到2015年,全区"文化钟点工"的工作点超过360个,活动的类型也从广场舞发展到戏曲、声乐、器乐、书法、美术、摄影、文学阅读、游戏、民俗、体育竞技等多个门类。打开宝安文体旅游局的网站和微信公众平台,"文化春雨地图"上标出的公共文化服务点就像五彩斑斓的雨滴洒落,覆盖了整个宝安辖区。"文化春雨"这一命名,形象地表现了公共文化服务渗透于城市各个角落的状态。

个体行为的意外后果催生政府的制度化行动。政府及各级公务人员调动了各种权威性资源(规划、宣传、动员、组织、管理、监督、考核),层层传导管理意志;也调动了各种配置性资源(财政拨款、场地规划、人员分工、物质调配)形成全区最大规模、最具整合力的公共文化服务行动。从2013年至2016年,共投入财政经费1753万元。在人力资源方面,组建了三支队伍:由政府招聘20余位专业文体工作者,作为文化专干,成为"文化辅导员",驻扎到各社区,每个社区2—3人,开展文体辅导和培训;收编社会上有一定专业技能的人员360人为"文化钟点工",定点定时购买其文化服务;面向社会招募文体爱好者3856人作为志愿者,组建文化义工队伍,为文化活动提供辅助性的人力支持。区政府制定了管理规章,将所辖文化事业单位、文化团体纳入"文化春雨"行动的成员单位,邀请第三方组织对执行部门和成员单位进行年度绩效评估。这些公共文化服务点的人群数量、活动频次、服务质量如何?我们选取宝安区中等规模的福永街道进行过抽样统计。街道设立的7个文化钟点工服务点,带领20多位文化义工每周服务2660人次，群众参与程度高，反映好。据不完全统计，遍及宝安全区的文化钟点工带领文化义工全年服务近 3000 万人次。①

目前全国从中央到地方的文化管理部门和文化事业单位编制，只设置到镇乡（街道）一级政府机构，镇乡（街道）以下，国家不设体制内的文化组织机构。这就好像公共文化服务体系只有动脉，没有毛细血管。2000 年以后逐步推出的文化体制改革偏重于"适应市场经济发展的要求"，大批文化事业单位转变为文化市场主体。在有效激活文化产业的同时，也出现了公共文化服务主体缺位的情况。文化体制改革的大方向没有错，不可能再回到由政府大包大揽的年代。但是，公共文化服务结构性缺位的现实和人民群众日益提升的文化需求之间的矛盾仍十分突出。最近五六年来，全国各地为了弥补公共文化服务的结构性缺位，普遍发起了文化志愿者行动。以天津为例，至 2015 年，全市已拥有登记在册的公共文化志愿者 6000 余人，服务分队 110 支，其中民营剧团分队 60 支、大专院校分队 10 支、各区县文化馆（宫）分队 40 支。② 深圳市号称"志愿者之城"，文化志愿服务总队之下共有服务分队 231 支，志愿者约 1.8 万人。③ 最新数据显示，过去 5 年，我国注册文化志愿者已接近百万。④ 文化部于今年 7 月颁布了《文化志愿服务管理办法》，"推动文化志愿服务规范化、制度化，构建参与广泛、内容丰富、形式多样、机制健全的文化志愿服务体系"。从各地的情形看，自愿、无偿、利他是文化志愿行动的主观特点，而服务类型和行动网络，多依赖于既有的文化体制和文化组织架构。

综上可见中国城市公共文化服务的结构二重性。公共文化服务行动是经由政府权威机构所发动和管控的，行动者中既有文化管理官员和公务人员，也有经过"采购"形式吸收的社会人力资源（文化钟点工），还有主动参与服务行动的文化义工（志愿者）。公共文化服务行动者的聚合、行为、观念、工作效果都直接影响到城市公共文化服务体系的再

---

① 罗雅莉：《城市公共文化服务中的行动者研究》，硕士学位论文，深圳大学，2016 年。
② 天津北方网讯：《公共文化志愿服务总队活跃津城》，转自第一新闻网（http://www.001gk.com/tjds/2016/0730/11272.html）2016 年 7 月 30 日。
③ 王议霄、戴波：《深圳："志愿者之城"渐入佳境》，《中国文化报》2016 年 7 月 21 日。
④ 人民网：《全国文化志愿者接近百万》，http://gongyi.people.com.cn/n1/2016/0722/c151132—28575631.html，2016 年 7 月 22 日。

造，影响到公共文化管理体制机制的更新；也深刻影响到行动者本身的社会身份、文化身份的重塑。不同类型的社会行动者的动能来自何处？行动者是否在这一行动中为融入他们生活并服务的城市，更好地促成城市社会各阶层的文化融合？当分散的社会文化人才经过公共文化服务行动聚合起来的时候，他们究竟是被整合于现存的社会科层制结构，成为这一结构的附属品和衍生物，还是成为具有一定程度的文化主体性的社会能动者，以他们的服务行动改变着现存的社会文化结构？这值得更深入地探究。

三 公共文化服务行动者的"反思性监控"

如果我们不是仅仅在对策层面看待上述"文化春雨行动"和遍及全国的"文化志愿者行动"，而是将它们看作转换当代中国公共文化服务结构性关系的重大社会实践，就显得更有思考价值。毫无疑问，上述行动已经构成多种类型的制度化实践，并且因地制宜地连接起社会整合和文化整合的进程。

社会行动者对文化和社会意识共同体建构能发挥重要的作用。公共文化服务的行动者，通过对文化技能、知识、观念的传播，影响与其接触的人，也影响着文化认同的形成和社群共同价值体系的建立。这使得文化和观念的传播表现出除大众传播以外的另一种途径，即蕴含了更多人际互动；就效果而言，其间可能产生的自我文化认同以及人际传播带来的归属感，也与大众传播不同。社会行动者在公共文化服务中的活动，不仅充实并激活了城市的公共文化设施和公共空间，而且通过自己的身体化操作，在城市的其他区域（商业空间、生活空间乃至私人空间）中创造出多种多样的公共文化活动，从而使城市空间的社会性区隔和工具性阻滞得以疏通，使城市生活的紧张节奏和压抑气氛得以缓解。

城市公共文化服务体系的有效性集中表现为能否适应多元化的社会文化需求。这就要求公共文化服务的结构必须是具有反思能力的自我调适、自我丰富的结构。多维度的交流正是实现反思性结构化过程的机制。在组织沟通层面，行政管理者通过组织化渠道督导、灌输文化政策和文化服务资源；通过选拔和培训的方式，向一线的文化服务行动者传达任务、政策和观念；对公共文化服务设施和其他资源进行计划配置或激励性配置。一线的行动者则向政府反映社会公众的文化需求；政府通过行动者的实践来检验文化政策的合理性和适用性。在人际沟通层面，公共文化活动成为联系群众的纽带，将分散的文化需求和兴趣聚合起来。文化资本发挥了最大的效益。公共目标对分散的社会文化活动进行了引导。在特定的文化活动场景中，我们看到社会弱势群体、城市新移民、外籍人士与本地居民共同在场，暂时去掉了社会身份，以文化兴趣为运转轴心，建立相互的包容和认可。当然，公共文化活动也隐含着对于居民闲暇时间和散居空间的一种管理。这一管理的柔性特质有助于消弭城市的社会裂隙或怨恨情绪的聚集。

吉登斯的结构化理论强调行动者对社会结构的"反思性作用"。所谓反思性作用，或称反思性监控，是指社会行动活动流中体现的行为的目的性和意图性。在持续不断的行动中经过效果反馈和监控，控制系统的再生产促成结构性特征的转变，进而作用于各种制度领域的建构。社会行动从动机激发过程到理性化过程再到反思性监控过程，体现出能动性的三个层次。反思性监控处于结构再生产循环的首要位置。[①] 我们可以从行动者的反思性监控模式来解释其行动的动能和意志取向。

首先进入我们视野的是政府行为。在加快构建现代公共文化服务体系过程中，政府有很强的意志力量，同时也具备控制权威性资源和配置性资源的实际能力。问题在于，各级政府的具体部门和组成人员则有不同的利益导向。一个好的决策如何成为各级官员和公务人员的价值追求和行动力？在有效的社会监督和激励机制完善之前，科层制的垂直性管控还是主要的手段。以"文化春雨行动"为例，它延续了中共的群众运动、基层治理和行政管控一体化推进的传统。常规的政治动员、行政督责、财政输血有效地保证这一行动的持续展开。试分析行政管理部门对此项行动的管理效能评估的各项指标内容和分值结构，就不难看出政府的施政重点：招募管理文化辅导员、文化钟点工和文化义工占50%，配套经费投入占15%，其余35%分布在组织动员、宣传报道、报送材料、品牌建设、获取奖励等方面。由于这些施政带有很明显的行政指令性质，也不难理解其绩效评估主要是上级对下级的考核。即使采用第三

---

① ［英］安东尼·吉登斯：《社会的构成：结构化理论纲要》，中国人民大学出版社2016年版。

方评估，也主要是为了避免体制内的人情关系妨碍，很少考虑从服务对象的反馈方面进行测评。作为公共文化服务的最有力量的行动者，政府的权力表现为关于行动意义的符号化宣示，这一表意系统的建构通过各类文件、会议、讲话、报道、评比、宣传活动来进行，从而使行动和资源的配置过程获得毋庸置疑的合法性。绩效考核是权力资源分配的表征，既能够取信于社会公众，也能够督导体制内部的行动。绩效考核的符号权力价值是显而易见的。对于体制内的高度组织化的一般成员而言，其行动的实践意识更多地来自对于权力资源分配的敏感，尽管不能否认其对社会需求的责任自觉，但对权力资源的敏感可能更接近于行为动机根源。行政督责作为对于公共文化服务行动的反思性监控，还主要是内部运行的机制，没有外部化为社会性的反思性监控。

我们再来看那些体制外的行动者。他们分为三类：第一类是被政府项目"购买"的部分获偿的行动者，第二类是被政府动员无偿参与的行动者，第三类是以独立的制度身份活跃的行动者。第一类人如果不被政府收编购买，他可能基于群众的文化需求而转向带商业性的有偿服务。第二类人如果不是经由政府动员、组织，他可能发展成公益性社会组织，或形成个人公益行动的自由组合，即成为第三类人。由此我们看到结构对于行动的约束性和导向性。为何这些行动者能欣然接受这一约束，并表现出很大的积极性和主动性？其实践意识又是什么？笔者带领课题组亲身参与多类公共文化服务活动，实地观察发现，体制外的行动者们的实践意识多种多样。在一些较长期从事公共文化服务的行动者中，有的为追寻破灭的梦想而走上展示自我的舞台（曾经遭遇车祸的民间歌手窦××），有的出于对弱势群体的社会关怀（文化广场领舞的教师陈××），有的为与他人分享新事物新体验（"遥控汽车漂移"主持人李××），有的为自己寻求存在感（音乐学院毕业生胡××），有的从公益和自身发展去考虑（义工联培训组钢琴老师周××），有的通过利他服务获取快乐和幸福（南山义工联文化组70多岁的老义工陈××），有的从中获得道德和知识的成长感（宝安图书馆的12岁的文化义工徐××）。[①] 上述种种，都归结为行动者的内在欲求和公共文化服

---

① 此处材料取自课题组成员2016年2—5月在深圳宝安区和南山区进行的抽样深度访问，因未经被访者同意，故此处隐匿受访者原名。

务行动本身的高度统一。这些一线的公共文化服务行动者，原本处在社会的各阶层中，被分散、分隔在不同的社会单元，但是经过积极的公共文化服务行动，不仅改变了他们自身的生活节奏、社会交往的时空结构，也在一定程度上影响到他们的社会认知和社会交往，增加了他们的社会资本，从一个游离的文体活动爱好者，变成了有称谓、有职能、有责任的制度化角色。

值得注意的是，由笔者组织的另一项专题调研发现①，在文化义工（志愿者）行动中，存在着通约性和独特性、组织性与自愿性、传承性与流失性、公众性与个体性、大众化与专业化的矛盾。就公益性质而言，文化义工和其他义工既有通约性，也有文化的独特性，其文化知识、专业技能和才华兴趣较其他公益行动显得更加突出；文化义工出于高度自愿参与公共文化服务，但是为提高服务的效率与维护文化义工形象，又必须建立培训和管理制度，组织化的约束机制和自愿性行为之间就存在矛盾；调查发现，尽管文化义工注册人数众多，但是长期坚持的人数不到10%，大多数人维持公益行动热情不超过一年，多数人一年中参加公益活动仅有一两次，能够传承公益行动的人数大大低于流失的人数，新义工人数大大高于老义工人数；文化公益行动中个人欲求时常渗透在公众性表述之内，公共服务成为达成个人欲求甚至经济利益的媒介途径；大众化的一般义工的加入保障了文化义工组织人力资源的充足，但同时也反映出专业化程度较高的文化义工的缺失。缺少专业化文化义工，便难以实现公共文化服务项目的创新、提升、拓展和持续。由此可见，在今天的国情下体制外的行动者离开结构的组织管理，就难以有所作为。

与政府行为的反思性监控不同，体制外的行动者处于多重的反思性监控的视野中。首先是各级组织的监控，还有群众的意见、自我的感受、家庭的态度和职业单位的反映等。多重反思性监控不同于单一的反思性监控模式。前者所依据的理性化原则可能是多向度的。如果在互相冲突的反思性监控原则之下，可能促成行动者改变行动初衷而离开社会

---

① 此项调研在 2016 年 3—5 月进行。调研涉及深圳市内主要义工服务的文化场馆——市图书馆、音乐厅、博物馆、南山区图书馆等；深圳义工联组织、市义工联文化组（有 6000 余名义工）、南山义工联文化组（有 2747 名义工）、南山区的街道办和社区相关工作人员以及文化义工。分析结论由多次访谈概括得出。

行动。这是单纯依赖组织化管理模式不能有效进行公益性文化队伍管理的原因。

我们看到,今天的城市公共文化服务体系中还存在着第三类行动者。这就是秉持了公益性理念和具备专业化素质的社会组织,即公共文化服务NGO。如深圳"三叶草故事家族"是一个致力于推进亲子阅读进入家庭和社区的民间公益组织,由一位设计师、一位教师和一位销售经理在2008年筹组,2011年注册。"三叶草故事家族"通过故事妈妈培训、专家阅读讲座、社区故事会、主题文化沙龙、新书试读会、年度讲述大赛、故事剧团等不同方式组织各类阅读活动,致力于"让更多的家庭溢满书香,让阅读丰盈孩子的童年"。现已有5万多家庭加入,社区活动点遍布全国。仅2014年,"三叶草故事家族"举办各类阅读推广活动1342场,受益群众20余万人次。社会行动者个人的内驱动力在一种信念责任的支配下得以转化为社会化的组织形式,并非简单地响应政府号召所致。无论个体之间存在着怎样异质的社会属性,也仍然可能在若干社会生活主题方面保持着天然的同质性以及文化认同感。"三叶草故事家族"以儿童阅读成长作为抓手,在持续性的文化主题实践中建构起新型的社会网络。在亲子阅读的活动中,使动和受动双方都获得成长,共享文化空间和观念情感交流,并由此联动持续影响到家庭关系、学校教育、文艺创作、设计出版等,形成富于生产性动能的社会交往。在此类成功的公共文化NGO里,线上和线下的互动成为对行动的不间断的积极反馈,因此所谓反思性监控既是内在的,也是外在的,形成自律和他律的互为作用。比之"文化春雨行动"这一类以行政化反思监控为主的结构化过程来说,要更具有创造活力和凝聚力。

近年来,党和国家日益重视社会建设,社会组织的培育和有效管理成为重要议题。仅以深圳市福田区为例,截至2014年年底,福田区已登记注册的社会组织达516个。跨越工商经济类、社会服务类、文化教育类、职业培训类、公益慈善类等众多领域。区政府每年在区级财政资金中安排2000万元,用于支持各类社会组织在福田区域内实施的基本公共服务、社会公益服务、社区便民服务、创新社会治理等项目。本课题组对福田区政府2016年第一期资助的90个项目进行分类,其中有13项公益活动与公共文化服务相关,如南都读书俱乐部的"社区精英激励计划"、怀南阅读推广中心的"阅读启迪心灵计划"、爱迪公益事业服务中心的"社区艺术+小创客活动"等。但是，课题组通过直接调研的27家社会组织发现，67%的社会组织的经费来源是政府资助拨款，在自营经费来源方面有一些也是来自国有机构的经费拨款，直接来自社会捐款的不到30%。可见，由于长时期的科层制社会管控，中国社会在开展自主性公共文化活动方面还没有形成普遍意识，这是导致目前在社会组织建设方面同时存在着蓬勃生长和持续艰难的矛盾的原因。这也说明，当代中国的现实是政府仍旧是推动社会建设的首要责任方，而这一推动的责任，是逐渐将管控为主转变为扶持为主，在扶持社会组织成长的动态过程中通过制度化和社会化的反思性监控机制来实现目标引导和效能管理；而作为公共文化服务的社会组织需理性面对多维的制度环境，"运用诸多组织策略来与多个政府部门构建多边依赖关系，进而最大化地拓展自身自主空间"①。

城市公共文化服务体系是由政府主导管控、民众自主参与的社会行动所共同建构的，既不是单一的科层制管控架构，也不是纯粹顶层设计的政策产物，而是基于不断成长的社会文化需求的社会行动过程。公共文化服务行动主体和主题的多元化，是这一体系的结构化动因。在当前发展阶段，政府仍作为首要行动者，以其管控权威性资源和配置性资源，策动广泛的社会参与；而社会行动者也在不同程度上依附于体制来获取行动资源。自主性和依附性形成动态的辩证关系。也有学者指出，中国社会组织现阶段表现出独立性与自主性，并在总体上呈现"依附式自主"特征。② 在公共文化服务的互动情境中，社会行动者的自主性和自觉性仍获得了明显提升，不仅对原有文化管理体制构成促改动因，也由此培育出具有共享性和创造性特质的新的城市文化。如何走向文化善治，考验着执政者的远见和智慧。将"送文化"的模式改变为"种文化"的模式，关键在于，尊重来自社会各阶层合理的文化需求，将文化权利复归于社会主体的人，扶持来自民众的文化因子，将其维护、扩大、引导、养育，使之成为深植并活跃在社会有机体中的文化生命。

---

① 黄晓春、嵇欣：《非协同治理与策略性应对——社会组织自主性研究的一个理论框架》，《社会学研究》2014年第6期。
② 王诗宗、宋程成：《独立抑或自主：中国社会组织特征问题重思》，《中国社会科学》2013年第5期。

公共文化服务视角下的公共价值创造

罗雅莉　吴予敏

摘要　公共文化服务是中国近十年来公共管理领域中备受瞩目的研究选题，这一领域的兴起带来了涉及理论建设、绩效评估、发展模式等多方面的卷帙浩繁的研究成果。本文将其中具有一定代表性的研究进行了分类总结，结合公共价值管理的理念，探索公共文化服务工作中公共价值创造的可能方式。

一　问题的提出

中国的公共文化服务，是政府发起的，对社会力量和资源的整合与利用，目的是丰富普通民众的文化生活。"公共文化服务"这个名词自2005年第一次出现在国家"十一五"规划中以来，受到了越来越多的关注，以其为要义的财政投入力度逐渐增加。根据财政部的报告，中国政府2014年度对公共文化服务安排财政预算为208亿元，比2013年增长了14.53%。① 相关主题的文献数量逐年增长。得力于政府的财政支持，公共文化服务研究在中国集聚了日益丰富的资金和大量研究人员。学者们以理论研究、绩效分析、发展模式和实证研究等为切入点，逐步推进公共文化服务研究的发展。

就公共文化服务的外在存在方式来讲，包括物理生存空间、社会文

---

① 民政部网站：《中央财政2014年安排资金208亿元支持构建现代公共文化服务体系》，http://www.gov.cn/xinwen/2015-02/11/content_2817697.html，2015年2月11日。

化公共空间、信息网络公共空间。① 一般的研究大多从这三个客观层面探讨公共文化服务的开展和完善方式,但往往忽略或者没能找到合适的方式定义公共文化服务存在的主观依据——服务对象共同或相同的需求。事实上,将公共文化服务的主观依据和客观层面相结合,形成一个完整的架构进行考虑很有必要——一方面可以避免公共文化服务管理者绞尽脑汁却又一厢情愿地进行盲目的硬件设施建设,构建不合乎现实需求的文化环境和服务网络;另一方面也能够根据实际需求制定行之有效的评估标准。

公共文化服务研究,通常被理解为一项应用性研究。但凡应用性研究,都比较重视从战略对策出发的经验性研究。或多或少忽略理论性思考。公共文化服务研究,又涉及社会学、文化学、管理学、财政学、文艺学、人文地理学、人口学、传播学等多个学科,也很难找到统一的理论思考的轨迹。这一跨学科领域的理论研究的艰难可想而知。本文首先评述国内关于公共文化服务研究的主要思路和理论视角,分析目前的研究所展开的基本面向,进而讨论借鉴公共价值理论进入公共文化服务研究的可能性。

二 中国公共文化服务研究路径

国内的公共文化服务研究主要集中在核心概念、建构主体、均等化原则、公共文化服务体系建设方略、绩效评价等几个方面。总体上是沿着政策制定和实施对策的思路而展开的。就具体的专题而言,研究不断深入,但是还没有形成一个综合的具有理论解释力的总体框架。

(一) 公共文化服务的核心概念内涵

随着社会生产力水平的发展,文化作为基本人权的理念在世界范围内被广泛接受。公民的文化权利包括享受文化成果、参与文化活动、开展文化创造。② 公共文化,是人类创造的共同财富,是超越经济利益、

---

① 陈杏:《公共文化服务与公共文化空间的探析》,《图书馆杂志》2008年第2期。
② 蒋建梅:《政府公共文化服务体系绩效评价研究》,《上海行政学院学报》2008年第4期。

市场价值、产权边界的为全民可共享的文化财富。对于公共文化服务这一基本概念学界较早达成了一定程度的共识：公共文化服务是由公共部门提供，满足社会成员的基本文化需求的，通过向公众提供公共文化产品和服务的行为及其相关制度与系统的总称（陈威，2006），其合法性来自"市场失灵"，是在政府的引导下，弥补市场不足，保障公民基本文化权的手段（陈新亮、张晓明，2007）。公共文化服务是以保障大众基本文化需求，满足大众的多层次、多样化、整体性的公共利益为目的的各种文化机构和服务的总和。上述定义，基本上是正确的。但是，也有个别表述的不足。将公共文化服务定义为"由公共部门提供"，是不全面的。尽管对于社会而言，公共文化服务是一种公共性消费，主要是由政府等公共部门，依靠公共财政支持来提供的，但是，也不排除还有一些非公共部门，如基金会、慈善机构、企业和社会团体，也是提供公共文化服务的主体。将公共文化服务的存在理由即合法性归结为对市场机制的弥补，也是一种片面的看法。公共文化服务的价值主要不是针对市场失灵的缺憾，而是基于社会成员全面发展的根本需要。市场满足了人们的各种需要，文化市场更是以满足人们多样化的趣味为前提，通过文化产品的交易利润获得持续性发展。公共文化服务则不同。她所提供的是以全人类的共同价值为基础的文化财富，因此她的内涵超越了市场，对社会发展和人们价值观的进步起到引领作用。

　　研究者们也发现，随着时代的发展，传统的文化供给模式与现代文化需求产生了一定矛盾，群体性供给和个体性需求也产生了矛盾。① 何谓"传统的文化供给模式"？对于一个行政管治和文化传播高度统一的社会，这一文化供给模式是计划性的、自上而下的、灌输式的。而公共文化服务的群体划一，则是这一传统供给模式的基本样态。随着社会的日益开放，人们生活水平提高，物质和精神需求同步提升，原本大体划一的文化生活方式已经远远不能满足需要。由于各个地区经济发展水平和文化传统的差异，以及社会各阶层的文化需求的差异，公共性和私人性的文化矛盾也日益凸显。什么是文化的公共性？如何界定公共性？成为讨论公共文化服务的一个首要问题。关于这一问题的讨论，在哲学、伦理、经济、政治、文化各界的学者中进行得十分热烈，涉及的理论面

---

① 彭爽：《关于公共文化服务均等化的几点思考》，《神州民俗》2014年第14期。

向也很多。在此我们难以一一评述。但是核心的问题纠结在，公共性是以个体价值的实现为基础，还是以群体价值的实现为基础？自由主义和新自由主义主张公共性必须以个体（私有）价值的存在为基础，个体（私有）价值是天赋人权，没有脱离开个体价值的公共性。公共性的保障恰是要防止以公有神圣的名义侵犯个体价值领域，自由的市场机制可以实现公共性。而马克思主义新左翼、社群主义、共和主义等则强调个体价值不会自动产生出公共性价值，公共性的保障既要限制私人利益，也要限制政治权力和商业权力。在现代社会中，公共性和民主性是从伦理到政治的合理推演，而公共性的文化也是指不受行政权力和商业利益肆意控制的共享性文化，其所关乎的是人类社会群体生存所必需的公民德性生活和自治权利。上述在西方语境下的公共性讨论是值得关注的。对于中国社会和国情而言，历来不存在公与私的截然对立的二元论，而是强调一种包容性共存的模式，即从个体价值推演至群体价值，或从群体价值回归到个体价值。至大至公的理念超越个体性。在今天现代化转型的中国社会，公共文化的价值如何界定以适应现代化的人格追求，的确是一个挑战。

（二）公共文化服务的主体

公共文化服务的主体是指服务的主要提供者和实施者。中国学者在这一角色的范围持有两种不同的观点。一种观点认为主体必须是政府，不能开放与市场组织合作，以规避活动过程中商业化经营的弊端，这一观点与公共文化服务合法性源于"市场失灵"的观点一脉相承。如杨建新提出，公共文化服务体系的主体建设者是党委、政府部门，因而构建公共文化服务体系应当是各级党委、政府的一项重要职责。[①] 王大为提出，公共文化服务应由政府主管，要不断强化政府在公共文化服务事业领域的领导作用[②]。另一种观点认为集中社会力量办社会文化才能够调动全社会的积极性，调动最多的资源进行建设，因此应当引入公平竞争机制改变政府供给的单一化模式，提升公共文化服务水平。如李少惠将公共文化的主体分为核心主体——政府，竞争参与主体——企业，重

[①] 杨建新：《大力构建公共文化服务体系》，《今日浙江》2005年第10期。
[②] 王大为：《公共文化服务的基本特征与现代政府的文化责任》，《齐齐哈尔师范高等专科学校学报》2007年第3期。

要主体——非政府组织和基本主体——社区。① 巩玉丽提出，政府、非政府组织、文化事业单位和企业是构成一个公共文化服务体系的四个方面，四者在公共文化服务体系建设中兼有不同职能。② 笔者认为，前一种观点反映了长期以来科层制社会结构和文化供给模式的惯性和现状。作为一种现实可能性的对策思维，是符合实际的。但是，这并非社会发展的固有模式和未来趋势。文化的公共性，本质上是社会协同创造的过程。承认社会发展与需求的多元化的合理性和必然性，也就是承认文化的公共性是基于社会共享共创的合理性和必然性。不同的职能主体都有一种责任和义务对公共性文化做出贡献。这一责任和义务并非专属于政府权力机构。但是，由于政府代表全社会行使权力，控制了公共资源的配置权，无疑也是有其首要责任和义务的。

（三）公共文化服务均等化

公共文化服务均等化议题包括地域均等化和社会均等化两个层次。由于地域的差异和经济发展的水平不同，当地财政能划分给文化建设的比例不一，因此均等化主要集中在社会均等化方面。这并不是指每一个个体获得在质量和数量上相同的文化服务，而是获得文化服务机会上和成果上的均等。我国学者在公共文化服务均等化的内涵上延续了"在坚持自由选择的基础上，提供大体均等的文化产品和服务"的思想。③ 常修泽（2007）认为，应当从三个方面定义公共文化服务的均等化。均等化首先是全体公民享有的基本公共服务的机会和原则应该均等，其次是享有基本公共服务的结果应该大体相等，最后是在提供大体均等的文化服务的同时，尊重个人的选择。④ 部分学者对于公共文化服务中的城乡差距、地域差距、阶层之间的不均衡状况展开了专项研究，并提出了解决建议，如让相对富足的地区向贫困地区转移支付，引导和激发农

---

① 李少惠：《公共文化服务体系建设的主体构成及其功能分析》，《社科纵横》2007年第2期。
② 巩玉丽：《公共文化服务体系的改革取向及职能定位》，《青岛行政学院学报》2008年第2期。
③ 张琳娜、朱孔来：《国内外公共文化服务研究现状评述及未来展望》，《西安财经学院学报》2013年第3期。
④ 常修泽：《中国现阶段基本公共服务均等化研究》，《中共天津市委党校学报》2007年第2期。

村公共文化需求，加强基层队伍建设①。杨勇和朱春雷（2008）从公共文化财政投入结构、文化服务的动力机制、公共文化体制三个维度分析影响我国公共文化服务均等化的因素，提出要保证均等化，应建立各级政府提高公共文化服务水平的动力机制，建立公共文化服务的评价指标体系，增加公共文化服务在各级政府干部考核中的权重，推行公共服务考核的民主测评制度，建立公众监督和责任追究机制。②

根据马斯洛的需求层次理论，文化需求位于需求金字塔的上部，公共文化服务也相应地处于公共服务的上层，是在底线生存服务、基本安全服务、基本环境服务、基本发展服务得到满足之后才会被考虑的。部分研究者持有的将文化需求纳入基本需求的观点是不切实际的。公共文化服务的均等，不应该是每个地区每个人头投入资金数量的均等，而是应该保证每个人不同层次的文化需求得到恰如其分的满足。我国目前的此类研究大多停留在理论层面，缺乏实证研究的成果。

均等化议题和基本性议题联系在一起。凡是谈及均等化，就会涉及基本性。因为在现阶段，均等化不是绝对的，仅仅是有限的，即在基本性层次的均等化。这一观念决定了各地的公共文化服务硬件建设的指标设定，也成为各类施政监督的标准。基本性可以说是公共文化服务的最低水平尺度。例如，农民工看书看报看电视和上网的条件、广播电视村村通、农家书屋建设、社区"六个有"指标（有一个总面积不少于300平方米的综合文化楼或文化活动室；有一个不少于60平方米的公共图书阅览室，社区图书藏书不少于1000册；有一个面积在500平方米以上的文体广场或一个有文化内涵的公园；有一个不少于80平方米的戏台；有一个面积不少于40平方米的文化信息共享工程服务网点或公共电子阅览室，室内不少于5台电脑），等等。各地根据自己的经济状况出台了不少此类基本性指标。从实践情况看，没有这些硬性指标，工作会没有抓手，没有标准。因此，确定基本性指标作为均等化原则的现阶段尺度是有必要的。

（四）公共文化服务体系建设

公共文化服务体系建设，其实质就是整合重组各种文化资源，以达

---

① 钱小卉：《江苏省城乡公共文化服务均等化问题分析与对策》，《无锡商业职业技术学院学报》2014年第1期。
② 杨永、朱春雷：《公共文化服务均等化三维视角分析》，《理论月刊》2008年第9期。

到社会效益最大化、服务最优化的目的。闫平（2007）认为，公共文化服务体系建设中，政府要承担公共文化服务中的供给和监管职责，合理界定干预文化市场的限度。同时借助20世纪80年代西方发达国家的公共服务市场化理念，将公共文化服务的公益化和市场化结合。[1] 韩军（2008）则将公共文化服务体系划分为政策法规体系、基础设施体系、产品供给体系、人力资源体系、资金投入体系、评价监督体系，[2] 为划分体系内的各个因素提供了参考。这一领域的讨论，说明公共文化服务体系的建设，已经从观念政策层面走向整体性实施架构的设计。我国公共文化服务体系的研究虽然有对发展目标和系统内因素的探讨，但没有进行实证研究确定各因素的权重，也没有提出可持续发展、修正的结构。

文化部公共文化司作为领导和指导全国各地开展公共文化服务的政府机构，十多年来，在各地召开了多次现场经验交流会，各地文化管理部门也在所辖区域举办过多种活动，其目标就是总结各地的实践探索经验。可见，对于中国这样一个幅员辽阔、经济文化发展非常不平衡的国家而言，这一体系的建设必须因地制宜，循序渐进，呈现出多种路径和多种模式。相对而言，理论研究必须从实践经验出发，从具体案例出发加以总结和提升。

（五）公共文化服务的绩效评估

由于政府的大量资金投入于公共文化服务，许多地方的基础性文化硬件设施具有相当高的品质和比较大的规模。有些公共文化设施（如图书馆、博物馆、音乐厅、少年宫、老年活动中心等），还成为地方形象的名片。随着住宅小区化，公共活动的大小广场也成为公共文化服务的提供场所。但是，总的来说，从公益性角度而言利用率却不尽如人意。公共文化服务硬件和软件建设，是否让公众从中取得切实的收获，关系到公共文化服务的绩效评估。

蒋建梅（2008）将政府公共文化服务体系绩效评估划分为三个方面：一是文化对经济、社会的反作用体现出来的总体指标；二是公共文化服务的有效供给指标；三是公共文化服务的保障指标。她将这三个方

---

[1] 闫平：《试论公共文化服务体系建设》，《理论导刊》2007年第12期。
[2] 韩军：《论公共文化服务体系的构建》，《党政干部论坛》2008年第1期。

面作为一级指标，采用多目标线性加权函数法发展出三级指标的评价模型①。这个指标比较倾向于从经济和社会发展的角度进行统计。并不完全适用于经常性的动态的文化服务绩效评估。有些地方，比如治安情况、基尼系数、劳动生产率、万人专利数等，都不属于公共文化服务的范畴。

陈彪（2009）通过对浙江省、广东省和上海市的基本公共文化服务现状进行比较，建立了基本公共文化服务均等化评估的理论模型和均等化程度评估指标体系。其中包括基本公共文化服务能力运作效率评价1个一级指标及服务规模、服务质量、资源运作效率、公平公正和可持续性5个二级指标。②

宋先龙（2011）通过对我国东西部地区之间基本公共文化服务差异的对比分析，依据"SMART"原则建立了基本公共文化服务均等化指标体系。其中包括以投入、产出两个维度为基础由17个指标构成的评价指标体系，并对西部地区基本公共文化服务均等化进行了实证研究。③

毛少莹等（2015）在《公共文化服务概论》中列出专章"公共文化服务发展水平的测度及绩效评估"，从文化指标理论入手，对比中外研究的理论方法，参照联合国教科文组织的文化统计框架图、英国伦敦文化审计报告指标等，结合自己在2011年提出的我国地方政府公共文化服务绩效评估指标体系，将这一测度的指标框架分为六大块：政府投入、发展规模、产品及服务、社会参与、人才队伍和公众满意度。在政府投入方面，主要考核公共文化服务在财政支出的占比、文化事业基本建设占基本建设的比重和人均文化事业费；在发展规模方面，有千人阅览座位数、人均拥有藏书量及百万人拥有公共博物馆、艺术馆等数量、人均占有公共文化设施面积、基本文化设施布局等考核；在产品及服务方面，包括公共图书、公益演出、公共展览、文化节庆、有线电视用户、互联网覆盖和使用人口、大众传媒种类和出版量等；社会参与方面

---

① 蒋建梅：《政府公共文化服务体系绩效评价研究》，《上海行政学院学报》2008年第4期。
② 陈彪：《浙江省基本公共文化服务均等化研究》，硕士学位论文，浙江大学，2009年。
③ 宋先龙：《我国西部地区基本公共文化服务均等化问题研究》，硕士学位论文，浙江大学，2011年。

则包含社会文化团体数量、社会捐助资金数量及所占公共文化服务资金比例、文化义工数量等；在人才队伍方面主要看文化从业人员数量、职称和专业技术岗位数量比例；在公众满意度方面，主要是通过问卷调查、投诉建议等反馈情况而定。该书还介绍了英国在2007年实施的全面绩效评估指标体系中的绩效指标框架。英国的指标体系是按照"获得 Access""参与 Participation""质量 Quality""投资效益 Value for Money"来进行规划的。[①] 就笔者看到的材料中，毛少莹等提出的绩效评估框架是目前比较符合国内情况、比较简洁全面的框架。随着社会实践的不断变化，这个框架的细节上还有可以进一步提升和完善的地方。在政府投入方面，除了总的数量统计指标以外，可能还需要有结构性的指标加以限定，明确哪些是基础性投入，哪些是发展性或提高性的投入，特别是对于社区基层、弱势群体的文化投入应不断提高占比，从而避免一些地方政府过度强调大项目、搞形象工程；在发展规模方面，可能需要更丰富的类型，是否将群众迫切需要的文化培训放在其中？在公共文化产品和服务方面，实际情况是比较复杂的，一般从比较容易操作的角度来看，集中于公共图书馆、大众出版、公共演出等，有一些文化产品介于公共性和商业性之间，这是这方面测量的难点；目前我国各地在公共文化产品方面开创了不少新的类型，例如农家书屋、社区和企业阅览室、流动图书馆、公益演出分队等；此类产品也包括各类文化活动如讲座、培训辅导、群众性文体竞技和汇演等；此类测量，主要是要看公益性、群众性、独特性和可持续性；在社会参与度方面，需要充实公共文化服务社会组织的发展以及社会服务项目方面的类别和数量的增长情况，有动态的考核指标；在人才队伍方面，需要进一步分清人才队伍的基本层次结构，这有助于了解人才队伍的素质状况；在公众满意度方面，需要适度引入大数据分析，进行社会各阶层的满意度调查。

综合以上的评述，可以看到我国目前关于公共文化服务的研究，基本上是以应用性、对策性研究为主，在实践中，一步一步根据发展需求和政府的施政策略来进行的。但是，在公共文化服务理论的研究方面尚觉不足。因此本文也在此介绍评价公共价值理论，希望对我国的公共文化服务理论的研究以及对实践规划设计能够有所启发。

---

① 毛少莹等：《公共文化服务概论》，北京师范大学出版社2014年版。

三 公共价值理论的发展路径

公共价值理论兴起于20世纪90年代的美国,提炼自市政卫生、青少年服务、公共房屋管理、公共安全等大量公共管理的实践,被称为继传统公共行政、新公共管理之后的第三种公共行政学范式。[①]从公共管理的层面来讲,公共价值是公民对政府期望的集合,涵盖客观基础(公共产品、公共服务)和主观依据(主体共同或相同的需要)两大基本要素[②]。在此概念的基础上发展出了一个包含定位公共价值、获得各方支持、评估公共价值的三角框架,同时这也是一个可持续发展和不断优化的理论模式。公共价值理念提倡管理者根据环境的变化和对当地公共价值的理解,改变组织职能和行为,创造新的价值。我国的公共管理学界在2003年引进了公共价值理论奠基人马克·穆尔(Mark H. Moore)的著作《创造公共价值——政府战略管理》,从此这一理论逐渐被应用到不同领域和范围的组织活动中。但是,鲜有研究者在公共文化服务的视角下对这一理论进行系统梳理。基于我国公共文化服务的对象、环境、需求的多样性和复杂性,公共价值管理无疑是一种可供借鉴和尝试的理论思考和工作模式。本文试图将现有的公共文化服务研究与公共价值理论进行整合分析,发掘新的研究可能。

1995年,哈佛大学肯尼迪政府学院的资深教授马克·穆尔发表了《创造公共价值——政府战略管理》一书,提出公共管理的终极目标,是为社会创造公共价值。在穆尔看来,想对公共价值下一个明确的定义绝不可能,因为公共价值本身并非是一个绝对标准的概念,它需要在特定的政策环境下具体问题具体分析。[③] 穆尔引用了若干个经典的美国公共管理案例,具体说明了公共管理者如何在特定的条件下,应对组织内外部的各种挑战,并最终实现组织的公共价值。他认为确定组织的公共

---

① Stoker, G., Public Value Management: A New Narrative for Networked Governance? *American Review of Public Administration*, 2006.
② 胡敏中:《论公共价值》,《北京师范大学学报》(社会科学版) 2008年第1期。
③ 马亭亭、唐兴霖:《公共价值管理:西方公共行政学理论的新发展》,《行政论坛》2014年第6期。

价值，必须由公共管理者回答三个问题：（1）组织的工作目标是否具有价值；（2）这一目标能否得到政治和法律方面的支持；（3）从组织管理和运行的角度来看，这一目的能否实现。[①]这一思想形成了一个三角形的框架。首先，组织的全部使命和目标必须由组织中重要的公共价值所决定（价值）；其次，必须最大化地提供合法性的来源（支持）；最后，对组织完成目标与使命的能力进行评估（能力）。

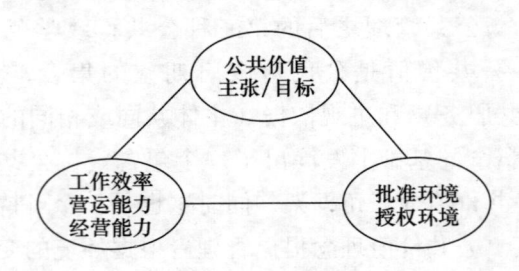

图1 穆尔的三角框架

穆尔三角框架（如图1）提供了一个可持续发展和循环升级公共价值的模式，可以从价值的定义、实施和评估三个环节逐步推进。从政策评估的角度分析，公共价值可被视作一种绩效测量的框架——利用评估的结果对公共价值本身进行修正，再进行下一步的实施，如此循环，可以推动公共管理的良性发展。

凯利（Kelly）等认为，在现代民主制度中，公共价值被认为是由公众本身所定义，由公众偏好所决定，通过一系列手段得以表达，最后由民选官的决定反映出来的价值集合。[②] 有的学者从公共服务输出的角度将公共价值与公共利益、公共产品区分开来，认为公共价值与公共利益相比，具有公众自主选择的主动性质[③]，其内涵也比公共产品丰富，因为它不仅包括有形和无形的产出，还包含结果的评估和价值的重新定义。

---

① Moore, M. H., *Creating public Value: StrategicManagement in Government*. Cambridge, MA: Harvard University Press. 1995.

② Kelly, G, Muers, S. and Mulgan, G., *Creating Public Value: An Analytical Framework for Public Service Reform*, London: Cabinet Office, UK Goverment. 2002.

③ Alferd, J., and O'Flynn, J. L., *Public value: a stocktake of a concept*. Social Science Electronic Publishing. 2008.

中国学者胡敏中（2008）总结了公共价值的内在特征：（1）公共性与公众性，即共享性和非排他性；（2）社会层面性，即不针对个体和特殊群体，而是针对社会所有公众，但不否认不同区域、不同人群有具体特殊的标准；（3）大规模性和宽广性，足够覆盖整个社会，与公共性和社会层面性不可分割；（4）可操作性和可实施性，指公共价值具有未来追求、理想性和进步性，是对现实价值的完善和进步；（5）公众参与性与治理性，指公共价值不仅要靠国家权力的管理和治理，还要依靠社区和市民社会的力量建设；（6）非资本性和非市场性，不以增值和营利为目的，具有社会福利和社会保障性质。[①] 马亭亭、唐兴霖（2014）认为，公共价值管理的机制具有多中心合作供给的特点，可以把公共价值的标准从公共部门拓展至营利部门和非营利部门并以此打破政府的垄断地位。[②]

穆尔认为，公共价值是公民对政府期望的集合，是公众所获得的一种效用。这种效用来自三个关键要素，第一是服务，第二是结果，第三是信任、合法性和对政府的信心。[③] 这三个要素是层次递进的，后一要素要在前一要素的基础上进行，三个要素不可分割地组合成公共价值。公共文化服务中公共价值的创造，需要经历价值确定、支持与合法性的争取以及价值实现情况的评估三个步骤。这一理论框架是否适合于我国的公共文化服务研究？笔者对此有如下思考。

（一）公共文化服务中公共价值的确定

人类社会发展到近代，社会才具备建设公共价值的生产力条件。在中国的公共文化政策和研究中，常常提到"基本文化需求"，但没有对什么是基本文化需求进行比较准确的界定，导致的结果往往是海量资金投入，各地兴建大量图书馆、群艺馆，利用率却比较低，随后为了保障资源的利用率，又刻意设计许多文化活动以充实利用现有资源，既增加了行政管理的负担，也不能有效激发公众的参与积极性。按照公共价值管理的思路进行公共文化服务，应将探索与回应公众的文化偏好置于整

[①] 胡敏中：《论公共价值》，《北京师范大学学报》（社会科学版）2008年第1期。
[②] 马亭亭、唐兴霖：《公共价值管理：西方公共行政学理论的新发展》，《行政论坛》2014年第6期。
[③] 何艳玲：《"公共价值管理"：一个新的公共行政学范式》，《政治学研究》2009年第6期。

个决策过程的中心地位。斯科特(2006)认为,管理者应该通过对话和协商的方式与公众进行经常性的沟通和信息共享,建立集体性的政治协商网络,可以帮助决策真实反映公众的需求。① 由于对话和交流体系是公共价值管理体系实践的基础,公共文化服务的公众偏好可以采取线上和线下结合以及网络的方式收集。信息公开机制、电子政务、数字化治理手段和数字民主都可以通过先进的信息化技术实现。

公共文化服务以公共价值为基本取向,这是有重要的理论意义的。以往,我国对公共文化的理解,或多或少将其等同于群众性文化,或普及性文化,或者是和非营利性文化相一致的概念。应该说,群众性、普及性、非营利性,等等,都是公共性概念的内涵的某些特点,但是还都不是很全面的表述。什么是公共价值?各个国家根据自己的国情可能会有不尽相同的解释和理解。公共价值即公共性,重要的是以大多数人的需求为基本尺度。也就是社会在文化需求上边的最大公约数。公共价值,包括公有、公享、公平、公正、公益的价值观念,也包括共存、共建、共融的实践行动。政府作为国家机器,掌握了最大的公共权力以及对公共资源的实际支配权和管理权。正因为如此,政府更需要树立公共价值理念,充分意识到公共价值原则对于执政体制和机制的支配作用,从而采取更加科学的方式,进行政策设计,合理地运用权力和限制权力,探索更加切实有效的方式实现公共价值。

(二)公共文化服务中争取支持与合法性

要争取足够的社会支持实现公共价值需要融合不同利益和价值观,使各个社会角色从公共文化服务中找到满足自身需求的可能。政府及管理者最重要的职责就在于调动社会各种资源为创造公共价值而合作。通过正式的决策过程或者通过约定俗成的程序达成解决特定问题的共识,为公共文化服务奠定合乎契约精神的协议,可以保证服务的有效推进。奥尔德里奇(Aldridge)和斯托克认为,以公共价值为核心的合作治理必须体现公共服务的精神,即开放灵活的公共服务供给必须由公共服务精神所塑造。为此,他们概括出了在创造公共价值过程中需遵循的公共服务精神的五点要素,即绩效文化、承担责任、支持更广泛准入的能力、为雇佣者负责以及致力于社区福利。无论当地的具体情况如何,开

---

① Stoker G., Public value management. *The American Review of Public Administration*, 2006.

展公共文化服务都可以依据政府把控方向，其他社会组织参与利益融合，实现互助共赢。

（三）公共文化服务中公共价值实现情况的评估

绩效评估和相关的实证研究是公共文化服务研究进行十多年来一直缺乏的。穆尔提倡公共机构通过发展一种明确、可衡量的公共价值账目（public value account）来对产生价值负责。这种公共价值账目是为政府组织运转过程中被追求、体现的重要公共价值维度命名，以及计算在此过程中的社会和财务成本。各种不同的行政环境依据不同的价值观，而且设定的公共目标的"层次"也会有所不同，因地制宜制定一个简单、稳定的公共价值账目将是必要和可取的。① 使用公共价值账目可以对公共管理服务行动加以激励、引导和协调，也可以建立更灵活的目标层次结构，以便回应社会不同的诉求。通常使用公共价值积分卡（public value score cards）作为非营利绩效的替代模式及执行公共价值战略的手段与途径。公共价值积分卡并非仅仅对公共服务质量和政策结果进行简单测评，还可以实现对产生结果的各种价值因素都有一个综合的评估。在公共文化服务管理中，同样可以运用公共价值账目和公共价值积分卡的概念，前者用来计算文化服务中的资源和人力消耗，后者则综合了服务质量的测评，用付出和收获的关系来计算公共价值，比单纯计算服务成果的方式更为科学。

过去的公共文化服务研究大多以理论研究为主，鲜有实证研究的成果，许多研究停留在语义分析甚至设想的层面，有的即便搭建了绩效评估的公式和算法，其成果也没有被广泛运用于实际的评估中。穆尔提出的"公共价值"理念既是一种期望的集合，又是效用评价标准。公共文化服务作为公共管理领域的一部分，借鉴公共价值管理的理念，转化思维方式，从服务对象处寻找工作目标，建立社会联动的合作服务模式，加强绩效评估和实证研究，有助于形成良性循环的发展模式。

---

① 董礼胜、王少泉：《穆尔的公共价值管理理论述评》，《青海社会科学》2014 年第 3 期。

论公共文化服务的社会化

杨立青

摘要 近年来，我国公共文化服务体系建设取得了很大进展，但建设主体过于单一所带来的困境，在客观上要求推动公共文化服务社会化的发展，形成"多元互补共供"的治理结构。为此，应进一步转变政府职能，推动文化事业单位社会化改革，促进文化类社会组织发展壮大，实行供给与生产分开的执行机制，强化服务过程的监管。

党的十八届三中全会颁布的《中共中央关于全面深化改革若干重大问题的决定》明确指出："引入竞争机制，推动公共文化服务社会化发展。鼓励社会力量、社会资本参与公共文化服务体系建设，培育文化非营利组织。"公共文化服务的公共品性质及对公民文化权益的保障功能，决定了政府在其中扮演了核心责任主体角色，但基于公共资源的有限性，政府不能沿用传统的大包大揽模式，而必须适度推进公共文化服务社会化，形成政府力量和社会力量的互补，化解我国公共文化服务体系建设中主体结构过于单一所带来的困境。

一 公共文化服务社会化：概念与背景

在社会科学中，社会有广义和狭义之分，前者包括政治、经济、文化和社会各子系统，是大社会概念，后者则单指社会子系统，是小社会概念。同样的，社会化也是个内涵丰富但易引起歧义的概念，如从个人与社会的关系看，社会化是指个体对社会的认识与适应过程；而从国家与社会的关系看，由于现代意义的社会专指独立于国家之外所有的经济生活和公民生活领域，因此"社会化"与"国家化"相对。就本文而言，公共文化服务的社会化，是指公共文化服务从单一依托国家力量转向由全社会力量共同提供的过程。从提供主体上看，它是以政府为主向社会、市场组织及个人等多元主体的逐渐扩展。

西方发达国家与地区，在社会与政府共同参与公共事务管理上积累了丰富的经验，在公共服务社会化、市场化运作上也形成了较为成熟的模式。如英国兴起新公共管理运动以来，在公共服务领域引进私人部门管理技术，推动了公共服务的私有化、代理化和公私部门伙伴化；美国通过引进竞争机制，促成公共服务职能运行的市场化；新西兰和澳大利亚也推进了公共服务的分权化、商业化、公司化、私有化等。[①]

在我国，由于传统文化管理体制的长期影响等原因，公共文化服务的社会化还是个新事物。尽管不少地方政府已在公共文化服务项目的招投标、契约外包和社区提供等方面进行了积极探索，积累了有益经验，但总体而言，我国公共文化服务的社会化在理论上是不完备的，在发展上是不充分的。因此对其提出的背景有必要予以一定程度的说明。

首先，公共文化服务社会化是我国经济社会发展的内在要求。改革开放以来，计划经济的解体、市场经济的建立及全球化的发展，导致传统的"一体化社会"开始向国家、市场和社会三元分立格局转化，逐渐形成了三个既相互关联又相对独立的领域：一是政府组织（第一部门），二是市场组织（第二部门），三是社会组织（第三部门）。[②] 而改革开放的主要成就之一，就是不仅催生了强大的市场力量，同样也催生了不断成长的社会力量，其例证就是第三部门的蓬勃发展：进入20世纪90年代后，在物质财富极大丰富、人民生活显著改善的同时，整个社会对公共服务和物品的需求也迅速增长，公民的自由空间大大拓展，具有独立人格和主权意识的公民对公共事务的参与热情也空前高涨，各类民间组织通过吸纳各种社会资源并动员广泛的志愿者参与，开展各种形式的社会服务，形成一个有别于国家体系和市场体系的日益庞大的社会体系。[③] 而公共文化服务以保障公民文化权益、促进文化发展为目标

---

① 胡杨：《管理与服务：中国公共事业改革30年》，郑州大学出版社2008年版，第15—24页。

② 郑杭生：《社会学视野中的社会建设与社会管理》，《中国人民大学学报》2006年第2期。

③ 王名：《中国民间组织30年》，社会科学文献出版社2008年版，第38—40页。

诉求，从社会参与角度看，各种社会力量显然不应外在于这一发展进程。同时，作为社会公共空间的承载平台和文化表现，公共文化服务体系建设不仅是政府兑现公共服务职责的有效手段，也是动员社会力量共同推动文化繁荣的主要途径。

其次，公共文化服务社会化是进一步推动政府职能转变的主要体现。所谓政府职能转变，即从计划体制下全能政府向市场体制下有限政府的转变，推动多元主体共同参与公共事务管理，它从根本上是政府、市场和社会三大部门权力（权利）关系的调整过程，也是第一部门向第二、第三部门的分权化。就政府职能看，尽管我国政府在转型期还肩负着经济调节、市场监管和社会管理等历史任务，但公共服务无疑是更需强调政府职能。尤其是传统的全能政府的弊端在市场经济条件下的日益暴露，必然要求政府逐步推进分权化，把市场机制能够自行调节、社会组织和公民能够自主解决的事项转移出去，把不再需要政府行使的社会管理和公共服务职能交由社会组织承担，在简政放权的同时也促进社会组织的发展壮大；而对政府部门的职能进行梳理和分解，也为服务型政府建设提供更多的条件和空间。

最后，公共文化服务社会化是社会管理创新、文化体制改革的题中之义。近年来，中国进入社会矛盾凸显期，群体性事件频发，如何创新社会管理方式，整合多元力量提供公共服务，有效化解社会矛盾，已被列入党和国家的重大议事日程。党和国家对社会力量在社会管理、公共服务中的作用的强调，对于公共文化服务的社会化发展，具有方向性的指引意义。而从文化体制改革来看，改革的主要方向之一，就是要破除政府大包大揽文化事务的传统格局，积极引导社会力量参与公共文化服务。正如中共中央《关于深化文化体制改革，推动社会主义文化大发展大繁荣若干重大问题的决定》所提出的，要"采取政府采购、项目补贴、定向资助、贷款贴息、税收减免等政策措施，鼓励各类文化企业参与公共文化服务"，"引导和鼓励社会力量通过兴办实体、资助项目、赞助活动、提供设施等形式参与公共文化服务"。可以说，文化体制改革的深化成为公共文化服务社会化发展最为直接的驱动力。

二 公共文化服务社会化的必要性与意义

从根本上说，公共文化服务社会化的必要性，是由传统服务模式的弊端所决定的，即以往完全由政府垄断公共文化服务的提供存在着历史的局限性。

在计划经济时期，文化建设是我国社会主义事业的一部分，这一事业性质决定了非但不可能形成充满活力的文化市场，而且其纯公益特征也决定了政府是文化建设的唯一主体。由于文化建设所需的资源都依赖政府的有限投入，而各级政府财政的普遍困难和物质资源的极度稀缺，加上投入渠道的单一，使得文化建设长期处于缓慢发展乃至停滞的局面。如在头几个五年计划期间，国家对文化事业单位的年度拨款最高才3亿元，按6亿人口计人均只有0.5元。1978年以来，由于地区发展不平衡，文化发展继续萎缩，公共文化服务提供的总量在减少，对于西部老少边穷地区和城市低收入家庭或农民工来说，公共文化服务在很大程度上已名存实亡。[1]

事实上，公共文化服务体系是建立在一定公共财政能力的基础之上的："公共服务是政府主导的，更是预算制约的。……所谓公共文化服务，是指在政府主导下，以税收和财政投入方式向社会整体提供文化产品及服务的过程和活动。"[2] 正是这种"预算硬约束"，使得经济发展程度不同的地区，其公共文化服务呈现出差异极大的发展状况。

基于上述困境，党的十六大报告提出"坚持和完善支持文化公益事业发展的政策措施，加强文化基础设施建设，发展各类群众文化"，十六届五中全会更是提出"加大政府对文化事业的投入，逐步形成覆盖全社会的比较完备的公共文化服务体系"的目标。自此以后，各级政府对文化的投入不断增大，有力地推动了公共文化服务体系建设。但即便如此，公共文化服务发展的基本结构依然没变，即仍然依赖于政府一

---

[1] 张晓明等：《中国公共文化服务发展报告》，社会科学文献出版社2007年版，第11页。

[2] 同上书，第9页。

元主体的资源投入。

究其原因,当然与政府在公共文化服务上所承担的基本职责直接相关。但政府的职责始终存在一个边界问题,无限制地扩展政府职责,一是会导致政府过度扩张,二是会导致"政府失灵"。第二次世界大战以后,凯恩斯主义在西方盛行,政府纷纷采用扩张性的经济社会政策,但政府干预力度的增加,也压缩了市场和社会的自由空间。随着滞涨时期的来临,政府危机加剧,体现在公共服务领域,就是出现了效率低下、资源浪费和寻租现象突出的"政府失灵"。

对我国来说,要解决"政府失灵",就必须确立治理结构,推动从一元主体到多元主体的扩展及多元主体合作网络的形成。① 尤其是我国还处于转型期,地区发展不平衡,公共文化服务还主要依托政府投入,一旦政府财政收入不足而面临预算硬约束,公共文化投入便得不到有效保障。在此意义上,社会资本等非政府力量参与公共文化治理,不仅呈现出历史的必然性和现实的紧迫性,而且具有多重的积极意义。

首先,有利于推动政府职能转变,形成公共文化服务体系的多元共建格局。对于作为政府转型的目标——服务型政府而言,市场和社会组织参与公共文化服务的提供,不仅有助于政府缩减规模、提高效率、减轻财政压力和社会责任,而且以其独特的组织优势,实现与政府政策、资金优势的互补,形成多元共建格局,有效弥补我国公共文化服务体系建设主体过于单一的制度性缺陷。

其次,有利于促进服务体制机制的创新。"政府失灵"是政府组织本身的特质所决定的,如政府竞争和激励的缺乏、信息的不完善等。因此,要有效纠正"政府失灵",提高政府回应性,必须积极引导社会力量参与公共文化服务发展。由于市场和社会组织对文化市场信息较为敏感,对公共文化需求较为了解,在运作机制上具有灵活性,它们的参与将极大促进公共文化服务的体制机制创新。

再次,有利于保障公民文化权益和促进社会发展。公共文化服务社会化发展,就现实而言是补充政府的不足,但从根本上说,是在为更大程度上满足公民文化需求、实现公民文化权利、提高公民福利水平创造条件,有利于公民的公益、志愿、参与意识的培育与提高,有利于社

---

① 马斌:《政府间关系:权力配置与地方治理》,浙江大学出版社2009年版,第29页。

会、社区以自组织方式形成更强的自我管理、自我服务和自我发展能力，最终为我国社会的发展奠定基础。

最后，有利于促进公共文化服务地区均衡化和城乡一体化。我国公共文化服务发展存在着较严重的区域失衡。要解决这种失衡，单靠政府力量（包括文化专项资金或财政转移支付）显然不够，而必须一方面引导社会资本、市场组织进入公共文化投融资领域，另一方面则要通过大力发展各种区域性、全国性的社会组织来加以解决。可以预见，社会资本的引入及社会组织的大量涌现，将极大地促进公共文化服务的地区均衡化和城乡一体化。[①]

三 公共文化服务社会化的适度发展

公共文化服务的社会化，除了服务主体本身的社会化、多元化扩展，还包括了社会化运作体制机制的创新发展，即既从体制安排上给予社会力量参与公共文化服务的机会和空间，特别是激发其参与积极性；在机制创新上也借助社会、市场组织机制灵活的特点，创新固有的服务方式，提高政府的回应能力，增强公共文化服务的效率和活力。

但同时，特别值得指出的是，就我国政府对公共文化服务投入普遍不足、存在严重历史欠账等现状而言，在现阶段对于公共文化服务的社会化，只能强调其"适度发展"。究其原因，主要有如下两点：

第一，从政府来看，国内外的经验教训表明，公共服务的市场化、社会化往往成为政府卸责任、甩包袱的某种借口。从西方国家推动公共服务市场化、社会化来看，无论是英国的新公共管理还是美国的"重塑政府"运动，自然与公民需求的持续扩张（要求政府提供更多更好的服务和福利）有关，但其起点无一不是政府严重财政危机的结果。为了缓解财政危机，西方国家政府在20世纪80年代以来普遍推动了政府改革，其主要目的就在于通过公共服务的市场化、社会化，将社会力量当作战略合作者以减轻财政负担。但也有必要提及的是，西方政府公

---

① 杨立青：《社会文化组织与公共文化服务》，《江汉大学学报》（人文科学版）2012年第2期。

共服务的市场化、社会化，尽管有减轻财政负担的实际考量，但却是与之前政府职能大扩张时代提供"从摇篮到坟墓"的福利为基础的改革一样，加之选举政治的制约，改革本身不会导致公共服务和公共福利的大规模削减。与之相比，中国与西方国家情况完全不同，因为历史欠账过多，我国在政府职能上强调"公共服务"还是近年的事情，相关改革还处于起步阶段，其发展还必须依靠政府大规模的持续性投入。在此意义上，公共文化服务的社会化，在现阶段只能作为政府公共服务的有益补充。而过度强调社会化，则会有意无意中忽略政府在公共文化服务上的根本责任，有可能成为政府推卸应有责任、甩财政包袱的遁词。

第二，从非政府的市场和社会组织来看，我国公共文化服务的社会化在现阶段也只能适度发展。由于市场组织以营利为目的，与公共文化服务的公益性宗旨相背离，这导致其在提供服务过程中可能谋求利润最大化，从而损害公共利益。相应地，市场化的逻辑会导致责任与控制、平等、竞争基础、挑肥拣瘦等难题[①]，这种"市场失灵"即使在西方国家建立起较为完善的公共服务绩效评估体系的情况下也依然存在。而作为非营利的社会组织，本身在公共服务提供中也会存在赛拉蒙所说的"志愿失灵"现象，尤其对我国社会组织而言，目前普遍存在官民二重性、过渡性、非规范性与"非政府组织的政府性，非营利组织的营利性"等特征[②]，导致社会组织在提供公共文化服务中可能会偏离其公益性宗旨；同时由于自身发展不足、专业服务能力有限等问题，公共文化服务供给的过度社会化会导致服务质量下降，从而不利于公民文化权益的保障和文化福利的提高。

在此意义上，对于我国公共文化服务的发展，必须依靠两条腿走路，一是强调政府在建立和完善公共文化服务体系中负着最终的总责任，不断加大公共文化的投入，保证公共财政对文化建设投入的增长幅度高于财政经常性收入增长幅度，提高文化支出占财政支出的比例；二是要改变传统的公共文化服务模式，在坚持政府主导的基础上，探索一种新的公共文化服务体制机制安排，推动公共文化服务社会化的适度发展。

---

① 陈振明等：《公共服务导论》，北京大学出版社 2011 年版，第 154 页。
② 俞可平等：《中国公民社会的制度环境》，北京大学出版社 2006 年版，第 23—25 页。

四 推动公共文化服务社会化的若干思路

（一）转变政府职能，形成公共文化服务的多元互补共供结构

从我国行政体制改革的趋向来看，政府职能转变存在两个向度：一是政府职能重心的调整，如弱化经济发展职能，强化公共服务职能；二是政府职能的转移，即将政府部分职能转移给非政府组织承担，体现在文化服务领域，就是公共文化服务的社会化。社会化并非取消政府的地位与作用，而是改变服务供给主体的单一化，形成一种"多元互补共供"结构。

所谓多元，即服务供给主体的多元化，既包括政府机构，也包括文化企业、社会组织及个人。所谓互补，即多元主体的优势互补。政府具有政策、财政、公权力等资源优势，企业具有向消费者提供社会效率最大化和价格合理化的商品与服务的特性，社会组织的"非分配约束"及多样化、成本低、弹性大、反应快和针对性强等特点，使其与政府和市场组织形成了互补性。[①] 所谓共供，就是多元主体展开相互合作，共同提供公共文化产品和服务的过程。可以说，"多元互补共供"结构的形成，既是公共文化服务社会化的理论逻辑起点，也是相关制度设计的基本框架。

（二）深化文化体制改革，推动文化事业单位社会化改革

文化事业单位在我国文化发展中曾扮演了重要角色，但其机构的行政化、资源配置的非社会化、运行机制的非效率化和管理体制的非法制化等弊端，也严重压抑了其发展活力。因此，以建立"政事分开、责任明确、多元约束、管理科学"的现代事业制度为目标，以分类改革为抓手，推动其市场化、社会化发展，也就成为改革的主要方向。从实践来看，市场化改革已取得明显进展，其标志就是近年来经营性文化事业单位的大规模转企改制。但其改革的另一方向，即社会化改革却进展缓慢。

事实上，早在1996年中央编委就已提出事业单位改革要"遵循政

[①] 陈振明等：《公共服务导论》，北京大学出版社2011年版，第198—199页。

事分开、推进事业单位社会化的方向"。广义的社会化是指事业单位从政事一体化中剥离出来，进入社会成为社会实体的过程，狭义的社会化则是指事业单位的社会组织化。① 总体来看，文化事业单位社会化改革目前还处于起步阶段，如政事分开进展不大，其投入机制、人事管理、社会保障等改革更是任重道远。在这方面，可总结湖北省将乡镇事业单位转为民办非企业单位的改革经验，通过政府项目采购、养事不养人等举措加快改革步伐；同时加强相关立法，制定科学的产权、人事、组织、管理运行等配套政策，积极推动文化事业单位向社会组织转化，以达到"社会力量成为举办非营利机构的主体，非营利机构的收入主要来自社会，有大量的志愿人员在非营利机构中工作，非营利机构成为社会服务的主要创新源泉"的改革目标。②

（三）推动社会管理创新，发展壮大文化类社会组织

文化类社会组织的发展，既是转变政府职能的内在要求，也是公共文化服务社会化的重要方面。但由于传统体制的长期压抑，社会组织"先天不足、后天缺失"，不仅独立性、自治性缺乏，而且丧失了向市场和社会索资源、求生存的能力。因此，大力发展社会组织，首先要推进社会管理创新，如2006年深圳市民政局在社会组织由"双重管理"向"直接登记管理"制度改革上取得突破性进展，为社会组织的发展壮大创造了广阔空间。

在未来，培育和发展文化类社会组织的思路和举措有：第一，加快《社会团体登记管理条例》等相关法律的修订，深化登记管理制度改革，实现简化手续、降低门槛、规范管理、提升质量的目标。第二，加快转变政府职能，把社会可自我调节和管理的职能交给社会组织，发挥其服务、管理、自律功能，扩展其发展空间。第三，完善政府购买服务机制，加大政策扶持力度，拓宽政府购买文化服务资金来源，明确购买文化服务的范围、标准和方式，加大政策扶持力度。第四，借鉴国外先进经验，加强文化类社会组织以章程为核心的制度建设，完善内部管理制度和队伍建设，准确把握社会需要和市场发展动向，扩大社会合作范

---

① 赵立波：《事业单位社会化与民间组织发展研究》，山东人民出版社2010年版，第1—5页。
② 成思危：《中国事业单位改革》，民主与建设出版社2000年版，第11—17页。

围，提高获取社会资源的能力和自我发展水平。

（四）实行供给与生产分开，形成多元合作、良性竞争的执行机制

在我国传统体制下，政府一方面是服务的供给主体，另一方面又是产品的生产主体。这一模式既导致了政府的垄断，也导致了效率的低下。这与没有区分的供给和生产而导致执行机制的僵化有着内在的关系。奥克森指出，在理论上区分"服务供应与产品生产"是必要的，因为公共服务的供应能力和生产能力有着各自不同的动力源泉。① 因此，应将公共服务的供应责任与物品的生产责任区别开来，政府始终承担服务供应的政治责任，而将物品生产责任以委托、出售、竞争、特许经营和补贴等多种形式交由私人或第三部门生产，并用法规的形式固定下来。②

由此可探索一种新的服务运作机制：一方面，政府作为服务供给的责任主体，其职能主要体现在相关决策上，即对公共文化产品和服务"为何提供、提供什么"等进行宏观决策，并做出相应的法律、财政保障及制度安排；另一方面，对于"怎样提供"的执行问题，则可依据公共物品的内在属性及不同主体的优势而采取不同的生产机制和服务方式。在这方面，欧美国家通过区分供给与生产及形成多元并存、竞争发展机制而提高服务效率的改革，为我们提供了积极的启示。③ 因此，立足于我国实际，借鉴西方的改革经验和政策工具，结合中央关于"采取政府采购、项目补贴、定向资助、贷款贴息、税收减免等政策措施鼓励各类文化企业参与公共文化服务""引导和鼓励社会力量通过兴办实体、资助项目、赞助活动、提供设施等形式参与公共文化服务"的精神，形成多元合作、良性竞争的公共文化服务执行机制，提高我国公共文化服务的规模、质量和效率。

（五）强化服务过程监管，维护和增进公共利益

在推进我国公共文化服务社会化发展的制度设计中，最后一个环节是服务过程的监管。这一问题之所以重要，是因为公共文化服务不仅是

---

① ［美］罗纳德·奥克森：《治理地方公共经济》，北京大学出版社2005年版，第3—4页。
② 陈振明等：《公共服务导论》，北京大学出版社2011年版，第14页。
③ 胡杨：《管理与服务：中国公共事业改革30年》，郑州大学出版社2008年版，第15—22页。

公共物品和服务的简单提供过程，或者是否体现了经济学意义上的"效率"，而且也涉及更高层面的价值问题。正如弗雷德里克森所指出的，传统的公共行政追求下面两个问题的答案：如何以现有的资源提供更多更好的服务（效率）？如何花费最少来维持服务的标准（经济）？新公共行政加上另外一个问题：这种服务能够促进社会公平吗？[①]

可以说，上述诘问对于把握公共文化服务社会化的走向，具有重要的启示。一方面，基于政府资源、能力的有限性，在政府之外，必须战略性地引进社会多元主体参与公共文化服务的提供，提高服务效率；另一方面，无论是政府、企业还是社会组织，均存在难以避免的失灵现象，为确保公共文化服务社会化过程不偏离公共价值（如公平），维护和增进公共利益，必须对社会化运作进行"过程监管"，主要包括：首先，政府要以维护公共利益为价值准则，按照公益性、基本性、均等性、便利性的要求，明确公共文化服务的内涵、范围和标准，以之指导公共文化服务的社会化运作。其次，制定社会化运作的激励和处罚措施，成立社会化运作监管委员会，通过中期考核、问卷调查等形式对政府委托、采购和补贴项目的服务效果进行定期或不定期检查，对达到预设目标的机构或项目给予奖励，反之则做出相应的纠正、整改和处罚。最后，探索形成一整套科学合理的社会化运作的信息发布、项目跟踪、绩效评估、结算支付机制，建立社会主体资质认证制度，开展定期评估定级，将结果作为确定相关组织资质和信誉的重要依据，以此提高社会化运作的规范监管水平，促进公共文化服务社会化的健康发展。

---

① ［美］H. 乔治·弗雷德里克森：《公共行政的精神》，中国人民大学出版社2013年版。

文化的公共性与新兴城市文化治理机制探讨

任 珺

摘要 本文基于文化公共性特征以及理论界对公共领域的探讨，提出当前公共文化领域转型应以文化公民权的保障为前提，文化治理机制的确立为关键，核心价值的共识为目标。文化治理是一种新型的管理机制，它鼓励地方文化分权、基层多元自治管理和公民文化参与实践。公众对公共领域文化生活的充分参与，提供了一条形成公共秩序的文化途径；它将有助于在公共领域中重构文化主体性价值，建立一个繁荣与和谐的新型民主社会。

当日常生活中的文化作为社会管理新领域出现时，有关文化艺术的规范、管理、规划的文化政策就出现了。进入 21 世纪，文化政策领域权力日益分散化，文化政策关注的议题也日益多元化。首先，全球市场的来临及信息传播环境的变化，使得文化政策更具广泛的政治意义。民族国家开始加强对文化开发和文化作品内容独创性和民族性的保护、管理；强调民众文化生活的创造性和参与性；从消极的资产保护或展演转移到积极而整体的社会重建。其次，文化政策更关注"文化价值"的"外部利益"，对文化工具性层面的重视胜于文化精神层面。文化作为治理的客体和工具的双重属性非常明显。文化在治理中应该扮演怎样的角色和作用？文化与发展的关系如何？国际社会一直存在争议。本文认为发展文化政策需要重返人本主义精神，开启新的文化启蒙。传统精英式的"自上而下"，不再是有效的传播模式；加强公民文化参与实践，培育、增强民众创造能力及治理能力，建立多元参与治理的互动网络，有助于在公共领域中重构文化主体性价值，达成社会共识，建立一个繁荣与和谐的新型民主社会。

一 文化公共性特征及公共文化领域转型

公共性是文化的本质特征。虽然文化植根于个人的需要和现实，但它本质特性并非私有性和个体性。我国学者李丽认为，个人为了满足自己的需要，通过实践将自身的目的对象化于外部世界之中时，就将个人意志、个人价值、个人需要整合到人类存在的大系统之中，此时意志、情感、价值等虽然以个人的形式出现，其实都包含着它们在互动、协同过程中形成的公共意志、公共情感和公共价值。① 可见，文化具有社会交往意义上的公共性，并在文化实践和传播中获得共享性。联合国教科文组织曾在1982年墨西哥城召开的文化政策世界会议上对文化作如下界定：

> 今天，应该认为文化是一套体系，涵盖精神、物质、知识和情感特征，使一个社会或社群得以自我认同。文化不单包括文学和艺术，也包括生活方式、基本人权观念、价值观体系、传统与信仰。
> ——联合国教科文组织：《墨西哥文化政策宣言》

这一理解对全球文化政策的发展有着深刻的影响。英国文化研究学者威廉斯曾指出"文化"是英文里两三个比较复杂的词之一。文化是流动的、开放的，没有明确的界限，试图对文化进行界定十分困难。尽管在不同的思想体系里对文化有种种阐释，但对于文化标识群体特征这点均无异议。文化的公共性在社会性群体中突出体现为主体间核心价值的共识。一般而言，传统传播路径是通过历史的衍生和选择得以延续；现代传播路径则是通过社会性群体在共同实践中形成一定的协作规范和共识。在现代社会中，社会交往既是主体性的文化实践，同时也是主体间性的文化实践，其中主体间的价值"互识"与"共识"是公共领域形成的重要基础。只有当公民产生了思辨、行动、对话等方面的能动性，承担起对共同体应有的责任，并给予其他公民同样的尊重，公共领

---

① 李丽：《文化公共性与社会和谐》，《马克思主义与现实》2009年第6期。

域才能发挥积极有效的作用。传播技术的发展使得公共领域范围获得空间上的拓展,但在线的社交网络并不是最主要的,它所建立的社交关系较为脆弱,我们仍需要各主体之间实质性的相处,互为主体,共同面对和解决问题,培养合作、协商的能力。

西方知识界有关公共性问题的研究,代表性理论主要有:阿伦特(Hannah Arendt)的公民及公共领域理论,哈贝马斯(Jürgen Habermas)的公共领域及交往理性理论等。阿伦特认为,"公共性"(公共的)这一术语指的是两个紧密相连但又并不完全相同的现象。它首先是指凡出现于公共场合的东西都能够为每个人所见所感,具有广泛的公开性;其次,世界对我们来说是共同的,并与私人领域相区别,因此"公共性"(公共的)一词指的是世界本身。① 在阿伦特看来,作为一个共同的世界的公共领域是公民可以通过言论和行动显示自我的高度显见的场域,它展现的是一种非自然的、人为性的、以价值共识定位的理想公民共同体。② 在公共性问题上,阿伦特强调基于公民理性判断的价值选择,不看重基于文化传统的情感判断;但她所提出的公民和普遍积极参与的公众生活,对于有效的民主政治来说是非常重要的,即便民主政治制度也不能防止民主公众生活的萎缩。譬如,最近美国著名政策智库哈德逊研究所主席伦科夫斯基(Leslie Lenkowsky)指出,虽然美国有志愿服务精神和传统,但受社会环境影响年轻人参与公共事务的意愿在变弱。据2012年统计数据显示,18—24岁的美国年轻人参与志愿服务的时间最少,甚至少于65岁及以上年龄段的老人,中间年龄段的人会更倾向于参与志愿服务,而且参与时间随着时间的增长而增加,这样的趋势从2002年开始一直稳定。③ 可见,公民实践很难自发延续,普遍积极参与的公众生活也是需要一定的干预措施和机制予以保障的。美国联邦政府为了改变这一状况,组建了"国家社区服务机构",为年轻人提供服务国家和社区的实践机会,目标是锻炼年轻人在现实中与人合作的

---

① 阿伦特:《公共领域和私人领域》,载汪晖、陈燕谷主编《文化与公共性》,生活·读书·新知三联书店1998年版,第81—84页。译自Hannah Arendt: *The Human Condition*, Garden City& New York: Doubleday Anchor Books, 1959。
② 徐贲:《阿伦特公民观述评》,《二十一世纪》2002年2月。
③ 马季:《正在消逝的"国家精神":美国志愿服务精神与传统面临挑战》,《21世纪经济报道》2014年6月27日。

能力，以及参与公共事务的意愿和能力。

在哈贝马斯的叙述中，公共领域起初的功能是阐述伴随现代民族国家兴起的交往权利和文化权利；后来以文学公共领域为中介，与公众相关的私人性的经验关系也进入了政治公共领域中①。在20世纪90年代的一部重要著作《事实与规范》(*Between Facts and Norms*，1996) 里，哈贝马斯重新论述了公共领域的主题。他认为，公共领域不能构想为一种制度、一种组织，甚至不是一种规范的框架。公共领域最恰当的描绘是交换信息和观点（表达肯定或否定态度的意见）的一种网络；信息和观点在传播的溪流中过滤而成公共意见。②哈贝马斯的"公共领域"，主体间的交往和共识是关键点；在此基础上形成了沟通"生活世界"与"社会体制再生产"的媒介；文学、音乐、歌剧、运动、绘画、舞蹈以及媒介争论等文化活动是推动市民社会发展的重要传播形式。英国学者麦圭根（Jim McGuigan）在此基础上提出"文化公共领域"（cultural public sphere）概念，他试图在哈贝马斯的"公共领域"和"交往理性"之中，注入公民情感、美学和感动等人文的元素，让悲哀、伤恸、喜悦、欢愉等公民共同情感经验，以及对艺术审美价值的共鸣，得以透过公民文化论述与人文理性的公共交往模式，汇入国家文化治理的公共空间。③麦圭根的"文化公共领域"不特指公共领域内的文化生活，而是强调市民话语下的公共领域需要重返人文价值，避免国家话语和市场话语将文化工具化。

在我国，公共文化领域是指以公共文化的生产、传播及消费为特征，并与私人领域中的文化生活空间相区别。现阶段，以政府为主体承担者的公共文化服务体系是构建公共文化领域的重要载体，它对保障和改善文化民生起到非常重要的作用。但我们仍不能忽视公共文化领域建设中存在的一些误区：其一，地方文化政策引导中过多强调发展经济生活中的消费文化，较少关注公共领域内核心价值的共识及公共利益的整

---

① 哈贝马斯：《公共领域的社会结构》，载汪晖、陈燕谷主编《文化与公共性》，生活·读书·新知三联书店1998年版，第157页。
② 转引自［英］吉姆·麦圭根《重新思考文化政策》，中国人民大学出版社2010年版，第70—71页。
③ McGuigan, Jim (2010), *Cultural Analysis*. Los Angeles, London, New Delhi, Singapore, Washington DC: Sage. 转引自刘俊裕《文化基本法：一份学界参与文化立法的纪实与反思》，《国家与社会》2013年4月第13期。

合；主体间的共识需要依托公共文化领域内的交往实践来达成，当前仍以单向宣传灌输为主，未形成良好的互动沟通模式。其二，公共文化资源较多集中在各级文化管理部门及其下属机构中，公民文化参与实践以动员性参与及"给定的"为主，公众主动参与的深度与广度都不够，尚未形成社会多元文化治理结构，文化支配关系固化、文化资源的供给渠道也缺乏多样性。其三，公共文化服务体系保障的文化公民权还仅仅体现为读写能力、基本公共文化产品的获得和基本公共文化生活的参与等方面①，有关公民文化能力成长等深层次有关人的发展问题较少涉及。这与公共文化服务建设目标定位于基本公民文化权益保障有关。现代城市公共文化服务体系建设的重点，应逐步从文化福利的均等化转向公民文化能力的建构。其四，由于把对文化公共性的理解仅仅局限在文化资源的公共性方面，故各地方较为强调（设施、活动、参与人数等）数量上的积累和外在的文化福利均等化目标，忽视了文化主体公共价值观念（自律、自治、参与、合作、信任、奉献、责任精神等）的培育，以及公共文化的集体意识、公共精神、公共伦理等内在的公共性特征。② 有鉴于此，本文基于文化公共性特征以及理论界对公共领域的探讨，提出当前公共文化领域亟须转型。其路径应以文化公民权的保障为前提，尤其是公民充分参与公共文化生活的权利，文化治理机制的确立为关键，核心价值的共识为目标。事实上，构建并维持地区的价值观也是一项文而化之的过程。荷兰学者皮尔森就曾提出，"文化不是一个名词，而是一个动词"的著名观点。文化不仅是传统，而且是任务。任务体现在：文化是对自然的持续的改造，而人则在文化中发展自己。③ 因此，公共文化领域的转型最终还应回归到人的发展问题上。

---

① 《国家基本公共服务体系"十二五"规划》中提出："国家建立公共文化体育服务制度，保障人民群众看电视、听广播、读书看报、进行公共文化鉴赏、参加大众文化活动和体育健身等权益。"
② 万林艳：《公共文化及其在当代中国的发展》，《中国人民大学学报》2006年第1期。任珺：《跨域视角下的文化政策研究》，社会科学文献出版社2014年版，第224—228页。
③ ［荷］C. A. 冯·皮尔森：《文化战略》，中国社会科学出版社1992年版，第156页。

二 公共文化领域的可治理性

"治理性"观念来源于政治经济学,它的提出本来是要求政府以公民管理和经济生产力为号召,为求效率和权威,以形成正确的行为;后转变为一种描述社会领域的方式,在自我和社会之间所采取的一种复杂活动。[①] 从公共行政角度来看,治理指的是一种新的管理过程及新的管理社会方式。即改变了传统自上而下的统治行为,通过多维度权力制衡网络,共同作用于社会事务。文化政策研究学者对治理问题的阐释是从福柯的"治理性"(governmentality)观念演绎而来的。福柯使用"治理性"观念解析了现代国家的兴起及其社会调控权力,并对西方国家在教育和文化领域内的做法和主张做了进一步的说明。福柯认为"治理性"体现了生产、符号、权力和自我四种技术之间联系运用的形式和手段,强调一种支配他人和支配自我的技术接触。他从历史的角度分析现代政权如何运用"治理性"技术,把原来"统治者积累自身权力"演变成"把权力有技巧地散布到人民身上",从而达到对全体人民统治的有效性。本尼特进一步发展了福柯的"治理性"观念,提出把"政策"理论地、实践地、制度地引入"文化研究"。他将政策、制度与管理的背景和手段看作文化的重要领域和成分,进而将文化研究视为特殊的文化治理区域,在问题框架内重新审视文化,强调文化既是治理的对象,同时也是治理的工具。[②] 从以上可以看出,"治理性"是他者导向的,也是工具式的。[③]

早期的"治理性"文化政策实践活动主要聚焦于民族国家内部社会行为的调控,以及公民身份的形成机制。近十多年来,"治理性"观

---

① Toby Miller、George Yudice:《文化政策》,蒋淑贞、冯建三译,台湾巨流图书公司2007年版,第5—6页。
② 段吉方:《理论与经验:托尼·本尼特与20世纪英国文化研究》,载王杰主编《马克思主义美学研究》第12卷第2期,中央编译出版社2009年版。任珺:《跨域视角下的文化政策研究》,社会科学文献出版社2014年版,第112页。
③ Toby Miller、George Yudice:《文化政策》,蒋淑贞、冯建三译,台湾巨流图书公司2007年版,第7页;Jim McGuigan:《重新思考文化政策》,何道宽译,中国人民大学出版社2010年版,第19页。

念在文化领域获得了新的发展，文化治理发展成为一种新型的文化管理机制。欧洲艺术文化政策比较研究协会（ERICarts，2002）曾对此作如下界定：

> 文化治理指的是为文化发展确定方向的公共部门、私营机构和自愿/非营利团体组成的复杂网络。其中包括来自公共部门、私营企业、非营利团体等各种性质的机构和个人……治理也指公民不仅作为投票者和利益集团的成员，而且作为消费者、专业工作者、文化工人、企业家、志愿者以及非营利组织的成员，拥有了更为多样化的渠道影响文化的发展。

文化治理在保留治理概念中多元参与主体之间合作关系的同时，又增加了赋予并培育"积极的公民"文化参与的内容。更为重要的是这一界定给予了公民个体，作为不同角色参与文化发展的诸多可能性；同时强调一般民众或公民对于治理过程的多方参与，从而促成治理体系的自我约束、调解与规范①。从全球地方性文化治理实践来看，政府公共部门与非政府组织在公共文化事务中的合作，可以为文化公民权的深度发展提供实践平台；公众对公共领域文化生活的充分参与，也提供了一条形成公共秩序的文化途径。

当前，许多国家和地区都在积极尝试这种新型的管理机制，鼓励地方文化分权、基层多元自治管理和公民文化参与实践。在社会型国家或干预型国家的传统文化管理模式中，政府扮演着主导者角色，实行自上而下的政策倡导，以推动文化发展政策及规划行动。该模式若缺乏良好的沟通互动，就会导致反馈信息贫乏。文化治理强调的是公私部门、利益团体及民众的共同参与，理论上该模式可以更有效地凝聚对于政策发展行动的共识，促进地方资源及力量的整合，但实际操作也存在各方力量的博弈及效率低下等问题。不同地区及不同国家将这一革新思路应用于具体社会历史情境中时，所呈现出来的运作特点是不尽相同的，影响因素也是多方面的。美国学者马库森立足美国城市实践和经济理性下的

---

① ［英］托尼·本尼特：《本尼特：文化与社会》，广西师范大学出版社2007年版，第199—216页。

效率原则，指出文化治理与策略的关键是打破障碍，实现商业部门（commercial sector）、非营利部门（nonprofit sector）、社区群落（community sector）交叉接合发展，同时促进政府领域中的文化事务、经济发展和城市规划相互密切联系，最大化公共投资的社会、文化和经济效益。[①] 西班牙学者加西娅从欧洲文化城市（The European City of Culture，ECOC）项目出发，认为没有直接的答案或者清晰的发展模式可供各城市模仿或遵循，但她建议未来应更为整体（holistic）而灵活（flexible）地运用文化政策。不仅要鼓励自上而下的方法，更要提供地方社群实践的平台，让普通市民及多元群体能够在文化政策制定过程中表达意见。后者对于维系民众身份认同、归属感十分重要。[②] 澳大利亚学者米尔斯批评在澳大利亚城市实践中文化还是处于边缘的地位，表现在治理措施倾向于社会经济目标，未能发挥文化艺术在精神层面的价值，更别说引导人们去思考生活的意义。[③] 可见，学者们的观察反映了不同地区在理论结合实践过程中，由于社会环境不同，所面临的问题是不同的。如何因地制宜解决好地方问题，是一项重要的政策议题。

　　对于这种新型文化管理机制的运用，我们需要进一步思考的问题是：治理与文化治理的区别何在？公共文化领域仅仅是治理的场域，还是文化只是治理的手段？我们是否应该回到文化公共性问题上探讨文化治理的人文价值，而不单纯是文化治理的工具价值。有学者认为，在文化缺失、缺位的前提下，未经由公共价值、公共伦理的培育来唤醒行政主、客体的公共责任意识、权利义务意识，探寻效率与公共性的平衡或消减两者之间紧张关系的所有企图，很大程度上是缘木求鱼。[④] 可见，文化价值在治理结构中需要前置考虑。文化的价值不能也不该被降低为

[①] Ann Markusen, *Cultural Planning and the Creative City*, Paper presented at the annual American Collegiate Schools of Planning meetings, Ft. Worth, Texas, November 12, 2006.

[②] Beatriz Garcia, *Cultural Policy and Urban Regeneration in Western European Cities*: *Lessons from Experience*, Prospects for the Future, Local Economy, Vol. 19, No. 4, 312—326, November 2004.

[③] Deborah Mills, *Cultural Planning – Policy Task*, *not Tool*, Artwork Magazine, issue 55, May 2003.

[④] 吴福平、刘莉：《走向文化公共治理》，《思想战线》2014年第3期。

政治工具和商业利益，否则将会损害文化的精神属性和历史价值。[①] 文化对于人的发展以及社会进步的根本价值，不但体现在完成的文化结果中，而且体现在人的主动参与过程中。公民文化实践就显得尤为重要了。针对忽视文化主体性问题，也有学者提出：文化治理应突出以人为本，回归以艺术文化意义、价值和公民文化权利为核心考量的文化主体性。[②] 因此，对地方文化治理实践的审视，仅仅运用经济学分析框架从数量上评估投入、产出及效果是不完善的，我们还需要聚焦于地方文化内容（传统资源及发展前景；多元、开放、宽容等文化价值观等）、文化实践（个体素质的提高；公民文化参与的广度和深度；文化行动与治理等）和文化表现（活力与多样性；流动与创新性；公众可及的文化活动和可选择的文化生活方式等）的动态趋势。深入展开文化治理概念及实践的批判性思考，对中国当前公共文化服务体系建设以及公共文化领域的转型具有重要的启示意义。

三　新兴城市文化治理机制探讨

当前新一波城镇化浪潮必然带来更多新兴城市的出现。经济资本、市场、技术和移民等流动性资源汇聚于新兴城市，为其带来创新活力及软资产增长；但同时新兴城市也面临着传统文化的破坏，乡村伦理的解体，市场化带来的道德沦丧等一系列冲突和社会问题。通过公共文化生活重新构建公共性，将发挥越来越重要的社会治理功能。我们需要新的研究，反思以往城镇化过程中政府主导基础建设、大量拆迁、重复投资的行为，以及忽视市场的真实需求与民间自主的能动性等缺失（罗家德，2013）；重新评估文化在公共领域中的作用。怎样让所有居住在城市的民众能够有平等的机会，充分参与公共文化生活；怎样建立文化治理机制，实现有效沟通；怎样在公共文化领域唤起情感性的认同及核心

[①] 联合国教科文组织、世界文化与发展委员会：《文化多样性与人类全面发展——世界文化与发展委员会报告》，广东人民出版社2006年版。
[②] 王志弘：《文化如何治理？一个分析框架的概念性探讨》，《世新人文社会学报》2010年第11期。刘俊裕：《欧洲文化治理的脉络与网络：一种治理的文化转向与批判》，*Intergrams*，2011年第11卷第2期。

价值的共识，等等，都是未来新兴城市可持续发展亟须进一步研究的问题。

　　培养每个公民的文化权利意识及有所担当的责任感，增强建立在居住地域之上（而非根脉基础之上）的归属感，是建立新兴城市文化治理机制的前提条件。城市物质生活的改善和精神领域的进步，生发了广大市民对文化权利的诉求，以及对文化民主、社会平等的向往。随着社会的不断发展，市民对文化福利普遍性的关注也日益转向需求、兴趣和参与形式多样化等方面的要求。现代公共政策与体制要回应个体的文化诉求，改变传统管控技术，建立现代治理的韧性和适应力。在新兴城市公共文化服务体系中引入文化治理机制，即突破行业、领域被僵化认定的制度限制，在公共文化领域建立公私部门、利益团体及民众之间的对话、互动机制。这种赋权、沟通、协商、合作的机制既可凝聚对于文化政策发展行动的共识，促进松散的地方资源及力量的整合，又可培育民众文化参与的能力，及介入文化政策议程的能力。与"授之以鱼"式的传统公共文化产品供给方式——政府对文化生产的直接干预——相比，参与式的"授之以渔"治理新模式——政府对文化生产的间接干预——是激发民众文化创造力的根本。新兴城市公共文化领域如何应对当前与未来变化，发展出立足于地方和本土特质的文化治理新机制，广泛吸纳公共文化事业机构，文化企业，各种文化组织、机构、团体及公民个体的文化参与，对于创新城市公共文化服务体系，均衡传统与现代、地方与全球、边缘与中心等关系均具有重要的现实意义。本文将从以下三个论点按层次切入新兴城市文化治理机制的探讨：

　　其一，公民积极的文化参与实践。公民文化参与既是民主的表现形式和公民文化权利的重要内容，又是公民实践民主、维护公民文化权益、培育公民责任的重要工具。未来，公共文化服务体系发展应该更多地思考：如何在公共文化领域中通过组织管理和制度设计破除公民文化参与方面物质或非物质性障碍，突出公民的主体性，增进对话与沟通，在交往实践中扩大每个人的文化机会和选择范围？如何建立多元渠道，让公民有合法途径影响公共文化政策和公共文化生活，促进公共选择最优化？公民主动性参与公共文化领域中的交往活动，在与他人的关系和共同行为中，可以解放个人的潜能、建构有效能的公民；可以增进一个人的思想、情感及行动的力量；可以从消极的文化接受者变成积极的文化生产者。在中国一些经济发达、社会创新度高的城市中,我们已经看到作为个体的公民以及由个体公民组成的民间文化团体组织在公共领域内发挥了不可忽视的作用。他们的文化实践领域已涉及社会的方方面面,体现了强烈的社会问题意识及对新生事物的敏锐感知;这类非政府组织因为立足社会基层,所以具有强大的生命力及对公众文化需求的快速反应能力。他们在专业领域内的积极作为可以成为公共文化部门所提供的综合性、同质化服务的必要补充。

其二,开放的创意社群网络。城市文化的衰落是因为文化的创造者丧失了创造能力,从而导致整个社会丧失了新的解决问题的能力。与公共领域所强调的集体意识不同,一个社会的创新及创造力更倾向于张扬个体的独特价值和行动力。因此,创意氛围的营造一定是即便为普通大众也要鼓励知识的增长和创造性的参与。然而,无限个孤立的个体是很难在社会中发挥巨大辐射力的,建立以尊重每个人的文化选择权、文化创造权为政策导向的创意社群网络,有利于将零散的个体创造力汇聚在一起发挥能量,活跃社会创新;同时将权利、资源、机会和权力等放置于一个有效的网络中配置,这也是多元文化治理结构形塑的重要基础。创意社群网络的实际载体表现为各类动态、松散,甚至虚拟的网络、平台;主题活动和交流机制等。① 它的积极作用不在于一个实体文化设施、空间的建立,而在于可以把原子化的个体聚集起来,共同解决具体的社会问题。通过个体的能动和个体间的互动,也有助于重构基于居住地域认同上的共同体的文化主体性价值,并在社群中获得情感和归属感。

其三,公共文化领域内的公私合作伙伴关系②。过去认为只能由政府运用财政资金来开展的公共文化项目,在公私合作伙伴关系模式下,可转变为由非政府的企业主体、民间资本、社会资金实施,形成特许权管理框架下的有效供给。该模式的意义不应停留在筹资运营层面理解,它不仅是融资机制的选择问题,而且更是公共文化领域项目管理模式的

---

① 厉无畏、王慧敏:《创意社群与创意产业的持续发展》,《社会科学》2009 年第 7 期。
② 公私合作伙伴关系(PPP 模式,即 Public—Private—Partnership 的字母缩写),是指政府与私人组织之间,为了合作建设城市基础设施项目,或是为了提供某种公共物品和服务,以特许权协议为基础,彼此之间形成一种伙伴式的合作关系,并通过签署合同来明确双方的权利和义务,以确保合作的顺利完成,最终使合作各方达到比预期单独行动更为有利的结果。

一种创新（贾康，2014）。公共文化资源不再由政府单一垄断，而是通过分权管理实现共享共建机制，增强多元参与的协商治理能力。公私合作伙伴关系可以汇集非营利机构、专业机构、志愿者组织等社会力量，以各方最有优势的特长去运营管理公共文化设施或公共文化项目。企业在管理知识、对于绩效的关注而产生的管理精细化和效率化方面的优势，以及非营利专业群体专业知识、对公众需求反应快等优势，都为公共文化服务体系的运作注入了新的活力。但此类合作的顺利开展依赖于全社会对公共价值理念的共识，以及良好的法律、制度、政策和行政环境。将文化视为一笔资产而非单纯的资源消耗，是文化流动理论的核心观念之一。如何活化文化资产？必须把文化视为赋予人能力建构的动态过程。文化领域内的公私合作伙伴关系可为民众提供能力建设、知识转移和追求卓越的机会，同时也可强化民众归属感，优化社会治理结构，增加收入和经济机遇。公共文化领域内公私合作伙伴关系建立的方式，各国也仍在摸索当中，并无统一模式，需要立足于本地发展实际情况，寻找综合、适宜的办法。

政府公共文化服务绩效评估的理论探讨

宋　阳

摘要　公共绩效管理理论是公共文化服务绩效评估的理论基础。公共文化服务绩效评估包括对公共文化服务的决策机构、执行机构和非营利性文化服务机构的绩效评估，主要是对政府部门的考评，主要体现为四项原则：价值导向、实效考核、全方位综合评估和常态实施的原则。

现代政府的主要职能是为公民和社会提供优质高效的服务，提高政府绩效正是实现服务型政府职能的必然要求和重要保障。公共文化服务体系是政府公共服务体系的组成部分，建立完善的公共文化服务体系，是公共服务型政府建设的重要组成部分和主要目标之一。公共文化服务是指以政府部门为主的公共部门提供的、以满足公民的基本文化生活需求为目的、向公民提供的公共文化产品与服务。公共文化服务的绩效评估主要是对政府部门的考评，政府绩效评估的理论发展是其理论基础。

一　政府绩效评估理论概念的发展历程与内涵界定

绩效评估是绩效管理的一个核心组成部分。

绩效管理制度的出现可追溯到20世纪初期。伴随着对效率的追求，工商企业管理掀起了一系列的管理改革。但绩效评估和绩效管理真正运用到政府管理中来，则始于50年代美国的绩效预算制度，并在70年代掀起的"再造政府"（reinventing government）中成为公共管理的焦点。当时，官僚制的弊端在政府部门日渐显露，伴随经济滞涨带来的社会、经济问题，政府部门面临着深刻的财政危机、信任危机和管理危机，传统的行政模式黯然失色。为了提高政府部门的工作效率,重塑政府形象、重拾公众信心,西方国家普遍开展了政府改革运动。政府部门开始对传统行政模式提出挑战,雇用经济学家或管理人员,从私营部门引入管理技术,以降低成本、提高效率为目标,将公共部门活动与私营部门活动之间的分界线后移,开始了种种改革。在此背景之下,政府绩效评估作为一项有效的管理工具和监督工具得到了广泛的研究和应用。进入20世纪80年代,政府绩效评估在西方全面展开。90年代后,政府绩效评估在西方各国得到充分发展,体系和评估方法更加科学化、制度化、规范化。

政府绩效,国外又称"公共生产力""国家生产力""公共组织绩效""政府业绩""政府作为"等。国外专家一般认为"政府绩效"指政府在社会管理中的业绩、效果、效益及其管理工作效率和效能,是政府在行使其职能的过程中体现出的管理能力。国内学者又将政府绩效分为政治绩效、经济绩效、文化绩效和社会绩效等方面。①

(一)绩效管理与绩效评估

绩效包括个人绩效和组织绩效两个方面,个人绩效是组织绩效的基础,组织绩效是个人绩效的整合和提升。从单纯语义学的角度看,绩效包含有成绩和效益的含义。用在经济管理活动方面,是指社会经济管理活动的结果和成效;用在人力资源管理方面,是指主体行为或者结果中的投入产出比;用在公共部门中来衡量政府活动的效果,使用的是组织绩效的概念,包括政府成本、政府效率、政府稳定、社会进步、发展预期等公共部门的多元目标的实现。②

绩效与传统的效益具有本质的差异。严格意义上的效益关注的是企业财政报表上表现出来的利润,是一种成本收益的计算,是衡量企业经济收益好坏的手段之一。而绩效的含义更为广泛,主要是指一种有效性,它要考虑的因素更为全面,要以保证资源的有效使用为前提,以激励成员的积极性和创造性为手段,以社会公众的满意为目的,以组织的社会责任为保证,所以说,绩效是一种管理的新观念和新方法,它充分体现了对组织的可持续发展、人员的激励、公众服务和组织责任的

---

① 范柏乃:《政府绩效评估与管理》,复旦大学出版社2007年版,第15页。
② 卓越:《公共部门绩效管理》,福建人民出版社2004年版,第222页。

重视。

绩效管理制度可追溯到20世纪初期。伴随着对效率的追求,工商企业管理掀起了一系列的管理改革。泰勒作为"科学管理之父",在《科学管理原理》一书中,重视时间研究、动作研究,强调工作定额制、差别计件工资制、标准化制、计划与执行职能相分离、能力与工作相适应的制度,重视评估的发展。随后,法约尔在《工业管理与一般管理》中提出14项管理原则,以更宏观的研究把绩效管理从工商企业推广到人类的各类组织中。从此,绩效管理的理论与方法成为适用于政府、教会、慈善机构和军事组织在内的一般组织。一个完整的绩效管理过程包括绩效目标、绩效计划、绩效监控、绩效评估和绩效反馈等。绩效评估是其中的中心环节,是指运用数理统计、运筹学原理和特定指标体系,对照统一的标准,按照一定的程序,通过定量定性对比分析,对项目在一定经营期间的经营效益和经营者业绩做出客观、公正和准确的综合评判[1]。它与绩效管理既相互联系、又相互区别,如表1所示。

表1　　　　　　　　绩效管理与绩效评估的关系[2]

绩效管理	绩效评估
一个完整的管理过程	管理过程中的局部环节和手段
侧重于信息沟通与绩效提高	侧重于判断和评价
伴随管理活动的全过程	只出现在特定的时期
事先的沟通与承诺	事后的评价

(二) 政府绩效评估的理论基础

中国行政管理学会联合课题组认为,"政府绩效"是在最近的30年随着西方国家行政理论创新而确立的一个新的重要概念[3]。对于政府而言,政府绩效是指政府在社会经济管理活动中的结果、效益及其管理工作效率、效能,是政府在行使其功能、实现其意志过程中体现出的管

---

[1] 胡税根:《公共部门绩效管理——迎接效能革命的挑战》,浙江大学出版社2005年版,第254页。

[2] 武欣:《绩效管理实务手册》,机械工业出版社2005年版,第14页。

[3] 中国行政管理学会联合课题组:《关于政府机关工作效率标准的研究报告》,《中国行政管理》2003年第3期。

理能力①，它包含了政治绩效、经济绩效、文化绩效、社会绩效四个方面。还可以分为组织绩效和个人绩效，个人绩效是指公务员考核，组织绩效包括政府的整体绩效、政府职能部门绩效和单位团队绩效。而政府部门的绩效评估是根据管理的效率、能力、服务质量、公共责任和社会公众满意程度等方面来判断的，对政府公共部门管理过程中投入、产出、中期成果和最终成果所反映的绩效进行评定和划分等级。②

政府部门的绩效评估随着"新公共管理"运动的政府部门改革而蓬勃发展，因此要了解政府绩效评估的内涵首先要厘清西方"新公共管理"运动的背景和兴起，以及由此产生的三个阶段的理论依据。当然，理论和实践无法截然分开，实践为理论的产生提供了基础，也验证着理论是否正确有效；理论为实践提供了依据和指导，只有能够解决实践中的问题、改善实践的状况的理论才站得住脚。西方发达国家的政府绩效评估理论就是随着政府绩效评估实践活动而产生和不断发展提升的。

阶段一：以效率追求为导向的理论。19世纪末，美国学者伍德罗·威尔逊公开发表《行政学研究》，使行政学从政治学中分离出来，而美国学者古德诺发表《政治与行政》，使公共行政学以政治—行政二分法的范式构建自己的学术框架。他们的理论与后来德国学者马克斯·韦伯提出的"官僚制"理论，共同构成了传统公共行政模式的理论基础。传统公共行政理论认为，政治与行政是分开的，公共行政的主要任务是如何有效地执行既定政策或达成既定目标，但是它把人当成冰冷的机器使用，期望达到高度的"理性化"，因而注定了传统公共行政模式存在明显的缺陷。1927年，国际城市协会主席科来恩·瑞德利出版了《评估城市政府》一书，被视为绩效评估发展史上的杰出之作。这一阶段的公共行政理论追求的目标是效率，"更多地关注行政资源的投入（如预算、人员编制等）以及行政程序的合理性"③，很少去关注最终结果的好坏。

阶段二：加入人文关怀的理论。这一时期学术研究的成果，主要体

---

① 张今声：《政府行为与效能：政府改革的深层次透视》，中国计划出版社2001年版。
② 蔡立辉：《政府绩效评估的理念与方法分析》，《中国人民大学学报》2002年第5期。
③ [美] 尼古拉斯·亨利：《公共行政与公共事务》，华夏出版社2002年版。

现在 1938 年克莱伦斯·雷德和赫伯特·西蒙出版的《市政工作衡量——行政管理评估标准的调查》一书，这被视为学术界开始正式研究政府绩效评估理论的标志。行为科学的出现和发展，以及西方社会对公平、自由、平等的强调，使得这一阶段的政府绩效评估加入了大量人文关怀的成分，彭国甫认为，"对组织内部沟通联系、领导风格、人际关系和其他组织内部状态的评价开始部分取代传统的技术效率测量"。①

阶段三：以绩效为导向的理论。20 世纪 70 年代开始，西方国家出现"滞涨"以及由此带来的一系列社会经济问题，这正是政府全面干预、政府失灵的集中表现。于是人们开始对政府的职能角色和官僚行政体制进行重新审视，希望私人部门的管理方式、技术以及市场机制能够使用到政府部门，并对其进行再造或者改造。

强调自由主义和市场取向的公共选择理论开始兴起并介入"公共管理"领域，提出解决公共管理的危机关键在于减少政府职能，由市场来调控商品和服务的供应，以达到最有效的资源配置。公共选择理论为新公共管理运动的兴起提供了理论依据。随着全球经济一体化的发展，全球性的"政府效能"和"政府合法性"的竞争更为激烈和严峻，使各国政府面临更多危机和挑战。同时信息革命飞速发展，信息技术为新公共管理的兴起提供了很好的技术支撑平台。"新公共管理"的宗旨，就是要在公共部门内部培养以绩效为导向的组织文化，核心是提高政府部门的绩效，使绩效管理在政府管理中得到广泛的运用。公共部门绩效管理不再是单纯追求效率的管理，也不仅仅是过程管理，而是将过程管理和结果管理结合的一种科学管理方式。

英国著名的"雷纳评估"掀起了新公共管理运动的浪潮。1993 年美国国会通过了《政府绩效和结果法》，标志着持续十几年的政府绩效改革逐步走上制度化的轨道。英美政府绩效评估的先进经验，在其他国家也得到了广泛应用。新公共管理成为西方国家相继掀起的政府改革的主导思想，它的基本取向是以采用工商管理的理论、方法、技术，引入市场机制，强调顾客导向以及提高服务质量为特征，它往往被描述为一场追求"3E"目标的政府管理改革运动②，即"经济"（Economy）、

---

① 彭国甫等：《地方政府绩效评估研究》，湖南人民出版社 2005 年版。
② 袁勇志：《公共部门绩效管理》，经济管理出版社 2010 年版，第 74 页。

"效率"（Efficiency）和"效益"（Effectiveness）。此后，政府绩效评估的研究者对于评估指标与模型的建立提出了新的理论，譬如，哈佛商学院的罗伯特·卡普兰和大卫·诺顿从企业发展的战略出发，开发出一种绩效管理的平衡计分卡（简称BSC）。美国的瑞辛和马祖奥等人首次将顾客满意度指数应用于地方政府绩效评估，构建了政府的顾客满意度测评模型。近些年来，欧洲行政学院也提出了自己的绩效评估模型——通用评估框架（CFA）等。

我国政府绩效评估的研究起步较晚，但由于西方发达国家已有成功的实践和成熟的理论研究，因此我国的政府绩效评估研究起点高，发展势头良好。自2000年以来我国政府绩效评估研究逐步从通论介绍性研究转向本土化专题研究，研究侧重于政府绩效评估微观技术层面，即对政府绩效评估指标体系、评估方法与模型的研究，总结反思性研究也初见端倪。① 但是由于目前我国对政府绩效评估的基本概念、评估主体、作用程序、实施原则，缺乏系统性的研究和成熟的实践经验，致使我国学术界和政府及相关机构对于政府绩效评估的理论研究和实际应用，与西方国家相比，仍然处于起步的阶段。

（三）政府部门绩效评估的内涵与特点

20世纪80年代，西方国家为了应对全球一体化、国际竞争和科技革命，解决赤字危机和公众信任等问题，轰轰烈烈地开展了"新公共管理运动"，普遍实施了以公共责任和顾客至上为理念的政府绩效评估。虽然新公共管理运动将企业管理的理念大规模渗透到公共管理领域，将企业绩效评估所采用的先进技术和方法经过改进，运用到政府绩效评估过程中，但是由于提供的产品和服务在性质上有着很大的区别，政府部门的绩效评估和企业的绩效评估是很不相同的。从发达国家实践情况看，政府绩效评估体现出以下主要特点和发展趋势：

一是评估主体的多元化。政府绩效评估作为一种监督制度需要有明确、具体的监督主体，即由谁来实施评估。发达国家政府绩效评估的主体逐步改变单纯政府机关内部评估的方式，形成多元评估主体。它包括三大基本类型：国家机关性质的专门绩效评估机构、中介性质的专门绩

---

① 张玉亮：《政府绩效评估研究：理论回顾、观点梳理及发展前瞻》，《理论与现代化》2008年第4期。

效评估机构和公民个人。

二是评估主题的公民导向。绩效评估是一种推动公共部门承担责任的有效机制，因此，坚持公民导向成为政府绩效评估实践中的重要发展趋势。人们越来越认识到政府管理的本质不是管制而是服务，政府绩效评估强调以人为本，要以公民为中心，以公民满意为终极标准。

三是评估内容的规范化。随着评估实践的发展，逐渐确立了公共部门评估的"3E"理论，有些学者针对传统公共管理重效率忽视公平的问题，又提出了一个公平（Equity）指标，成为"4E"。在此基础上，各国制定了相对比较具体的评估指标体系，是政府绩效评估走向科学化的重要标志。如美国总统管理和预算办公室提出的行政部门的"通用衡量标准"，英国财政部发布的《中央政府产出与绩效评估技术指南》。

四是评估保障的法制化。绩效评估成为对政府机构的法定要求。美国、荷兰、日本等国家都制定了相关法律，英国和澳大利亚等国家主要以管理规范的形式，使政府绩效评估成为公共管理的一项基本制度。为了有效实施法律和制度，多数国家还确定了独立机构，负责对绩效评估工作进行指导、督促和协调，并有选择地独立对一些部门的绩效进行评估，譬如，英国的审计办公室、美国的联邦政府审计署等。

从发达国家政府绩效的发展历程和特点可以看到，政府绩效评估的内涵包括了两个方面：一是强调以结果为导向。奥斯本与盖布勒认为政府绩效评估就是改变照章办事的政府组织，改变以过程为导向的控制机制，谋求以结果为导向的控制机制。1993年美国《国家绩效评估》把政府绩效评估界定为政府官员对结果负责，而不仅仅是对过程、规则负责。二是强调政府的公共责任。政府部门的角色即是公共服务的提供者。随着政府职能的重新界定，政府角色发生改变，政府公共部门和社会公众之间的关系由管理者和被管理者转换为公共服务的提供者和消费者或与顾客之间的关系。政府最重要的职能和最根本的任务是根据社会的发展要求和公众的需求提供公共服务，因此政府绩效评估强调政府管理活动必须以顾客为中心、以顾客的需要为导向；强调政府是公共服务的提供者，应增强对公众需求的回应力，更加重视管理活动的产出、效率与质量。①

---

① 江易华：《政府部门绩效评估初探》，《行政论坛》2005年第1期。

二　公共文化服务的核心概念

公共文化服务绩效评估是在评估政府文化部门绩效的过程中，将评估的重心放在公共文化服务提供的质量与效果上，这与以前侧重机构职能操作过程不同。从评估对象来看，公共文化服务绩效评估的对象是公共文化服务，关注点是公共文化服务的公众需求、产品内容、过程和服务成效。因此我们必须了解公共文化服务的内涵及其相关理论基础。

（一）公共文化服务的内涵

公共文化服务，是在政府的主导下，向公众提供公共文化产品和服务，是政府的一项重要职能，是由早期的"文化事业"逐步发展出来的一个新概念。

中国的事业单位是一种在教育、科学、文化、卫生等领域从事社会服务的非营利性的微观组织，与西方国家公共服务机构类似，叫作"公共服务单位"（public service unite）。[①] 其中文化事业单位规模最小，但是特殊性和复杂程度却很高。1978年改革开放以来，我国的文化事业单位经历了几次改革，以市场化推动文化产业和文化事业的发展。

文化事业单位作为我国社会事业的重要组成部分，主要指不以营利为目的的文学艺术、新闻出版、广播电视、图书馆、博物馆、文化遗产保护、美术馆、文化馆、哲学、社会科学研究等领域的机构组织。我国文化管理体制是基于计划经济体制建立的，文化事权高度集中，传统上，公共文化服务的提供也主要由公共财政投入举办的"国有文化事业单位"来承担。随着市场经济体制的建立和人民文化生活需求的增长，传统的事业单位面临种种挑战，传统的事业体制在组织体制、管理方式与运行模式等方面都暴露出了种种问题，改革文化事业单位管理体制，提高公共文化产品的服务水平，是深化文化体制改革的重要组成部分。

2003年，文化体制改革进入试点阶段，实行"政企分离"，将"文

[①] 张晓明、齐勇锋：《中国文化事业单位改革研究》，见李景源等：《中国公共文化服务发展报告（2007）》，社会科学文献出版社2007年版。

化事业单位"明确区分为"公益性文化事业单位""实行事业体制企业化运行单位"和"确定为企业的单位"三种类型。文化产业的发展将原文化事业单位中"市场化""产业化"程度高的那部分剥离,纳入到市场经济体制下;剩余部分随着文化体制改革的深入,逐步被纳入随后所提出的"公共文化服务体系"概念中。2005年,中共十六届五中全会《中共中央关于制定国民经济和社会发展第十一个五年规划的建议》醒目地出现了"积极发展文化事业和文化产业。加大政府对文化事业的投入,逐步形成覆盖全社会的比较完备的公共文化服务体系"的内容,公共文化服务体系问题被提到了前所未有的高度。

公共文化服务属于公共服务中的社会性公共服务[①]。在我国,对公共文化服务的理解存在广义和狭义之分。广义的公共文化服务是指由公共组织使用公共权力与公共资源,向公民提供公共文化产品的服务行为及其相关制度与系统的总称,换言之,公共文化服务就是现代服务型政府应有的所有公共文化管理职能。而狭义的公共文化服务,正如《国家"十一五"时期文化发展规划纲要》中所指出的,"如公共图书馆建设、文化信息资源共享工程建设、提高边远地区文化服务水平,满足农村、基层等弱势群体的文化权益,以及文化设施、文化工程等一些具有基础建设性质的内容",主要指非营利的文化事业。[②] 本课题涉及的公共文化服务是其狭义的概念。

(二) 政府提供公共文化服务的主要职能

要评价政府公共事业管理的成绩和效果,就得首先了解政府的职能定位。2002年,党的十六大报告第一次把政府职能归结为四个方面:经济调节、市场监管、社会管理和公共服务。2003年,党的十六届三中全会进一步提出了"完善政府社会管理和公共服务职能,为全面建设小康社会提供有力的体制保障"的目标。温家宝总理在2004年2月中央党校省部级主要领导干部"树立和落实科学发展观"专题研究班结业式上的讲话中,鲜明地提出了"努力建设服务型政府"的要求,指出公共服务,"就是提供公共产品和服务,包括加强城乡公共设施建

[①] 李军鹏:《公共服务型政府》,北京大学出版社2004年版,第5页。
[②] 毛少莹:《改革开放以来我国文化政策的转型与重构》,见李景源等:《中国公共文化服务发展报告(2009)》,社会科学文献出版社2009年版。

设、发展社会就业、社会保障服务和教育、科技、文化、卫生、体育等公共事业，发布公共信息等，为社会公众生活和参与社会经济、政治、文化活动提供保障和创造条件。"现代政府的职能要求从传统管制型向现代服务型转变，政府要从单纯注重经济建设向经济、社会、文化全面建设转化；从只注重重大经济发展项目的投入向公共事业发展投入转化；从微观管理向宏观调控转化。所谓"公共服务型政府"，迟福林先生认为，是为全社会提供基本而有保障的公共产品和有效的公共服务，以不断满足广大群众日益增长的公共利益和公共需求，在此基础上形成政府治理的制度安排。[1] 当政府提供公共服务的功能逐渐扩大时，一方面，政府为社会公众所提供的越来越多的公共服务必须由纳税人所承担；另一方面，社会公众期望政府以最经济的手段提供更优质的服务。此时，对政府进行绩效管理的要求也就应运而生了，它提出政府必须注重加强公共部门在提供公共物品和公共服务中的全面质量管理。

公共文化服务体系是政府公共服务体系的组成部分，是为社会公众提供公共文化产品和服务，提供公共文化服务是政府基本的职责之一。建立完善的公共文化服务体系，是公共服务型政府建设的重要组成部分和主要目标之一。政府在公共文化服务体系建设中，应该扮演责任主体的角色，承担好在社会文化发展中的宏观管理职能，这些职能与职责主要包括：一是制定并实施公共文化事业的分类管理制度，建立政府投入公益性文化事业的稳定增长机制；二是促进社会事业"管办分离"，激发社会文化组织的发展活力；三是进一步推进文化领域的管理体制改革，建立公共文化服务发展水平的综合评价体系，并进行公共文化服务水平的测评与监管，以保障公共文化服务水平的维持和不断提高；四是建立健全城乡基层文化组织和民主管理制度，加强社区文化建设，推进社会文艺团体、行业组织和文化中介组织提供服务、反映诉求、规范行为的作用；五是建立健全文化安全预警机制，维护公共文化安全。[2]

在文化体制改革过程中，公共文化部门要明确以上职能与职责，实现向公共服务型政府转变，建立与完善公共文化服务体系无疑是其中最

---

[1] 迟福林：《以公共服务为中心的政府转型》，见中国（海南）改革发展研究院《政府转型——中国改革下一步》，中国经济出版社2005年版。
[2] 陈威：《公共文化服务体系研究》，深圳报业集团出版社2006年版，第48页。

具实质性的重大举措之一。我们的公共文化服务体系是以向公民和社会提供大量优质高效的公共文化服务作为宗旨的。要使公共文化服务体系充分发挥其应有的满足公民基本文化生活需求的作用，就必须首先要了解和评估现有体系的绩效水平，应用科学的方法、标准和程序，对相关公共文化部门的业绩、成就和实际工作做出尽可能准确的评价，在此基础上对公共文化管理绩效进行改善和提高。

（三）公共文化服务的实施主体

要了解公共文化服务的绩效情况，还必须了解公共文化服务的实施主体和它的价值标准。所谓公共文化服务的实施主体，是指公共文化服务的领导、组织、协调及具体实施的部门和机构。在公共文化服务体系中，实施主体起着主导性的作用，一切公共文化政策的制定、公共文化产品的提供以及服务方式的确立，最终都要直接或者间接通过实施主体来实现。

在我国现行的文化行政架构下，公共文化服务的实施主体主要包括三大类：第一类是政府，即各级党委宣传部门和各级文化、广播电视、新闻出版、文物等行政部门。它们是公共文化服务的决策与领导部门，负责公共文化服务重大政策的制定、主要社会文化资源的协调、对政府文化行政部门服务行为的监督以及对各类公共文化服务行为主体的绩效考评，是公共文化服务绩效评估的责任主体。各级文化行政部门根据党和国家的文化政策与各级党委、政府的文化发展纲要、规划和市民的文化需求，采取有效措施，对公共文化服务进行目标选择、政策保障、行为规范以及绩效管理。本文所探讨的对公共文化服务的绩效评估主要指的就是对省（市）一级地方政府和地方政府的文化行政管理部门。第二类是公共文化服务的执行机构。在我国，公共文化服务的执行任务主要由文化事业单位来承担，如图书馆、文化馆（站）、博物馆、美术馆、音乐厅、文联及各类文化艺术协会、非营利电台、电视台和事业性出版社等文化事业单位。这是我们国家的公共文化服务体系所独有的、在主体构成上不同于西方国家的最大特色。文化事业单位是政府财政拨款建立的按照党和政府部门的文化方针、政策及规划，在文化行政部门的指导下实施公共文化服务的非营利单位，是公共文化服务的主要执行者，承担公共文化服务的主体任务。第三类是社会举办的非营利性文化服务机构（NPO）、企业和个人，它们在政府文化政策的指导下，独立或配合文化事业单位完成各类公共文化服务，是公共文化服务体系的参与力量。它们在西方国家是公共文化产品（服务）的主要生产者，在我国目前这一组织群体还处于起步阶段，是公共文化产品（服务）的补充，是公共文化服务社会化、市场化的主要参与者。

无论是哪一类公共文化服务的实施主体，它们秉承着同样的目标和价值标准：它们提供公共文化产品和公共文化服务，必须"以人为本"，要以维护人民群众的基本文化权益为出发点，以实现社会效益为归宿，尊重文化产品的生产规律，保证公共文化服务的质量和产品文化内涵的多样性，提供人民群众真正需求、质量最好、费用最少的公共文化产品和服务，实现绩效导向原则。公共文化服务绩效评估要求政府部门了解基层需要什么样的活动、文化产品和服务，可以给群众提供什么样的文化服务和产品的信息，通过什么样的方式整合各种文化资源，提供多样化的文化服务，保障弱势群体的文化权益，使更多的人公平地享受到公共文化产品和服务。

三　公共文化服务绩效评估

长期以来，我国的公共文化部门处于一种自上而下的单一管理模式中，缺乏广泛的社会参与和民众监督，文化事业的整体发展动力不足。随着文化体制改革的不断深入，公共部门绩效评估被引入公共文化管理部门，强调对公共文化资源和公共文化服务进行有效的监督和约束，建立起公众、公共文化部门和政府三者间的约束框架，保证有限的公共文化资源不被浪费，使公众能够获得尽可能多的文化服务，确保弱势群体的文化权利得到基本保障。①《国家"十一五"时期文化发展规划纲要》要求"建立政府对公共文化事业投入的绩效考评机制"，为公共文化服务的绩效考评提供了法律依据。

（一）公共文化服务绩效评估的内涵

根据前文论述的政府绩效评估的理论和公共文化服务的内涵，我们

---

① 毛少莹、任珺：《公共文化服务绩效评估问题初探》，见彭立勋：《城市文化创新与和谐文化建设——2007年深圳文化蓝皮书》，中国社会科学出版社2007年版。

可以这样定义公共文化服务绩效评估：公共文化服务的决策机构、公共文化服务的执行机构和社会举办的非营利性文化服务机构在履行以上公共文化管理职能与职责过程中，在追求内部管理与外部效应、数量与质量、时间与效益、经济因素与伦理政治因素平衡的基础上，对其获得的公共产出进行的绩效评估。

政府的公共文化服务职能，包括文化市场监管服务、扶持文化产业发展从而调节经济、社会管理，还有狭义的公共文化服务，为公众和社会提供公共文化产品和服务，以弥补市场失灵。由于文化的特殊性，在考核政府提供公共文化服务的绩效时，一是要看是否实现了政府对文化的价值导向作用，政府提供的公共文化产品和服务具有科学的价值判断和先进的价值导向，能够对公众和社会的全面发展中具有的积极的引导与推动作用；二是要看是否满足了公共的文化需求。目前公共文化服务供给与多样化变动性的大众文化需求往往并不匹配，这成为国家文化事业管理的基本问题，需要改变自上而下的公共文化服务的供给模式，以文化需求为导向，推进公共文化服务的供给侧改革。

构建公共文化服务体系的终极目标是充分实现公民的文化权利，把我国建设成为一个文化强国。因此，公共文化服务的绩效考核也应以此作为评判的最高准则。具体来说，考核公共文化服务的绩效，要看公共文化服务是否促进文化产品和文化成果的总量的持续增长，增强社会文化供给的能力，普遍惠及最广大的人民群众，提供更加丰富的社会文化活动，帮助公民获得更多的文化享受的机会，得到更加充分的文化参与的权利。考核公共文化服务的绩效，还要看公共文化服务是否有利于对公民的文化艺术创造成果进行保护，是否有利于提高公民的文化素养、塑造公民的人格、提升国家精神，从而促进社会全面进步，增加国家可持续发展的竞争力。考核公共文化服务的绩效，还要看公共文化服务是否有助于中华民族在全球化的过程中保持民族文化的主体性和独立性，在全球化的浪潮中走出一条独立自主、开放兼容的道路，实现中华民族的伟大复兴，增强中华民族的凝聚力。

（二）公共文化服务绩效评估的实施原则

第一个原则是把价值取向放在首位。而公共文化服务的发展，价值取向是通过满足公众的文化需求，最大限度地实现、维护和发展公民的文化权益。政府提供公共文化服务的价值取向会直接影响政府管理目标，而政府的绩效评估是完全服从于政府管理目标的。因此，公共文化服务绩效评估的原则首先是要看政府是否以人为本，是否满足人民群众的公众文化需求和文化权利，评估模式、方法与指标体系的设计应建立在了解公众的文化需求、行为方式和消费习惯的基础上。

第二个原则是以结果为导向，注重实际效果原则。发达国家的政府绩效评估强调以结果为导向，我们在进行公共文化服务绩效评估时必须重视实际效果，不仅是考察政府部门提供公共文化产品和服务的数量和种类，更重要的是考察公众在接受政府部门提供的文化产品和服务后所产生的实际效果和所带来的社会效益。

第三个原则是全方位综合评估原则。公共文化服务不仅负责公共文化产品的供给，还要负责营造公共文化产品与服务的综合环境。公共文化服务绩效的评估，是文化产品生产与服务上游、中游与下游整体绩效的评估，涉及社会生活的各个方面，完整的服务绩效的评估不仅要评价服务本身，还要评价服务后面的发生发展环境因素。[①] 公共文化服务绩效评估要依据多层次、多视角、多变量以及变量之间的关系进行全方位综合评估，还要根据现实情况和公众需求的不断变化调整设计评估指标。例如评估我国各地政府的公共文化服务绩效时，不仅应当考虑到各个省市提供公共文化产品和服务的总量情况，更应当根据实际情况考虑到增量的变化来进行横向比较。不同地区的公共文化服务体系建设还要与当地的文化发展战略目标，来进行评估体系的模式选择和总体构建。

第四个原则是常态实施原则。公共文化服务绩效评估应以常态的形式实施，并由多元评估主体组成的评估小组定期对提供文化服务的政府部门与文化机构进行绩效评估，在常态下实施的评估将对每一时期的工作进行定期总结，同时通过不同时期、不同机构评估的系统结果比较中发现问题，另外，通过分析系统的评估结果还可以预测即将发生的问题，以便及时调整工作方向与方法。

（三）公共文化服务绩效评估开展遇到的困难

正如前文论述，公共文化服务的实施主体主要由公共文化服务的决策机构（各级党委宣传部门和各级文化、广播电视、新闻出版、文物

[①] 向勇、喻文益：《公共文化服务绩效评估的模型研究与政策建议》，《现代经济探讨》2008年第1期。

等行政部门)、公共文化服务的执行机构(文化事业单位)和社会举办的非营利性文化服务机构组成。不同的实施主体,其绩效考核的内容和方式也不尽相同。其中既包括政府部门的绩效评估,也包括公共事业单位(国办或社会办)的绩效评估,还包括对社会非营利性机构和企业的绩效评估。企图一揽子建构一个完全适用于不同门类、不同评估对象的通用的公共文化服务绩效评估指标体系是不大可能的;另外,公共文化的产出是一种无形的产品和服务,其质和量缺乏确定性和可度量性,每一种艺术门类满足的文化需求不同,评估的规律、规则也不尽相同,例如一项公益性的文艺演出,其质量的好坏很难有可以准确度量的标准。公共性的产品是非排他性的,但是由于资源的有限,又同时具有一定的消费竞争性。公共文化产品和服务具有广泛的社会功能和效益,能够影响整个社会、经济和文化的发展和协调。这种特殊的产出,很难找到一个具有普遍性的评价标准来衡量公共文化产品和服务的数量多少和质量优劣。因此,公共文化服务的这种特殊性导致了对其进行绩效评估的困难,常常成为公共文化部门和组织绩效管理中的"瓶颈"。

第一,公共文化服务绩效评估的评价标准、指标难以确定,这是绩效评估面临的最大困难。公共文化服务体系的广泛与复杂,导致了评估目标的抽象、笼统和难以量化,难以科学、恰当地确定哪些因素可以构成绩效评价指标,各指标之间的相互关系及权重更是难以科学、准确地确定。我国正处在文化、经济体制改革的时期,文化管理的各项要素都处于不断变化和调整之中,给文化管理部门的绩效考核也带来了很多不确定因素。

第二,公共文化服务绩效评估蕴含了多重衡量标准,包括了经济测定、效率测定和效益测定三个方面。经济测定关注的是输入资源的成本,即对文化的财政投入的评估,这方面是目前开展较多、并且较容易实施的绩效评估。效率测定关注的是输入与产出之间的比率关系,它是对组织过程的评价。而效益测定关注的是组织目标的实现问题,例如考核公共文化服务方案是否达到了预期设定的目标。早期的绩效评估注重经济效益和节约成本,随着现代公共服务型政府意识的出现,公共文化服务的质量高低、目标是否实现等都成为评估的重要内容。对于公共文化服务绩效评估来讲,对文化的财政投入和产出的考核是较易操作的,公共文化实施主体提供的公共文化产品和服务是否全面、到位,是否能够实现公民的文化权利、是否能够弘扬中国伟大的传统文化，将成为以后考核的重点和难点。

第三，由于政府部门的垄断，往往会带来绩效评估的不公正性。公共服务的垄断性往往伴随着对信息的垄断，使得外部难以掌握充分的信息对组织的绩效进行科学的判断。在评估过程中，评估以官方为主，多是上级行政机关对下级的评估，评估对象为了符合上级要求，迎合指标，会采取一些变通的措施，或者人为扭曲数据，或者虚报计划和目标，造成评估结果的不确定和不可靠，所以应当加强社会公众对政府的评估以及政府自身内部的评估。

第二辑
建设考察篇：基础与运行

城市化与信息化及数字化关联性研究

——以广东为个案[①]

吴予敏

摘要 信息化是城市经济结构调整和升级的主要推动力,必然带来数字化城市和城市群的出现。广东省的基本战略选择是以信息化和数字化带动城市化,实现城市群经济带产业结构的根本转型。城市化和信息化、数字化的深度结合在于宽带城市群建设。智慧城市必须积极适应新一代移动通信技术应用以及宽带网络与新一代互联网技术的融合进程,更需要突破狭隘的地方观念和短期效益观念,促进跨城际的互联互通,形成由信息技术支撑的创新型的公共平台。目前的城市数字化进程中,还存在着体制和机制的弊端,以及一些亟待突破的产业结构、科技战略和区域布局的瓶颈。

一 城市化与信息化

城市是人类文明的重要形态。城市伴随人类文明与进步而发展。城市在地理空间中是一组功能互补的布局结构,按照社会分层和文化要素聚集和区隔的集合,在现代化基础上是规划严正、交互有序、高效运行的网络体系。

城市化是人类的生产和生活方式从农业社会向工业社会和信息社会转化的必然的历史进程,除了物理空间的诸多变化之外,主要表现为农

[①] 广东省人民政府网:《广东省国民经济和社会发展第十二个五年规划纲要》(2011—2015年), http://zwgk.gd.gov.cn/006939748/201105/t20110513_86534.html, 2011年5月13日。

村人口大规模进入城市并逐渐转化为城市人口。城市数目的不断增多、城市规模的不断扩大，城市生活方式深刻地改变着人们的交往方式和价值观念。[①] 资本主义生产方式的城市化往往伴随着农村凋敝和严重的城市病现象。而对于社会主义生产方式的城市化，初期也曾经伴随着农村和农业的重大牺牲，以及城乡二元结构的固化，从而带来社会不公和产业结构畸形的情况。如何有效避免城市化带来的问题，充分释放城市化带来的机遇，是当今世界社会发展的重大课题。

信息技术的进步深刻改变了人们的生产方式和生活方式，城市化的意义和内涵较工业化时期有了本质的不同。信息、资本、人口、物资、文化要素借助通信网络和交通网络而快速流动，正在创造出（或将传统城市转变为）新型的城市。

R. L. 迈耶在1962年出版《城市发展的通讯理论》一书中，揭示了城市和交通、通信等广义的传播系统互为作用的关系。他认为，城市作为人们交往、交易的空间，高度依赖交通和通信网络。我们从信息载体或传播介质方面着眼，可以看到城市的主要聚集效益不只是物理空间的聚合，也可以作为信息枢纽的聚合。交通和通信同步提升了城市发展的速度和质量，不仅建构了实在的城市空间，而且建构了虚拟的城市空间，成为当今城市的双重空间格局的基础要素。[②]

通常社会科学界对于城市化的理解主要是从人口迁移方面来看，认为城市化是城市中心对农村腹地影响的传播过程；是全社会人口逐步向城市乃至大城市和超大城市不断集中的过程；是城市人口占全社会人口比例的持续提高的过程。胡光代、高鸿业教授主编的《西方经济学大辞典》中给出的定义是：城市化是指随着工业化的发展和科学技术革命的进行，由分散落后的农村社会向现代化城市发展的一个深刻的社会历史变革过程。城市化主要包括三个方面的内容：第一，城镇数量和城镇人口逐步增加，在全国总人口的比重不断上升，农村人口相对减少；第二，城镇的空间形态和分布由分散独立的状态，变成联系紧密的城镇网络集群；第三，城市化的生活方式扩大和普及，使得农村居民的生活

---

① 陈丽君：《香港文化对珠江三角洲影响之现状及趋势分析》，《当代香港》1994年第2期。

② Richard L. Meier, *A Communications Theory of Urban Growth*, M. I. T. Press. Cambridge, MA. 1962.

方式日益接近城市居民。① 不同学科对于城市化的着眼点有所不同,人类学家着眼于人类生产生活方式的转变,即由乡村生活方式转变为城市生活方式的过程;社会学家把城市化看作是人与人之间关系广度不断扩大,密度日益降低,人际关系逐渐趋向专门化与单一化的过程。

美国学者诺瑟姆(Ray. M. Northam)提出过"城市化发展的 S 曲线",用量化统计为基础描述城市化发展轨迹和水平(如图1)。他是基于城市化进程中城市人口占总人口比例即城市化率的变化。根据他的表述,城市化率达到30%以前是城市化发展的初期阶段,这一阶段城市化的速度比较缓慢;城市化率达到30%—70%是城市化发展的中期阶段,这一阶段城市化速度加快;城市化率达到70%以后,是城市化发展的后期阶段,这一阶段城市化的速度再度变得缓慢。②

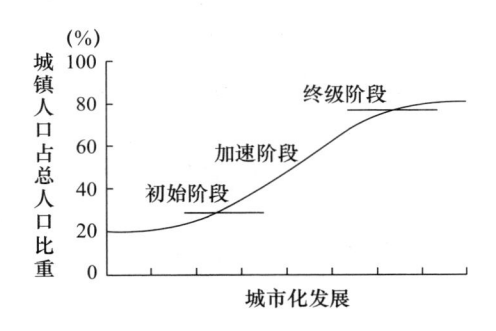

图1 城市化发展的 S 曲线

我国学者在此概念基础上进一步提出,当城市人口占总人口的比例达到50%时,城市化进入基本实现阶段;当城市化人口占总人口的比例达到70%时,就实现了城乡融合和城乡一体化。③ 而我们今天在沿用城市人口比例作为评价城市化程度的主要尺度的时候,不应忽视的是,城市化的广度和深度的问题。城市化的广度不只是城市版图的空间幅员,还应当包括城市化的交通和信息网络的延伸。城市化的深度不只是

---

① 胡光代、高鸿业:《西方经济学大辞典》,经济科学出版社2000年版,第956页。
② Ray M. Notham. *Urban Geography*, John Wiley & Sons, 1975. p. 66.
③ 周加来:《城市化、城镇化、农村城市化、城乡一体化——城市化概念辨析》,《中国农村经济》2001年第5期。

人们的城市居住权和职业分布，还应当包括城市的社会融入程度、社会交往和文化认同。而在这个方面，恰好就是传播学所侧重的。城市化的交通和信息网络的延伸为人们的社会融入、社会交往和文化认同提供了基础性的条件。如果在信息社会到来之前，我们讨论城市化问题时，忽略城市的信息化程度还有情可原的话，那么今天我们讨论城市化问题时，显然不能够再忽视了。我们需要思考，信息化是如何与城市化进程内在地关联起来，互为促进的？

我们可以从社会、技术与产业、资源三个方面来理解信息化的内涵：从社会发展的角度看，信息化是由ICT引发的信息革命促使社会从工业社会向信息社会发展演变的过程。现代社会是农业社会、工业社会和信息社会三者的叠加，信息正在成为发展的关键资源，取代了工业时代劳动力和资本的中心地位。从技术与产业发展的角度看，首先是信息和通信技术的产业化，如计算机业、软件业、互联网产业、移动通信业、电子商务和数字内容产业等新兴信息产业的发展；此外，信息与通信技术广泛渗透到传统产业部门，使之产生重大革新，极大地提高了技术创新和生产运营管理效率，加速了社会各个领域的变革。从信息作为新型资源的角度看，通过开发利用知识、智力等信息资源，帮助社会更有效地利用有限的物质能量资源，减少自然资源的消耗，防止环境污染和能源短缺。

城市化和信息化之间存在着什么样的关联性？

首先，信息化程度反映着城市的信息产业的集中度、信息产业对于国民经济的贡献率，反映着城市产业的结构和经济运行的质量。城市经济通常是以第二产业和第三产业为主体，辅之以第一产业。在工业化时期，第二产业占据产业结构的大部分，以此来吸纳农业转移人口并将其转化为城市人口。但是第二产业在吸纳人口就业和发展经济的过程中带来的能源耗费和环境污染的代价非常沉重。因此在城市化进程中高度重视发展信息化，为城市经济结构调整和产业升级将提供主要推动力，也将有力促进决定城市人口素质的教育和公共文化事业的发展。城市的信息化建设为信息产业本身提供了一个广阔的市场空间和集聚地，进一步优化产业结构，提高整个城市的竞争力。[1]

---

[1] 王金台：《信息化对城市化进程的影响及对策》，《经济经纬》2005年第3期。

其次，信息时代的城市化必须是城市信息化的发展过程。所谓城市信息化，主要包括：建设城市信息交互网络，实现城市基础信息资源的社会共享和综合利用；建立信息化的城市管理系统，全面提升城市信息化管理水平，提高城市的发展预测和科学规划能力、资源利用率、安全保障水平、文化普及程度；建设覆盖全市的信息服务系统，如社保信息系统、医疗信息系统、商业系统、文化和教育服务系统等；建设为信息产业和其他产业创新提供信息支持的信息共享的公共服务中心（如图2）。①

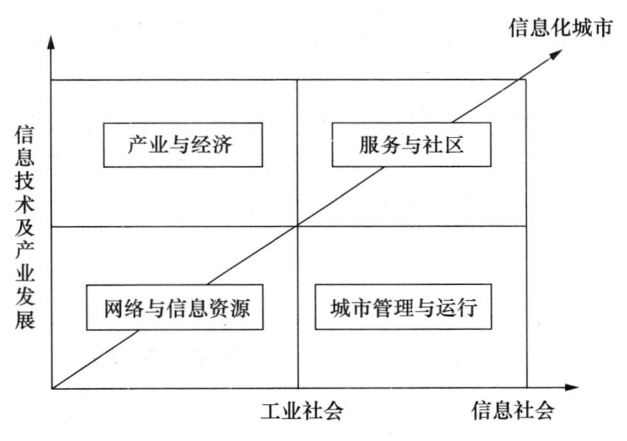

图 2　城市信息化发展战略

最后，信息化的发展必然带来数字化城市和城市群的出现。特别是在通信网、互联网和有线电视网融合的基础条件下，加上物联网的数字化改造，势必造成覆盖整个地区的无线宽带城市群，形成区域性经济发展的新动力，并且由此带动周边地区和农村的信息化改造，进一步缩小城乡二元结构的差别。

在推进城市化和信息化的过程中，需要特别注意的是"数字鸿沟"（digital divide）现象的出现。经济合作与发展组织将"数字鸿沟"定义为"不同社会经济水平（socio-economic levels）的个人、家庭、商业部门和地理区域，在接入信息和通信技术和利用互联网从事各种活动的

---

① 广州信息化办公室、广东省社会科学院产业经济研究所：《城市信息化发展战略思考：广州市国民经济和社会信息化"十一五"规划战略研究》，广东经济出版社2006年版。

机会上存在的显著差距"。这种差距有重要的社会意义。有学者提出流动空间和地方空间的数字鸿沟现象。Graham 和 Marvin 指出，信息技术系统的新近发展推动了朝向增加全球城市中社会空间的分离的全球趋势①。Castells 也曾指出，城市网络基础建设的竞争促成了碎片化的网络形态，使得"流动空间"和"地方空间"中的差距越来越大，导致新的城市二元论，一方面，流动空间远距离连接的是基于它们的市场价值所优先选择的地方；另一方面，地方空间中孤立的人们却减少了接入地方性和全球性的机会②。对一个国家来说，这种新的城市二元化可能造成战略性的资源往往在某几个城市集聚，与其他城市之间的差距进一步拉大③。因此信息化对于城市化的发展进程至关重要。

本文侧重从城市化与信息化、数字化关联的角度来讨论这个发展问题。由于广东地区在我国改革开放的过程中起到先行的作用，加上广东省珠江三角洲城市群又是我国城市化最为集中的区域之一，因此，以广东为例来讨论上述问题是有代表性的。

二　广东省城市化的进程

新中国成立以来，广东省的城市化进程与全国一样，经历了起步、波折、停滞、恢复等几个阶段。改革开放之后，城市化步伐加快，逐步进入加速发展阶段。

1949—1957 年，是工业化起步时期的城市化起步阶段。

新中国成立初期，广东省的城市化水平在全国平均水平之上。1949 年，非农业人口占全省总人口比重为 15.7%，1952 年上升到 17.6%，较之全国平均水平高 5 个百分点。但是，由于广东地处前线，重点建设项目大多不能安排。"一五"期间，全国的 156 个重点建设项目，只有茂名石化一个项目落户广东，在新中国第一轮国家主导的工业化中广东

---

① Graham, S. & S. Marvin (1996), *Telecommunications and the City: Electronic Spaces*, Urban Places. London: Routledge.
② Castells, M. (1996), *The Rise of the Network Society*. Cambridge. MA: Blackwell.
③ 汪明峰：《互联网使用与中国的城市化——"数字鸿沟的空间层面"》，《社会学研究》2006 年第 6 期。

被边缘化，全省经济发展和城市化的速率开始落后于全国的平均水平。国家开始大规模工业建设，采取"重点建设、稳步推进"的城市发展方针，城市化与经济发展基本同步，但过分偏重工业的发展而牺牲了农业、轻工业的发展和城市建设的投入；8年中广东城市化水平由15.7%上升到18.1%，仅仅提高了2个多百分点。

1958—1977年，是工业化起伏时期的城市化波动与徘徊阶段。

20世纪六七十年代，"大跃进""上山下乡""文化大革命"等社会政治运动，造成了国民经济发展和工业化进程的大起大落，城市化进程亦呈现出较大的波动与徘徊。根据国家"三线建设"的战略布局，广东省地处华南前沿，大部分地区都被划为"前线"。为了备战的需要，广州、汕头等城市的一批大型工厂还被迁往内地，这进一步削弱和抑制了广东省的工业建设的发展，使沿海大部分城镇经济萎缩。而广东北部山区如韶关等城市则开始作为重工业基地建设，城镇化有了一定程度的发展。"文化大革命"时期广东的城市化再次受到严重抑制。

1977年，广东城市化水平仅为16.3%。从1958年到1977年，经过19年波折，城市化水平反而下降了近2个百分点，还一度出现过"反城市化"等现象。至1977年，全省只有广州、汕头、湛江、惠州、佛山、江门、肇庆、茂名、韶关9个城市和120个镇。全省城市化水平为16.8%，反而低于全国平均水平。到1978年年底，广东城市化水平为16.3%，比全国城市化水平还低了1.6%。从1953年到1978年，广东省基本上还是一个农业省份，城镇的等级规模结构还是以1万—5万人的小城镇数量为主，20万人以上的中型城镇数量增加非常缓慢。

1978—1995年，是经济快速发展时期的外延型城市化阶段。

改革开放以来，国家以经济建设为中心，广东成为改革开放的前沿地带，国民经济和人均国民收入不断增长，城市化进程随之走出了停滞的低谷。广东城市化的发展基础是城市经济即第二、三产业对经济增长的贡献持续壮大，现代服务业的比重不断提升；房地产业成为主要的城市化建设的引擎；高新技术产业增长势头迅猛。广东城镇实体不断衍生，特别是率先实行"县改市"的行政区划改革以后，直接刺激了城市化的发展速度。

1979年，国家在广东设置了深圳、珠海、汕头三个经济特区，开启了国家层面进行中心城市培育的试点。1983年，费孝通先生《小城镇,大问题》一文的发表,一段时间里,小城镇为主的分散式发展道路成为理论界与决策层的主流思潮,全国小城镇遍地开花,得到了异乎寻常的发展。1984年11月22日,国务院批转民政部《关于调整建镇标准的报告》以后,仅半年的时间全国就新建了2000多个镇。作为改革开放前沿的广东,城镇发展也在加快,镇的数量由1978年的121个大幅度增加到1985年的421个。1983年之后市辖区有较大幅度增加。

1991—1994年"撤县设市",最终带来了中小城市(地级市、县级市)的大幅度增加,城市建成区面积不断扩大。1995年,广东城市化水平达到30.0%,比1978年提高了13.7个百分点。该阶段是城市化发展基本正常又比较快速的时期,大量本地农民和外来劳工在此期间进入城镇。

1995—1999年,是城市化发展的"调整整顿"阶段。

1997年的亚洲金融危机打乱了我国经济发展的快节奏,广东地区以"三来一补"为主的外向型劳动力密集型产业受到重创,加上乡镇企业产权纠纷层出不穷,许多乡镇企业纷纷倒闭,乡镇集体企业基本退出市场。在政府宏观调控下中国经济实现了软着陆,广东开始进行产业战略转移。1998年5月,广东省召开第八次党代会,从制度层面强调了产业调整的迫切性,提出实施经济体制和经济增长方式两个根本转变,增创体制、产业、开放和科技四个方面的优势,以实现广东跨世纪的目标。

在此期间,广东的外来人口剧增,大量向城市,特别是珠江三角洲城市群集聚。1995—1999年,广东省有地级市21个,设市城市54个,建制镇1510个。1995年非农业人口2035.37万人,占总人口比重为29.77%;2000年增至2338.42万人,占总人口比重提高到31.18%。以珠江三角洲城市群为例,2000年年底,深圳常住人口为701.24万人、广州为994.80万人、东莞为644.84万人、佛山为534.05万人、惠州为321.80万人(常住人口中包含户籍人口和有稳定工作的外来人口,不含流动人口)。实际上,珠江三角洲地区流动人口总计达2152万人,是全省流动人口的82%。流动人口数量居前3位的城市分别为深圳市(606万人)、东莞市(500万人)、广州(427万人),仅这3个市的流动人口就占全省的58%,流动人口向大型城市聚集的特点很突出。

2000 年以后进入到大城市大发展阶段。

广东 2013 年全省实现地区生产总值（GDP）62163.97 亿元，比 2001 年的国内生产总值 11807.81 亿元提升了 5 倍多。其中，第一产业增加值 3047.51 亿元，增长 2.5%，对 GDP 增长的贡献率为 1.3%；第二产业增加值 29427.49 亿元，增长 7.7%，对 GDP 增长的贡献率为 45.4%；第三产业增加值 29688.97 亿元，增长 9.9%，对 GDP 增长的贡献率为 53.3%。三次产业结构为 4.9∶47.3∶47.8。广东已经实现了工业化，基本实现了产业结构转型。

从人口结构看，广东已经在全国率先实现了城市化。（见表 1）

表 1　　　　　　2013 年广东省常住人口数及其构成

指标		年末人口数（万人）	比重（%）
常住人口		10644	100
其中	城镇	7212.37	67.76
	乡村	3431.63	52.24
其中	男性	5548.72	52.13
	女性	5095.28	47.87
其中	0—14 岁	1558.28	14.64
	15—64 岁	8216.1	77.19
	65 岁及以上	869.62	8.17

从城市空间布局看，"十二五"期间，广东制定了"统筹规划、合理布局、完善功能、以大带小"的城市化建设原则，进一步优化城镇发展布局，以辐射力强、经济基础雄厚的大城市为依托，以颇具活力和发展潜力的中小城市为节点，构建以珠江三角洲城市群为核心，以汕（头）潮（州）揭（阳）都市区、湛（江）茂（名）都市区和韶关都市区为重点，以沿海经济发展带和深（珠）穗—穗清（远）韶（关）城市功能拓展带为主轴。形成"一群、三区、六轴"的网络化城市发展战略格局，充分发挥毗邻港澳的地缘优势，打造亚太地区最具活力和国际竞争力的世界级城市群。（见图 3）

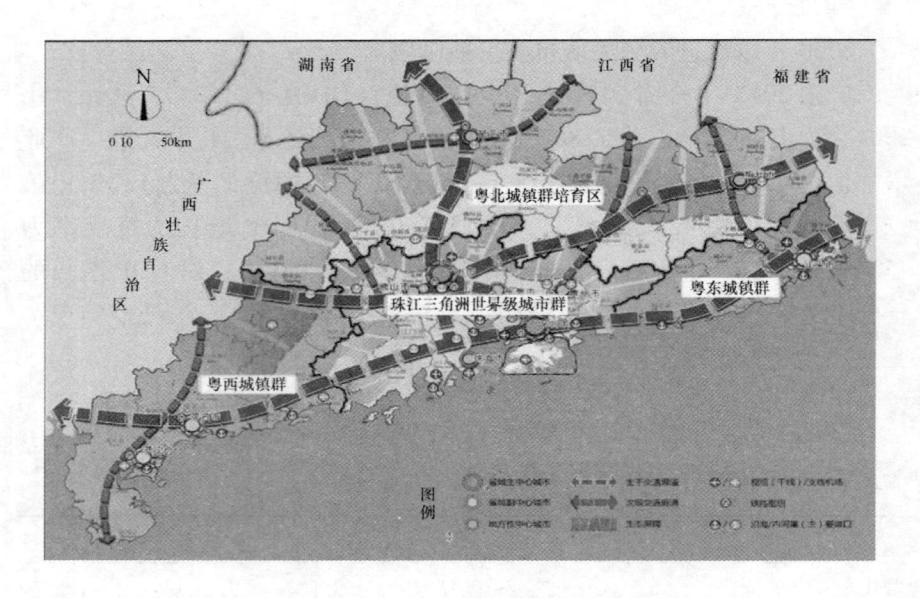

图 3　广东省城镇化空间发展规划

六轴系指以"沿海经济发展带"和"深（珠）穗—穗清（远）韶（关）城市功能拓展带"两个主轴，"云浮—肇庆—佛山—广州—河源—梅州""汕头—潮州—揭阳—梅州""惠州—河源"和"海安—廉江"等四个城镇发展副轴。

从行政区域划分来看，广东省一般被划分为珠江三角洲、粤东地区、粤西地区和粤北山区 4 个区域。珠江三角洲地区有 9 个市，包括广州、深圳、东莞、中山、佛山、珠海、江门、惠州和肇庆。粤东地区有 4 个市，包括汕头、汕尾、潮州和揭阳。粤西地区有 3 个市，包括湛江、茂名和阳江。粤北山区有 5 个市，包括韶关、梅州、河源、清远和云浮。综观全省四大区域，珠三角地区的经济和社会发展水平最高，发展速度较快，而其他 3 个区域经济发展起点和发展水平较为接近。城市化发展水平的差异必然体现在地区之间。广东省城市化的目标是不仅要打造珠三角世界级城市群，使之成为全国经济发展的引擎，而且要实现全省均衡发展，逐渐缩小地区差别。其他地区的城市化和城镇化也是关键的一步。

广东省四大区域城市化水平的发展基础不同，存在明显差异。全省整体城市化率均有提升，但是地区间城市化水平的差异没有明显缩小。（见表 2）

表2　　　　广东省内四大区域城市化率的差异　　　　单位:%

按经济区域分 \ 年份	2000	2005	2009	2012
珠三角地区	71.6	77.3	80.2	83.8
粤东地区	50.5	54.8	57.6	59.1
粤西地区	38.6	40.2	39.6	39.7
粤北山区	36.9	40.2	43.3	45.3

资料来源为:《广东统计年鉴》、广东统计信息网,http://www.gdstats.gov.cn/。

我们以2010年数据为基础把广东省21个地级市以上城市按城市化率列表,可以进一步看出地区城市化差异。(见表3)

表3　　　　2010年广东省21个市城市化率的差异

排序	市别	总人口(万)	非农业人口(万)	城市化率(%)
1	深圳	245.96	245.96	100
2	珠海	102.65	102.65	100
3	佛山	367.63	367.63	100
4	汕头	510.73	505.89	99
5	广州	794.62	714.00	89.9
6	惠州	324.36	187.07	57.7
7	江门	391.52	220.30	56.3
8	中山	147.86	78.43	53
9	韶关	325.54	165.48	50.8
10	汕尾	340.61	168.29	49.4
11	东莞	178.73	80.96	45.3
12	阳江	275.67	114.67	41.6
13	茂名	735.31	275.83	37.5
14	湛江	763.14	282.14	37
15	云浮	275.8	101.19	36.7
16	揭阳	649.11	221.60	34.1
17	清远	408.82	119.04	29.1
18	潮州	257.89	74.37	28.8
19	肇庆	413.69	117.83	28.5
20	梅州	507.36	132.63	26.1
21	河源	348.98	82.09	23.5

资料来源:《广东统计年鉴》,2010年。

城市化将农村人口由乡村向城市转移，实质是要把农民变为城市居民。但是在我国城市化进程中，现行户籍制度是造成城乡二元结构，遏制农村人口向城市转移的主要症结。广东实施城乡统筹的城市化战略，积极探索对户籍制度进行改革。根据2004年《广东省城镇化发展纲要》《关于推进城镇化的若干政策意见》的精神，从2004年起，全省取消了"农转非"计划指标，将入户审批制度改为核准制度，设立准入条件，取代了计划经济时代的对进城人口实行指标控制的制度。深圳市将宝安、龙岗农业户口、自理口粮户口人员全部转为非农户口，成为全国首个没有农业户口的城市。对于外来务工人员进入城市，主要实行积分入户制度。佛山市取消原有的"农业户口""非农业户口""自理口粮户口"等户口差别，统一登记为"佛山市居民户口"，以合法固定住所为入户城市的条件。广州实施《关于改革我市常住人口调控管理制度的意见》，取消"农转非"人口控制计划，以准入条件取代现行的入户政策。户籍制度的改革，有利于加快广东省工业化、城市化步伐，经济上可以增添发展的动力和扩大内需。理论上说，可以使广大外来务工人员享受到与城市人平等的待遇，利于外来人员融入城市，促进城市发展。伴随着户籍制度的改革，还有农村土地制度、社会保障制度的系统改革加以配套。

但是，事实上这个进程还比较缓慢，制度性障碍还是很突出。如上述城市化人口统计没有包括外来劳动力因素分析。外来劳动力是广东省推进经济发展和城市化的生力军。广东改革开放经济先行，大批港澳台等劳动密集型产业大举北移西进、内地企业和政府部门南下东进，一度使广东地区对劳动力的需求大幅增加。人口迅速聚集珠三角也使得不少地方非本地户籍人口与户籍人口出现严重的倒挂。以深圳、广州、东莞为甚。据第六次全国人口普查结果显示，全国流动人口为26139万人，而广东流动人口占据全国的1/3，广东一直是全国流动人口第一大省，外来劳动力分布在各行各业，为广东经济繁荣做出了巨大贡献。但是现有的广东人口城市化率是专指本地户籍人口的城市化率，并不能够反映实际上在当地常住人口的城市化率。以深圳市为例，目前总人口大约1450万，其中本市户籍人口有287.62万，加上登记的非户籍常住人口767.13万，共有常住人口1054.74万，未登记的流动人口大约为400万。按照官方的统计口径，户籍人口已经实现非农化，因此在计算城市化率时,深圳市是100%,这没有将767万的非户籍常住人口纳入城市化的统计基数。在这一部分人口中,有大约50%是全国其他地方的农业户籍人口,而在400万流动人口中,农业户籍人口的比例还会略高。深圳已经是和北京、上海、广州一样的人口超千万的特大城市,又是中国户籍结构倒挂最严重的城市。所谓城市化率已经100%的深圳,其城市内部还包含着大约700万的农民工,这个人数是户籍人口的近三倍。因此广东的城市化进程还有待深化。

三 信息化、数字化与城市化的关联

信息化是以信息及通信技术(information and communication technology,ICT)为核心的技术革命,对人类社会的经济、社会和治理结构进行改造,通过信息及通信技术的普及与广泛应用,加速产业升级,大幅度提高生产效率和社会管理效率,丰富人们的生活和文化需求。信息化既是技术革命,也是产业革命和社会变革的过程。

2006年我国制定的《2006—2020年国家信息化发展战略》提出,我国信息化发展的战略目标是:综合信息基础设施基本普及,信息技术自主创新能力显著增强,信息产业结构全面优化,国家信息安全保障水平大幅提高,国民经济和社会信息化取得明显成效,新型工业化发展模式初步确立,国家信息化发展的制度环境和政策体系基本完善,国民信息技术应用能力显著提高,为迈向信息社会奠定坚实基础。具体目标是:(1)应用信息技术对传统产业和服务业进行改造,推动经济结构战略性调整;(2)实现信息技术自主创新、信息产业发展的跨越;(3)提升网络普及水平、信息资源开发利用水平和信息安全保障水平;(4)增强政府公共服务能力、文化输出能力、军事变革能力和国民信息技术应用能力。①

据此,广东省制定的《信息化发展纲要(2005—2020年)》提出,到2020年,全省信息产业发展、信息技术研究、信息环境建设及信息

---

① 新华网:中办、国办印发《2006—2020年国家信息化发展战略》,http://news.xinhuanet.com/newscenter/2006 - 05/08/content_ 4522878.html,2006年5月8日。

资源利用等方面主要指标达到中等发达国家以上水平,实现产业信息化,建成"数字广东"。具体规划包括:全省县级以上政府设立信息化工作领导小组、推进山区信息化、加强珠三角区域信息化合作、推进工农业及服务业信息化、开展"一站式"电子政务、加强公务员信息化培训与考核、推进科教文卫信息化、推进劳动与社会保障、人口资源环境管理、社区服务信息化等。

广东省"十二五"规划进一步提出要建设创新型广东,并将新一代宽带通信技术、三网融合关键技术、软件设计、云计算等信息科技作为关键核心技术重点突破领域。到2015年,全省信息化要达到中等发达国家水平,珠江三角洲地区要迈向全球信息化先进地区的行列。其中对信息化的规划包括:(1)提高交通、能源、市政、应急指挥等信息化水平,建设智慧城市;(2)加强农村信息化建设;(3)推进珠三角区域经济一体化过程中实现信息服务一体化;(4)以新一代宽带无线移动通信技术为主要手段,加快建设覆盖珠三角、连接粤港澳的无线宽带城市群;加快全省有线电视网络双向数字化改造,推进数字广播网建设,推动形成全省统一的有线数字广播电视网络;加快发展物联网,推动物联网关键技术研发和在重点领域的应用示范;完善信息安全标准体系和认证认可体系,加强信息网络监测、管控能力建设;到2015年,全省互联网普及率达70%以上;(5)构建开放式产业合作平台,促进"三网融合"新业务的开发和创新、试点及推广,打造"三网融合"和数字家庭产业发展示范区;(6)商务电子化,建设电子商务公共平台,推进电子商务在生产、流通和消费等领域的深入应用;实施电子政务畅通工程,建设政府信息资源共享平台;实施公共信息服务共享工程,完善人口、地理空间、科教、卫生等基础性信息资源共享平台;实施网络民生民情工程,逐步完善"社保医保一卡通""交通信息化平台"等公共服务平台,推进公共服务在线化。

信息化是城市经济结构调整和升级的主要推动力。城市的信息化建设为信息产业本身提供了一个广阔的市场空间,也可以加快信息产业自身的发展,从而进一步优化产业结构,提高整个城市的竞争力。

由国家信息中心发布的《冲出迷雾:中国信息社会测评报告2013》,依据信息社会的知识型经济、网络化社会、数字化社会、服务型政府四个基本特征,构建了测算我国信息社会水平的指标体系。报告对31个省市的信息社会发展进行测算,结果为:北京、上海、天津、浙江、广东、江苏、福建信息社会指数都在0.5以上,处于全国领先水平。城市化是信息社会发展的重要推动力,城市的规模越大,经济中心地位和产业枢纽地位越重要,其信息化建设速度和水平也就越高。2012年全国有42个地级以上城市的城市化率超过70%,相应的信息社会指数平均值也达到了0.63。据此报告判断中国正处在从工业社会向信息社会过渡的加速转型期。这一判断非常符合广东省的经济社会发展状况。可见广东省的发展总体上还是不平衡的。2013年12月,由科技部、教育部、中国科学院、广州市政府主办的"2013·中国智慧城市与智慧园区发展高峰论坛"所公布的2013年中国智慧城市发展水平评估结果,广州、深圳、佛山三地的信息化水平已经居于全国城市前列,接近中等发达国家水平。珠海(排名15)、东莞(排名37)等地,则还处在工业化向信息化初期的转型期(见表4)。同时,我们也可以看到,中国城市信息化水平还是以长江三角洲和珠江三角洲城市群为龙头,相对而言,长三角更快于珠三角。

表4　　　　　　　中国智慧城市综合排名前10位

排名	城市名称	智慧基础设施	智慧管理	智慧民生	智慧经济	智慧人群	保障体系	加分项	总分
1	无锡市	11.3	11	16.1	10.2	9.5	10	3.5	71.6
2	浦东新区	14.3	9	10.6	12.4	11	9	3.5	69.8
3	宁波市	10.3	9	15.1	10.6	7.9	11	4	68.3
4	上海市	12	9	16.4	6.7	11.3	8.5	3	66.9
5	杭州市	12	7.5	14.5	7.2	12.7	9	3.5	66.4
6	北京市	10.3	9.5	13.5	9.3	10.6	10	3	66.2
7	深圳市	9.3	7.5	15.9	11.5	9.5	11		65
8	广州市	11.2	11	13.7	6	9.1	8.5	3.5	62.9
9	佛山市	13.1	8	13.6	7.4	6.8	10.5	3.5	62.9
10	厦门市	12	9	16.9	7.5	9.8	5.5	1	61.7

对于广东省而言,城市化的基本战略选择是以信息化和数字化带动城市化,实现城市群经济带产业结构的根本转型,这是加快发展和均衡

发展的关键一环。数字化时代，城市更多地表现为"知识库"和"创新源"。数字化时代的城市与区域发展主要表现为知识和技术支撑下的创新驱动。建设城市信息港和数字城市以处理好海量信息的存储、管理、更新及利用就显得非常重要。深圳、广州、佛山等在20世纪之初就开始启动了城市信息港建设。依托数字化建设的数字产业园促使产业结构由工业化迅速向信息化和网络化转型。

所谓"城市数字化"，一方面是指数字技术、信息技术、网络技术已渗透到城市生活的各个方面；另一方面是指在城市规划建设与运营管理以及城市的生产与生活活动中，综合运用 GIS（地理信息系统）、遥感、遥测、网络、多媒体及虚拟仿真等技术和手段，将城市的各种数字信息及各种信息资源加以整合并充分利用，形成城市地理、资源、生态、环境、人口、经济、社会等复杂系统的数字网络化管理、服务与决策功能的信息体系，最终建成数字城市的一个过程。①

广州市政府创建"数字广州"，是要以信息技术为依托，利用先进的计算机技术和网络通信技术，建设智能化的城市管理系统，电子商务系统、社区服务系统、电子政府系统，以及城市公共数字库，并以此为城市的现代化建设提供一个可持续发展的良好环境。另一个典型的例子是南海市。全市的信息网络延伸到了城市的每个部门、每家企业，建成了全市统一的信息网络平台和一批交易市场，为电子商务发展提供了良好的基础。

在数字化城市建设中，目前比较见到成效的有以下几个方面：

①城市建设规划的数字化和数据可视化，即将分散保存的城市数据——遥感影像、地形高程、规划指标、管道数据、3D 模型、测绘数据以及人口统计等数据整合到统一的三维平台中，挂接已有的 GIS 等部门信息系统，进行城市信息的集中展现与查询。

②城市安全建设数字化，利用三维数字可视化技术，直观地展示城市建筑和公共设施（地铁等）设计和施工状况、城市灾害预警系统等，使之成为社会公众可以参与评估、可以分享信息资源的公共平台。

③城市科学管理数字化，建立一个信息完备、分析强大、操作方便的信息平台来进行城市的日常经营管理，包括各类市政交通、城市公用

---

① 安筱鹏：《论中国的城市化与信息化》，《地域研究与开发》2003 年第 10 期。

设施、环卫设施、园林绿化、户外广告等，并能适用于应急事件的指挥调度。

④城市电子政务数字化，完善政府办公信息系统建设，整合办公自动化、会务信息系统、财经管理工程、"一站式"行政审批、社会管理、应急管理系统、税务管理、电子监察、数字档案、便民服务、劳动业务和社保信息、公共卫生信息、环保监察、安全生产监察、社区信息服务系统等。

尽管中国的城市化进程和信息化、数字化紧密联系互为促进，发展非常迅速，但是，我们也要看到，目前的城市数字化，还存在着一些亟待突破的瓶颈。首先，目前的城市数字化还存在着官僚主义和形式主义的弊端，基本上是以政府治理为中心的，侧重于行政管理、发展规划方面，侧重于宣传展示和政绩展示效能，还没有形成面向社会的实实在在的信息化服务。其次，由于政府管理的条块分割、部门利益冲突，造成大量的信息资源缺少整合，信息化数字化所需要的软件、设备、人才、服务等资源配套没有充分到位。最后，政府需要调整公共财政基本建设的结构，在打造数字化的公共服务平台，产业信息服务平台（云计算中心等）推动信息资源的社会共享、产业和文化创新等方面还有紧迫和艰巨的工作要做。总之，今后一个时期，在数字化城市的建设中，政府的投入和支持还是决定性因素。

广东省已经充分意识到，城市化和信息化、数字化的深度结合在于宽带城市群建设，智慧城市必须积极适应新一代移动通信技术应用以及宽带网络与新一代互联网技术的融合进程。信息化是引领广东未来发展的大战略。广东将信息化建设重点放在珠三角地区，坚持政府引导、运营商主导、社会共享参与支撑的机制，充分发挥市场和政府两只手的作用，通过提升珠江三角洲城市群的集聚辐射功能，带动全省信息化发展。以发展第四代移动通信技术为契机，加大宽带网络基础设施投入，迅速推动创新基地建设，加快提升核心技术创新能力，占领全球技术制高点。推进新一代宽带技术与新一代互联网技术的全面融合，以移动互联支撑大数据、云计算、物联网的应用，积极拓展内容服务，深入实施惠民服务、惠农服务、产业服务和政务服务。①

---

① 本文由深圳大学传播学院传播学专业研究生周辉、刘益贵、谢冰莹、谢丹四位同学承担了至2010年的相关文献和数据的整理工作，特此说明并致谢。

24 小时自助图书馆与学习型城市建设

吴予敏　田　丹　张　萍

摘要　深圳首创 24 小时自助图书馆作为建设全民阅读城市和学习型城市的公共文化服务项目。本文通过深度调研，全面分析自助图书馆的运行管理和读者的使用行为，发现读者满意度较高，具有高度的用户黏性和可持续性。同时也发现在目前建设初期知晓度和使用率较低的原因。从如何提高自助图书馆的知晓率和利用率、更好发挥服务功能、构建良好的用户反馈机制、开发技术功能、提升经营管理能力以及如何扩大社会合作机制等诸多方面提出了切实可行的建议。

一　研究背景和目标

24 小时自助图书馆是基于 RFID 技术（Radio Frequency Identification，射频识别）、网络技术及自动控制技术，可布设公共场所，方便社会读者快速借还图书的装置，它是由深圳市自主研发的文化创新项目，是集传统图书馆、数字化图书馆和智能化图书馆于一身的"第三代图书馆"。深圳市在建设"图书馆之城"五年规划（2006—2010）[①]中将建设 24 小时自助图书馆纳入规划，旨在将图书馆服务送到广大市民身边，使之更充分地享受公共文化服务的便利。

2008 年 6 月，24 小时自助图书馆一期工程建设试点全面展开，截至 2015 年 7 月，深圳市 24 小时自助图书馆数量达到了 221 台。有消息

---

① 中共深圳市委宣传部、深圳市文化局：《深圳市建设"图书馆之城"（2006—2010）五年规划》，2007 年 3 月 2 日发布。http://www.docin.com/p-99767063.html。

报道，2015 年当年，深圳又新增了 20 台自助图书馆，使得全市的自助图书馆达到了 241 台。目前已经累计吸引了超过 15 万人办理读者证，借还图书约 580 万人次、超过 1350 万册次，预借图书超 145 万册次。[①]为深入了解 24 小时自助图书馆建设项目的实施以及便民服务情况，我们于 2015 年 5 月 3 日至 6 月 28 日进行了为期两个月的调研。本次调研主要集中于设在 9 个不同类型区域（公共场所、工业园和科技园区、中小学区、住宅区、综合办公区、城中村、办公区、企业大楼、交通枢纽）的 24 小时自助图书馆，做定点观察、问卷调查和深入访谈，以了解自助图书馆的使用者的人口学特征、社会身份、使用动机、阅读喜好、使用时间、使用体验等，旨在分析评价这一公共文化服务工程的实际效果。

二 24 小时自助图书馆的区位分布、服务功能和管理模式

（一）选址的物理空间与社会空间

深圳的 24 小时自助图书馆分布各区大体均衡。选点的原则是以"1.5 千米为影响力辐射半径，以 1.5 万人口为服务人群覆盖量"为基准进行选点，同时还要考虑空间大小、安全隐患、气候影响等因素。自助图书馆的建馆区位集中分布在住宅区、商业区、工业区及科技园区、城中村、特殊学区场所、综合办公区、交通枢纽等人口密度高的地方。工业区是选址的着重点之一，这是外来务工（农民工）聚集的区域。尽管工业区的使用效果不尽如人意，从培养工人读者的初衷，依然作为建点的重点区域。

（二）技术服务和管理功能

自助图书馆借助计算机网络技术和智能化控制技术，通过终端设备——自助图书馆服务机，为市民提供自助办证、图书借还、预借取书、信息查询、电子资源阅读等服务，是由监控中心、物流管理系统和

---

① 中国经济网转载《深圳商报》报道：《2015 年深圳公共文化服务体系"铺设"到原特区外》，http://www.ce.cn/culture/gd/201601/20/t20160120_8394842.shtml。

众多服务机所构成的图书服务网络，每台服务机在功能上相当于一个"迷你型"社区分馆或流动站、服务点。① 自助图书馆归深圳图书馆管理运营，有负责日常技术维护和监控自助图书馆的管理人员。它突破了传统图书馆固定服务地点和服务时间的局限，是图书馆建设模式、服务模式、管理模式的全面创新。②

自助图书馆根据分布的区域位置覆盖人群的需求配书，如住宅区多为休闲类、养生类的书籍，也会从收回的书目、种类判断相关区域读者的阅读需求，还会参考各大图书馆、图书网站的好书推荐、销售排名作为配书的参考。自助图书馆有24小时接听电话的服务人员，设立了服务电话和故障保修电话，方便读者在使用过程中随时咨询，或报告故障通知维修。技术工作人员就近分片包干，负责维修。

三 自助图书馆使用情况和读者满意度调查

调研者访谈了深圳市图书馆读者部主任刘先生以及65名读者，选点发放问卷96份，收回有效问卷95份。

（一）市民对自助图书馆的知晓度

调研者在地铁做拦截访问，有13%的人知道24小时自助图书馆的存在，其中有25%的人使用过。可见知晓度还处在早期提升阶段。

（二）使用者的性别、年龄、学历、职业、收入分布

自助图书馆的使用者中男性占43.3%，女性占56.7%。20岁以下的使用者占23.3%，21—30岁之间的占46.7%，31—40岁之间的占23.3%，41—50岁之间的占6.7%。青年是自助图书馆的主要使用者群体。从学历分布看，小学及小学以下的为16.7%，大专学历的为10%，大学本科学历的为46.7%，研究生及以上的为26.7%。使用者趋于学历的高端化。读者的职业分布情况为下岗、待业或无业人员占3.3%，农民或外来民工占3.3%，国营、私营、三资企业的工人占6.7%，学

---

① 王秀亮：《关于"24小时自助图书馆系统"的几点认识和思考》，《知识管理论坛》，2013年第5期。
② 吴晞：《大道之行——有器之用：关于自助图书馆的几点思考》，《图书馆论坛》，2008年第6期。

生占 20%，商业服务人员占 3.3%，个体工商户占 3.3%，自由职业者占 10%，一般职员、文员、秘书占 13.3%，专业技术人员、教师、医生占 3.3%，机关、事业单位干部占 6.7%，其他人员占 13.3%。自助图书馆的使用者以有稳定收入、从事白领工作的人群为主。收入分布情况是，3000 元以下的占总使用者的 36.7%，3001—6000 元的占 30%，6001—9000 元的占 16.7%，9000 元以上的占 13.3%。中高端收入占多数，与职业分布相一致。

（三）读者的使用动机和强度

读者的阅读需求分为阅读习惯产生的惯性需求和现实生活产生的发展需求。阅读需求为自助图书馆的推广开辟了空间。

自助图书馆相比传统图书馆模式有一定的时空优势、技术优势和交往优势。传统图书馆不能实现一区多点设置，也不能实现 24 小时全天候服务借阅。定点、定时的传统借阅方式在流动性日益增加的现代城市中就存在着局限性。自助图书馆实现了一区多点设置和 24 小时全天候服务借阅，弥补了传统图书馆的不足。调研显示，绝大多数使用者对 24 小时自助图书馆的便捷性表示满意，一位 80 后 IT 工程师说如果自己的小区里有 24 小时自助图书馆"就太 HAPPY 啦！"

自助图书馆实现了统一平台的联网服务，增强了不同社区之间图书资源的流动性。70% 的使用者觉得自助图书馆的系统比较容易操作，也有 16.7% 使用者感到需要有相应的人工服务配合才能掌握自助图书馆的使用方法。人机交互的便捷性有益于绝大多数使用者。但是也有一些居家的中老年妇女认为自己年龄大，对于技术应用感到难以掌握，存在消极认知。

同辈之间的人际关系也影响着自助图书馆的推广。在以学校为中心的使用群体中，同辈之间示范作用对读者个体行为影响较为明显。调查显示，23.3% 的人是通过老师、朋友、同事或同学介绍使用 24 小时自助图书馆的。南山前海小学的一位学生说，班上很多同学都用，看到他们用我也用了，很方便。

（四）读者的使用偏好

1. 读者大多偏向于纸质图书阅读偏好

偏向于传统阅读派认为纸质书籍带给人们的阅读体验是电子阅读永远无法替代的，电子阅读派认为电子阅读带来的阅读成本的减缩以及阅读行为的便捷是传统阅读永远无法实现的。未来的阅读世界谁将一统江湖，传统阅读派和电子阅读派各执一词。在今天网络图书资源日益丰富的技术环境中，自助图书馆是立足于传统纸质图书阅读习惯的读者偏好的。调研发现，喜欢纸质书籍的读者比喜欢电子书籍的读者更有可能使用自助图书馆。80%的使用者（其中女性读者居多）认为传统阅读方式比电子阅读提供了更多的自主空间，拥有更直接的阅读体验。在访谈中笔者发现，虽然参与问卷调查的读者在阅读形式的偏向上选择了纸质图书，但是他们在实际生活中仍然有阅读电子书的情况。

2. 休闲阅读是主要的使用偏好

调研发现，自助图书馆的流动书目多集中在文艺类、心理类、生活类、普及经典类以及流行书目方面，如《食物相克》《福克纳传》《古龙文集》《战国策》《人际交往》《幸福手册》等，主要是满足读者的休闲阅读需要。选书偏向于大众化和普及化，缺乏一定的专业性，一般较难满足专业阅读需求。

（五）使用者的体验反馈

笔者从自助图书馆选址的合理性、配书的合意度、操作的便捷性、借还书的效率、反馈系统的有效性、持续使用意愿六个方面考察使用者的体验。

1. 选址的合理性

调查问卷显示，20%的使用者认为自助图书馆的位置非常方便自己的借阅，36.7%的使用者认为比较方便，只有6.7%的使用者认为选址不方便。

2. 配书的合意度

首先，我们从读者对图文偏好的类型看，16.7%的使用者喜欢漫画型的书籍，66.7%的喜欢文字型的，33.3%的喜欢图文并茂型的。其次，读者的阅读内容方面，10%的使用者喜欢阅读哲学和宗教，16.7%的喜欢阅读政治、法律，6.7%的喜欢阅读军事，30%的喜欢阅读经济，3.3%的喜欢阅读教育、心理和体育，63.3%的读者喜欢阅读语言、文学，33.3%的读者喜欢阅读艺术，40%的读者喜欢阅读历史和地理。

上述两点对于自助图书馆的配书有影响。33.4%的使用者认为自助图书馆的配书数量能够满足或比较能满足自己的阅读需求，26.7%的使用者认为其数量不能满足自己的阅读需求。在配书种类方面，26.6%的使用者认为能够满足自己的借阅需求，53.3%的使用者认为只是在一般程度上满足了自己的借阅需求，而认为不能满足借阅需求的使用者为20%。

由于自助图书馆的容量有限，配书速度就很重要。30%的使用者认为自助图书馆的图书更换、补充速度非常及时或比较及时，46.7%的使用者认为图书更换、补充速度比较一般，23.4%的使用者认为图书更换、补充速度不及时。在配书合意度方面，自助图书馆仍有改善空间。

3. 操作的便捷性

10%的使用者认为自助图书馆的借阅系统非常容易操作，70%的使用者认为比较容易操作，只有3.3%的使用者认为非常不容易操作。66.6%的使用者认为自己在使用自助图书馆系统时不需要或基本不需要配套的人工服务，有16.7%的使用者认为还需要配套的人工服务辅佐操作。

4. 借还书效率

20%的使用者会在自己上下班（学）的途中使用自助图书馆，66.7%的人根据自己的时间自由选择使用。66.6%的使用者认为非常能够提高或比较能够提高自己借还书的效率，只有3%的使用者认为不能提高自己借还书的效率。可见自助图书馆给了绝大多数读者相当大的时空自由度，借还书体验同样是比较满意的。

5. 反馈的有效性

使用者中超过半数的人很少对借阅过程中出现的问题进行反馈，经常给出反馈意见的使用者仅为10%。超过半数的人几乎从来不使用反馈系统。在观察中笔者发现在借阅过程受阻的读者几乎都选择放弃借阅，没有拨打机体下方的反馈电话进行问题反馈。读者不愿意为此反馈花费时间和口舌，也可能由于拨打反馈电话并不免费。显然自助图书馆的反馈系统的设计和使用方式不足以方便读者即时反馈。

6. 持续使用意愿

70%的使用者表示非常有可能继续使用自助图书馆，23.3%的使用者表示比较有可能继续使用自助图书馆，只有3%的使用者认为自己不可能再使用。这说明自助图书馆完全能够保留既有使用者，并由此持续拓宽使用者的范围。这一技术的应用前景是可观的。

四 自助图书馆和学习型城市建设

构建公共文化服务体系的宗旨是保障实现公民的文化权利,即公民参与文化活动、享受文化成果和开展文化创造的权利。[1] 设置24小时自助图书馆目的就在于实现无差别的平等的自助服务,满足群众的文化需求。

进入21世纪以来,深圳对照联合国教科文组织的《全球学习型城市评价指标体系》,进行创建工作。学习型城市包含教育发展、创新驱动、创意产业、文明素质等,和全民阅读更是密切相关。2015年深圳以地方立法的形式通过了《深圳经济特区全民阅读促进条例》,全民阅读与创建创新型、国际化先进城市的战略紧密结合。

所谓学习型城市,是以终身教育为思想基础,以人的全面发展为目标,以人力资源建设为中心,构建多层次、开放性、社会化的学习网络为载体,促进市民整体素质和城市文明程度不断提升,城市综合竞争力不断增强,具有强劲的可持续发展动力的新型城市。

学习型城市必须具备六个基本特性。第一,学习性。学习成为城市个人生活和社会生活的重要组成部分;各种社会组织和群体都成为"学习组织",体现"人人学习,时时学习,处处学习,事事学习"的社会氛围。第二,主体性。个体和组织构成学习社会的主体,学习成为市民的权利和责任。第三,发展性。学习作为发展手段,将成为每个市民持续、终身的活动。第四,开放性。市民们不分年龄、性别、民族、地位、贫富等差异,人人获得不可剥夺的同等受教育权利,包括学校、图书馆在内的一切社会教育系统均向他们开放,终身学习成为一种良好的社会氛围和社会规范。第五,整体性。学习型城市统合正规学习、非正规学习和非正式学习等形态,以终身教育为基础,整体规划形成一体化的城市社区学习体系。第六,服务性。城市普遍建立学习型组织和广泛的学习支持系统,学习的途径、方法、手段多样,社会所有部门皆能

---

[1] 陈威等:《公共文化服务体系研究》,深圳报业集团出版社2006年版,第98—134页。

提供必要的学习资源，公民可以自由地、无障碍地取得学习的各种资源。①

今天的学习型城市是建立在新技术革命基础上的。信息技术打破传统的技术屏障，为创造更加公平的学习环境提供了条件。传统图书馆通常建在城市中心地带和人口稠密地区，在时间和空间上满足正常上下班的中产阶级和城市有闲阶层的阅读需要。24小时自助图书馆的网络化，则适应了去中心化的社会发展趋势，将服务时间扩张为全天候，在空间区位安排上采取散点分布的模式，其机动性、覆盖性、流动性都超越了传统图书馆，成为传统图书馆的重要补充。网络化的自助图书馆、电子网络的阅读资源以及传统图书馆三者结合，构成今天学习型城市所依托的立体的图书资源结构。深圳在全国率先实现了全市无屏障图书借还的统一平台的建设，使得科技在日常生活情境中产生积极作用，推动了图书馆和文化管理体制的创新。

曼纽尔·卡斯特在《网络社会的崛起》一书中提到的网络的普遍化就是社会的有机性的典型体现。这里的网络并不是指计算机网络，而是指一种广泛的交流与合作重新构筑出来的一个区别于物理世界刚性区隔的世界。② 流动性消解了刚性区隔，使区域与区域之间的联系、人与人之间的联系交流更加频繁。网络社会朝纵深和广延的发展，必然是以人的全面发展为目的。24小时自助图书馆适应了社会流动性和网络化的趋势，将人的阅读行为和他的自由选择结合起来。

五　如何进一步改进和完善24小时自助图书馆

我们在高度肯定深圳24小时自助图书馆建设的成就的同时，也要看到这项公共文化服务，还有进一步完善和发展的空间。

（一）如何提高自助图书馆的知晓率和利用率？

调研发现，尽管自助图书馆技术先进，但是市民的知晓率和利用率并不很高。这除了需要进一步增加布点以外，也有宣传和推介的问题。

---

① 裘伟廷：《学习型城市的构建》，《宁波广播电视大学学报》2003年第7期。
② ［美］曼纽尔·卡斯特：《网络社会的崛起》，社会科学文献出版社2006年版。

目前24小时自助图书馆仅有的宣传方式是在装置机位的社区进行现场宣传，基本没有利用各类媒介上的公益广告，也没有对自助图书馆的使用进行示范告知。自助图书馆的宣传周期较短，缺乏反复性，宣传的时段和地段也很少考虑潜在读者的行为习惯。目前城市媒体中渗透力很强的地铁车厢视频、楼宇电梯广告、社区专栏广告等，以及GPS定位在手机平台上的推广方式都可以投放自助图书馆的服务广告。

（二）如何更好地发挥自助图书馆的预借图书的功能？

预借图书的功能是24小时自助图书馆的最有使用价值的一项功能。市民通过图书馆网站预订图书，图书馆会在48小时内通过物流把书送到市民指定的自助图书馆站点。此项功能如能得以充分发挥，一台自助图书馆的藏书量的限制就可以被突破。我们在调查中发现，部分读者经常使用24小时自助图书馆的预借书功能。他们添加了深圳市图书馆的微信，在手机上进行预借书或者续借书的操作。但是也有读者表示不知道24小时自助图书馆还有微信功能，有的时候虽然系统提示库存有书但是却无法进行预借书的操作。现在24小时自助图书馆隶属于深圳市图书馆的管理系统，它没有独立的微信公众服务号，这种隶属关系虽然有助于统一平台的信息建设与管理，但也会由于深圳图书馆统一公众服务号的内容过于庞杂，导致一些有用的功能被淹没。从管理者角度看来便捷安全的设置，对于读者使用体验来说却并不方便简洁。

（三）如何增加与读者的黏性？

调研发现，广大读者并没有将24小时自助图书馆作为一项自助服务功能绑定至自己的手机，这使得自助图书馆失去了与读者保持黏性的最佳渠道。目前读者和24小时自助图书馆之间的关系受制于物理空间，是非常松散的，仅靠读者的阅读习惯或阅读冲动来维持。24小时自助图书馆总体上还没有充分利用信息技术，没有实现对读者一对一的精准推送服务。事实证明，手机平台的24小时自助图书馆和实体机位、图书馆网络的连接势在必行。

（四）如何开发读者借阅数据库？

传统图书馆的读者借阅数据库仅仅保留读者的借阅历史，主要用于统计图书周转率、验证读者信誉、保障图书安全，其功能是比较有限的。自助图书馆应该建立的读者借阅数据库，要以读者借阅的基本信息为基础做大数据分析，主要分析读者的阅读偏好、阅读频次，为读者进行阅读行为画像，将读者分类标签化，从而优化图书推送服务，并能产生更多的文化服务效应和出版市场的指引效应。

（五）如何实现图书馆组织的社区化？

目前，深圳的24小时自助图书馆已经遍布各区，深入街道社区，但是，我们在调研中发现，自助图书馆在其所处的社区空间中实际上处于一种无组织状态。社区组织不对自助图书馆运行维护负责，也缺少推广宣传的义务和热情。甚至很多社区工作的负责人对24小时自助图书馆的使用情况几乎完全不了解。图书馆组织的社区化是丰富社区文化生活，提升社区信息化程度的重要途径。24小时自助图书馆需要在统一管理和去中心化之间找到一个平衡，探索与社区图书室、企业图书室等结合的运营管理模式。如果24小时自助图书馆和所处社区组织能够相应地承担部分管理责任，与深圳市图书馆的管理中心之间形成一种张弛有度的管理网络，就可以促进24小时自助图书馆与所处社区的深度融合，使得自助图书馆更具社区特色。

（六）如何解决24小时自助图书馆的资金困境？

目前24小时自助图书馆的建设全部依赖政府的财政支持。由于公共服务的非营利性，自助图书馆现阶段的投入产出比令人担忧。调研者在地铁的随机抽样访谈资料显示，仅有13%的人知道24小时自助图书馆的存在，使用过的人仅有3%。要培养利用自助图书馆的阅读习惯还须假以时日。目前自助图书馆经费主要用于建设和维护，在服务和宣传方面的投入严重不足。因此，自助图书馆的数据开发、公益赞助、多方合作成为解决资金困境的思路。

24小时自助图书馆固然是公益事业，但是这不妨碍它的陈设和网络也可以作为广告载体。自助图书馆不仅具有引人注目的高科技外观形象，而且渗透于各区基层和人口聚集地，并具有网络化黏性人群的潜质，这都符合新型广告载体开发的条件。从传播内容来看，活跃的城市文化氛围与频繁的文化交流活动、图书推介、文化名人活动等，都可以成为很合适的广告内容。这不仅开辟了自助图书馆的盈利空间，也丰富了自助图书馆的形象宣传。

（七）如何改进人工服务？

我们调研发现，由于技术和管理的不足，24小时自助图书馆有时会出现借阅过程受阻、预借书无法取出、投诉反馈缺少回应、反馈电话收费等情况，大大削减了读者反馈的效率。尽管自助图书馆科技含量与自助水平很高，但不等于说就不需要相应的人工服务了。问卷调查显示，16.7%的人表示需要相应的人工服务来指导操作。这是24小时自助图书馆初期推广的时候需要重视的。为了解决反馈系统使用方面的问题，可以设计将借阅记录和反馈记录统一，以简便的方式训练读者熟练使用反馈系统。24小时自助图书馆的人工反馈成本会较高，因此可以考虑使用人机程序对话加以弥补。

（八）如何认知自助图书馆的未来？

客观而言，今天我们对于24小时自助图书馆的认识还是有一定局限性的，仍然没有脱离将它看作"传统图书馆的补充与延续的角色"的看法。我们说，24小时自助图书馆本身应该成为一种服务，而不是仅指它内含的书籍才是一种服务。读者随时随地在24小时自助图书馆面前真正地表现出的读书需求，可以产生真正有用的大数据。通过大数据分析，实现智能化配书，一对一精准输送，甚至在将来，实现一对一的精准出版供给，都是有可能的。只要纸质图书不被电子图书完全取代，自助图书馆就必然成为未来学习型城市重要的依托网络，成为人们文化生活不可或缺的工具和伴侣。

学习型城市是城市发展的理想社会形态，也是每个市民终身学习的理想生活环境。它的形成是城市的变革趋势，也是知识经济时代社会进步和教育发展的共同要求。24小时自助图书馆以其特有的技术优势和时空优势（全天候无间断服务与区域散点分布去中心化）给居民创造了时时学习、处处学习的便利条件。24小时自助图书馆的有效使用提升了使用者的阅读自觉性、主动性以及文化素质，将城市的阅读文化变成城市的一种独特景观和新的文化传统，探索出普遍公平的文化权利的实现途径。

公共文化服务信息平台比较分析

陈雅雪　易柏伶

摘要　公共文化服务信息平台作为公共文化服务体系的重要组成部分，是连接公共文化与市民参与的重要纽带。它应当具备四大基本功能：公共文化服务信息传递、城市公共文化服务信息资源整合、实现文化信息资源共享和公众教育培训、促进信息反馈、社会互动和文化认同。本文抽取门户网站和微信订阅号两大类的公共文化服务信息平台，进行比较分析，并通过调查分析线上和线下的公共文化活动，探究目前平台建设的状况、存在的问题以及改进的思路。

一　研究问题的提出

公共文化服务信息平台建设，是公共文化服务体系建设中的重要一环。从"文化立市"到"智慧深圳"，无不强调文化和信息的重要作用。《深圳市国民经济和社会发展第十二个五年规划纲要》提出要"加快建设智慧深圳"，就是要实施信息化带动战略，把信息化作为创新驱动、产业升级、城市发展的重要支撑。[①] 在《深圳市文化发展十二五规划》中，政府提出要"提升公共文化信息服务水平"，具体来说就是要适应信息化建设的需要，实施数字文化工程，加快建设数字图书馆、数字博物馆、数字美术馆和网上剧场，形成资源丰富、技术先进、服务便捷的公共文化信息资源共享系统和网络服务平台。除此之外，还要完善

---

① 深圳市人民政府：《深圳市国民经济和社会发展第十二个五年规划纲要》，深圳新闻网：http://news.sznews.com/content/2011—03/29/content_5481000.htm，2011年3月29日。

公共文化场馆服务和品牌文化活动服务指引，健全文化活动信息定期发布制度，为市民提供及时便捷的公共文化服务信息。

中国的公共文化服务体系建设是一场发展与改革交织的深刻实践。① 公共文化服务信息平台的服务对象是公众，传播的是文化类信息，是通过信息平台（比如网站、媒体、移动媒体等）来实现其功能的。目前，深圳市"文化信息资源共享工程进展顺利，初步形成了覆盖全市的文化信息网。"② 但是，文化信息传播的方式以及传播效果却很少有学者做过具体的分析。《深圳文化蓝皮书（2014）——全面深化改革与城市文化建设》中提出当前深圳市公共文化服务所存在的主要问题之一是"未能建立必要的公共文化需求反馈机制，未开展公共文化服务满意度调查"。③ 多数关于公共文化信息平台的论述都集中在理论层面，而不是实践效果层面。这使得大部分对于公共文化服务信息平台问题的分析都流于表面，很难对其中存在的问题"对症下药"，解决问题的对策也就如同"隔靴搔痒"。"公共文化服务体系建设既是一个理论问题，更是一项复杂的社会实践。"研究公共文化服务信息平台，如果仅仅从宏观的角度论述而没有通过实际的调研来发现问题，则理论也是空对空。④

本调研小组利用传播学的理论和方法，从各个信息平台的架构和内容入手，再通过对信息平台编辑的专访，进一步比较分析多个组织机构的不同平台，尤其是移动互联网平台，对公共文化服务信息平台传播的效果进行分析，从中总结成功经验，也可找出影响传播效果的关键问题。我们特别注重移动媒体在信息平台建设中的重要作用。这是因为移动互联网是社会生产的新工具、科技创新的新平台、公共服务的新手段、文化传播的新载体、民意表达的新渠道、生活娱乐的新空间。我们试图从移动互联网的角度探析未来公共文化服务信息平台的出路。

公共文化服务信息平台关乎"维护和实现公民的文化权利，是政府

---

① 张晓明、李河：《公共文化服务：理论和实践含义的探索》，《出版发行研究》2008年第3期。
② 陈威：《公共文化服务体系研究》，深圳报业集团出版社2006年版。
③ 彭立勋：《深圳文化蓝皮书（2014）——全面深化改革与城市文化建设》，中国社会科学出版社2014年版。
④ 陈希琳：《公共文化服务体系需满足群众基本需求》，《经济》2011年第7期。

必须承担的基本的公共责任"。在市场机制下，一些弱势群体的文化权利很难得到保障，这就需要政府通过完善的公共文化服务体系建设来解决这些问题。解决方案之一正是通过信息平台，让更多的人（特别是弱势阶层）接收到这些公共文化服务信息。在某种程度上说，这是公民实现基本文化权利的前提。深圳市作为改革的先锋，有着更加复杂的社会环境。这就需要深圳在分析本市信息平台的同时，也要借鉴其他城市或者外国的经验，努力打造能够体现平等精神的文化市场体系和公共文化服务信息平台。

公共文化服务信息平台作为公共文化服务体系的重要组成部分，是连接公共文化与市民参与的重要纽带。① 其首要而基本的功能便是信息传递的功能。如何更好地将公共文化服务的信息，包括讲座、展览、演出等宣传预告信息快速有效地传达给公众，成为衡量信息平台建设是否良好的首要指标。其次是信息资源整合功能。公共文化服务信息量大，形式多样，信息发布的途径也不同，从方便受众接收信息的角度看，对重要和关键信息的整合也是公共文化服务信息平台的重要功能。再次是公共文化信息平台还肩负着资源共享和教育培训功能。公共文化信息知识经过整合，能使时间忙碌的公众，尤其是大量的进城务工人员及弱势群体足不出户也能分享文化信息。最后是社会互动的功能。公共文化服务信息平台必须提供反馈、调查与评估渠道，及时地了解受众的提议和需求。在本次调查中，我们对门户网站的分析就依据这四大功能来设计公共文化服务信息平台功能分析表，对这些平台进行内容分析。

深圳市文化信息办公室曾提出，要构建深圳市公共文化信息服务网络的目标。② 目前看来，网上图书馆，网上博物馆，网上美术馆，网上音乐厅等建设均已初有成就。但由于电子技术，网络技术，移动通信技术的蓬勃发展，在"三网融合"的年代，微博、微信等手机移动终端所支持的社交、娱乐、电子支付等功能已经成为人们生活中不可或缺的重要部分，公共文化服务体系是否应顺势而为，把握信息技术的前沿趋势，打造新一代的公共文化服务信息平台？在新媒体环境下，了解微

---

① 黄燕：《浅谈公共文化服务信息平台的建设》，《群文天地》2011 年第 12 期。
② 《深圳市公共文化服务体系建设规划（2013—2015）》，深圳市文体旅游局网站，http：//www.szwtl.gov.cn/showPinfoPage.action?guid=4bdbadb648c61b190149f56d923f0173。

博、微信的使用可以促进公共文化服务在观念、体制、模式、结构和效能等服务要素的创新，适应公众新的生活方式尤其是接收信息的习惯，以便更好地提高服务质量。

本文将运用文本分析方法，对深圳市涉及所有公共文化服务的大型门户网站、微信订阅号等信息发布平台现状作整体性的分析描述，并选取代表性的网站和新媒体的个案进行研究，对受众的使用状况和线下的运营方式进行实地问卷调查和采访，进而对深圳市公共文化服务信息平台建设提出建议。

二 研究对象的界定

本次调研选定两类公共文化服务信息平台：门户网站、微信订阅号。

（一）门户网站

1. 图书馆类

包括深圳图书馆、深圳大学图书馆、宝安图书馆、福田图书馆、南山图书馆、罗湖图书馆、龙岗图书馆、盐田区图书馆、光明新区图书馆、坪山新区图书馆、深圳市少年儿童图书馆、深圳市科技图书馆等官方网站。

2. 博物馆、纪念馆类

包括深圳市博物馆、深圳古生物博物馆、陈郁故居博物馆、南头古城博物馆、天后宫博物馆、中英街历史博物馆、深圳（宝安）劳务工博物馆、深圳市宝安区老战士纪念馆、中共宝安"一大"纪念馆、龙岗客家民俗博物馆、东江纵队纪念馆、白石龙文化名人营救纪念馆、大鹏所城博物馆、大鹏新区大鹏办事处华侨纪念馆。

3. 艺术馆、文化馆、画院类

包括何香凝美术馆、深圳市群众艺术馆、关山月美术馆、深圳画院、深圳美术馆、福田文化馆、罗湖区文化馆、OCT当代艺术中心、南山区文化馆、盐田区文化馆、宝安画院、宝安区群众文化艺术馆、大芬美术馆、龙岗区文化馆、光明新区文化馆、坪山新区美术馆、观澜版画原创基地、龙华文化艺术中心。

4. 演艺场所和文化品牌活动类

包括深圳读书月、深圳市民文化大讲堂、鹏城金秋社区文化艺术节、外来青工文体节、文博会艺术节、创意十二月、美丽星期天、戏聚星期六、剧汇星期天、文物鉴定咨询活动、光影星期五；深圳交响乐团、深圳粤剧团、深圳音乐厅、深圳大剧院、深圳市少年宫剧场、深圳戏院、深圳保利剧院。

（二）微信订阅号

包括阳光福永、文化福永、罗湖社区家园网、福田文体通、文化莞城5个微信订阅号。

上述研究对象，基本上包括了目前深圳市主要的公共文化服务的机构平台，有较高的代表性。研究中还参照了一个东莞市的公共文化服务信息平台。

三 网站分析

（一）堪称典范——图书馆网站

研究对象中的目标图书馆中，除了坪山新区图书馆（新馆），都有各自独立的门户网站。相对其他类别的文化场馆，深圳市各个图书馆的网站的建设可以说相对较好，基本功能都比较齐全，信息量较为丰富。以深圳市图书馆为例，版块功能结构较为完整，信息量丰富，整体设计风格给人时尚舒适之感。其他各区的图书馆基本功能展示也比较好，尤其是龙岗图书馆、光明新区图书馆、福田图书馆的网站建设更让人印象深刻。重点展示版块特色突出、引人入胜。如光明新区图书馆的重点推介好书板块，充分体现了文化网站的资源共享功能。龙岗图书馆网站将读者服务版块作为重点，并且展示了移动客户端二维码和APP，沟通反馈功能完备，在新媒体技术应用方面与时俱进。福田图书馆网站重点展示是讲座、艺苑等活动板块，这突出体现了福田区文化活动丰富，参与踊跃的特点。宝安区图书馆网站重点展示的是搜索功能，方便读者直接搜寻图书，服务很贴心。各区的图书馆都有自己的移动客户端或微信公众号等，新媒体建设方面比较先进。

在图书场馆网址之间的相互链接上，深圳市图书馆做得最好，基本展示了深圳市重点图书馆的链接。但是其他的图书馆网站几乎是相对独立的，没有体现出馆际交流沟通。这可能反映了图书馆系统的行政等级和管辖权限意识。

笔者线下采访了深圳市图书馆的网站运营负责人，咨询了信息发布和更新速度、活动推广、公众反馈，以及新媒体运营的相关问题。深圳市图书馆网站作为信息发布总平台，信息的更新会提前半个月做好排期，并挑选出相对重要的信息利用新媒体进行推送；活动的推广包括线上线下，同时也联系各类媒体发布；也会有专人处理群众的意见反馈，从图书馆网站的运营来说，深圳市图书馆可以算是公共文化服务信息平台的典范。深圳市各主要图书馆的网站特点见表1。

表1　　深圳市各主要图书馆网站功能特点一览

名称	基本功能	重点板块	信息更新速度	新媒体展示	突出优点/特点	突出不足	评价
深圳图书馆	齐全	书籍检索，活动通知	以天为单位	有	外观时尚，功能齐全，信息资源丰富	—	优秀
宝安图书馆	齐全	书籍检索	以天为单位	有	—	无馆际链接	良好
深圳大学图书馆	齐全	馆藏资源	以天为单位	有	信息资源丰富，面向师生教学研究需要	无馆际链接	优秀
福田图书馆	齐全	活动通知	以天为单位	有	活动信息丰富	无馆际链接	良好
南山图书馆	齐全	移动媒体微信号展示	以天为单位	有	—	无馆际链接	良好
罗湖图书馆	齐全	无	以天为单位	有		无馆际链接	良好
龙岗图书馆	齐全	读者服务，移动新媒体	以天为单位	有	外观设计不错	无馆际链接	良好
盐田区图书馆	齐全	无	以天为单位	有	信息量丰富	无馆际链接	良好
光明新区图书馆	齐全	新书推荐	以天为单位	有	信息量丰富	无馆际链接	良好
深圳市少年儿童图书馆	齐全	新书推荐，活动通知	以天为单位	有	信息量丰富	无馆际链接	良好
深圳市科技图书馆	齐全	文献检索，活动通知	以天为单位	有	面向学生	无馆际链接	优秀

图书馆基本上都很注重做到线上服务和线下活动相结合。我们选取了深圳图书馆某次讲座活动的受众进行问卷调查，试图了解受众信息的来源和对于图书馆信息平台传播效果的满意度。在调查中，一共发放问卷 80 份，有效问卷 68 份。调查对象中男女比例分别为 47.1% 和 52.9%。未婚人士占 73.5%。听讲座的公司职员占 73.5%，劳务工和学生均为 7.4%。其他社会人士为 10.3%。听众中年龄在 18—29 岁的最多，占 70.6%，月收入在 4001—8000 元的有 47.1%，独自前来听讲座的有 66.2%，和朋友、同事一块来的有 29.4%，66.2% 的人的参加动机都是为了学习知识。这些人也都是各级图书馆的基本读者群。这一状况很清楚地说明了深圳作为一个年轻的、经济发达的学习型城市的听众特点。

　　在获得讲座信息的主渠道方面，23.5% 的人通过深图微信公众号，19.1% 的人通过深图官方网站，17.6% 的人通过微信朋友圈，13.2% 的人通过深图海报，10.3% 的人通过朋友口头告知，7.4% 的人通过其他网站。可见深图微信公众号和官方网站是图书馆服务信息的主渠道。而在场听众在选择最为便利的信息平台时，"深图微信公众号"和"微信朋友圈"占据最高的比例，分别是 37.3% 和 22.4%，这说明大部分的调查对象基本依赖手机获取公共文化服务信息，以往的大众传媒已经不再是人们接收信息的主渠道。有 97% 的调查对象认为全市有必要建立一个定期发布公共文化活动信息的综合性的公众号。

（二）美中不足——博物馆网站

　　目前笔者在网上只能搜索到深圳市博物馆、深圳（宝安）劳务工博物馆、龙岗客家民俗博物馆、大鹏所城博物馆这四个馆的门户网站，其中大鹏所城博物馆还不是完全意义上的博物馆门户，是大鹏所城景点网站中的一部分。其他的博物馆都没有建立自己的网站，都是依托如深圳本地宝、各区的某些官方网站、旅游网页等介绍馆藏内容和展览信息，信息过于零散，搜索起来极不方便。总之，深圳市博物馆系统的网站建设很不健全。

　　在已经建好的四个场馆网站中，深圳市博物馆网站堪称典范，两大重点板块着重展示博物馆体验区，还设置了互动和体验版块，上传了有关博物馆介绍和文物介绍的视频，对于不能亲临博物馆参观的人们来说，可谓是虚拟的观赏途径。深圳市博物馆网站非常注重公众参与和体验；最新消息、城市记忆、参观服务等板块也做得比较到位。特别是城市记忆版块，记载了深圳从一个落后的边陲小县一跃而成为一座美丽的大城市的历史，有助于增强人们对深圳的认同感。深圳市博物馆网址与其他城市的博物馆链接的资源也比较丰富。唯一遗憾的是，没有看到有微博和微信公众号等新媒体的功能引导。

龙岗客家民俗博物馆网站充满了古典文化气息，内容板块也比较齐全，可惜缺少重点板块的介绍。其独特的地方是设有电子期刊年刊，进行文化习俗解读和活动介绍，在培训教育方面做得较好。遗憾的是，该馆同样没有微博和微信公众号等新媒体的功能引导。

深圳（宝安）劳务工博物馆突出体现为劳务工服务，提供精神文化、信息传递功能很突出。该博物馆以展示为主，还开展很多活动，普及政策法规知识等，非常贴近劳务工的生活和历史。表2列举了这些博物馆网站的特点。

表2　　　　深圳市4家博物馆网站功能特点一览

名称	基本功能	重点板块	信息更新速度	新媒体展示	突出优点/特点	突出不足	评价
深圳市博物馆	齐全	博物馆体验区、互动体验区	以天为单位	无	体验效果佳，城市记忆版块有新意	—	优秀
深圳（宝安）劳务工博物馆	齐全	活动通知	以天为单位	无	面向劳务工，信息资源丰富	—	优秀
龙岗客家民俗博物馆	齐全	无	以天为单位	无	古典文化气息浓厚，设电子年刊	—	优秀
大鹏所城博物馆	不齐全	文物展示	以天为单位	无	—	无馆际链接	良好

（三）参差不齐——美术馆、艺术馆、文化馆、画院类网站

深圳的美术馆、文化馆、画院类网站的建设则参差不齐。一般美术馆和画院都有各自的网站。艺术馆中只有华侨城OCT当代艺术中心拥有门户网站。文化馆中只有罗湖区文化馆有自己的门户网站。在美术馆

和画院中，关山月美术馆、何香凝美术馆、华侨城的华·美术馆是建设得最好的，各方面的版块功能也相对齐全。华·美术馆是设计艺术馆，充满了时尚气息。关山月美术馆在这三个网站中更为优秀，无论是版块功能、信息更新，还是沟通交流方面都比较完善。这三个网站具备了美术馆网站的特点，都是以讲座、展览、活动预告作为重点板块。何香凝美术馆因为有国家侨办的支持背景，在对外交流方面做得更好，与世界上各大著名博物馆和美术馆均有链接。而深圳其他的美术馆和画院的网站就不够完善。深圳美术馆网站，信息更新速度不快，也没有重点版块的展示。宝安画院连最基本的简介和参观须知都没有。观澜版画原创基地、大芬美术馆相对来说好一些，但是整体上从信息内容、服务功能到形象外观都没有上述三个网站那么优秀。

华侨城OCT当代艺术中心网站的信息几乎全是展览和活动的公告，尽管板块设计功能齐全，包括新闻、参观、收藏和公共教育等部分，但是信息资源相对贫乏。作为商业化的运营机构，网站建设差强人意。OCT当代艺术中心拥有自己的微信公众号，对订阅账号的客户推送消息比较方便，不需要通过门户网站。

罗湖区文化馆网站只是发布一些演出和活动的消息，2008年后几乎无任何更新。而在2008年却是每天更新信息的。这可能说明网站内部管理出了问题。表3列举了深圳部分艺术和文化类网站的特点。

表3　深圳部分艺术馆、文化馆、画院类网站功能特点一览

名称	基本功能	重点板块	信息更新速度	新媒体展示	突出优点/特点	突出不足	评价
何香凝美术馆	齐全	展览等活动通知，文物展示	闭馆维修	无	体验效果佳，城市记忆版块有新意	—	良好
关山月美术馆	齐全	展览等活动通知，文物展示	以天为单位	有	外观佳，信息量丰富	—	优秀
深圳美术馆	不齐全	文物展示	无	无	—	信息更新速度不快	一般
华·美术馆	齐全	展览等活动通知，文物展示	以天为单位	有	外观佳	—	良好

续表

名称	基本功能	重点板块	信息更新速度	新媒体展示	突出优点/特点	突出不足	评价
宝安画院	不齐全	展览等活动通知	无	无	—	信息量不足，更新慢	较差
大芬美术馆	齐全	文物展示	以月为单位	无	—	—	一般
坪山新区美术馆	齐全	展览等活动通知，文物展示	以天为单位	无	—	—	一般
观澜版画原创基地	齐全	展览等活动通知，文物展示	以天为单位	无	—	信息量丰富	良好
OCT当代艺术中心	齐全	展览等活动通知，文物展示	以天为单位	有	新媒体运营较好	外观一般	良好
罗湖区文化馆	不齐全	活动通知	无	无	—	2008年后无更新	较差

（四）浓厚的商业气息——演艺场所和文化品牌活动网站

文化品牌活动中，拥有门户网站的可谓少之又少，只有"市民文化大讲堂"和"戏剧星期六"拥有门户网站，而且这两个网站都建设得比较好，着重强调的不是信息传递的功能，而是资源共享和教育培训功能。这两个网站发布了往期讲座或演出的视频，即使人们当时不能亲临现场，也能够通过网上视频观看讲座和演出，达到了公共文化信息平台服务的真正目的。这两个网站的建设也给其他的文化品牌活动一些启示。网站的建设对于文化品牌建设是非常重要的一环。而要做好这一点，必须有很好的规划设计，也要有可持续的运营、维护和保障措施。演艺场所基本上都是商业性网站，以广告宣传和门票销售为主。在信息传递和形象推广方面的功能板块较为齐全。

四 微信订阅号分析

（一）微信订阅号的基本情况

本次调查利用内容分析表，从功能介绍、阅读订阅人数、信息内容、新闻来源、点赞人数等方面分析了5个微信订阅号,分别是"阳光福永""文化福永""罗湖社区家园网""福田文体通"和"文化莞城"。"阳光福永"是由福永街道办事处主办的公共服务账号,内容比较全面,其中有公共文化内容板块;"文化福永"是由福永街道文体中心主办的,以公共文化服务信息为主;"罗湖社区家园网"是由罗湖区委宣传部主办,涵盖全区所有街道社区,是目前建设较为完善的微信平台,影响力较大;"福田文体通"是由福田区文体局的官方微信平台,以丰富的公共文化服务见长;"文化莞城"是由东莞莞城街道办事处创办的公共文化信息平台。这5个账号基本上反映了深圳和东莞基层政府的公共文化服务信息平台的建设情况,具有一定的代表性。(见表4)

表4　　深圳和东莞5个代表性微信订阅号的功能介绍

名称	微信号	功能介绍
阳光福永	syzgfy	福永街道社会服务管理微平台
文化福永	fywhtyzx	福永街道文化体育中心是福永街道办事处的事业单位,下辖福永杂技艺术团和十五个群众性文化体育协会,是街道精神文明建设和展示先进文化的重要窗口,1998年被评为广东省特级文化站
罗湖社区家园网	luohu	罗湖社区家园网是罗湖区委、区政府为辖区百姓创办的开放式网络平台。由区委宣传部管理。自2007年4月28日开通以来,家园网深受辖区百姓喜爱,被誉为"罗湖区的民意直通车"
福田文体通	szftjsf	"福田文体通"是福田区文体局推出的以移动互联网为支撑的公共文体即时通信惠民平台,通过设立"文化功能区"和"福田健身房"两大核心模块,整合辖区公共文体资源,为辖区居民提供最新文体资讯、场馆预定、活动报名等更为便捷的公共文化体育惠民服务
文化莞城	wenhuaguancheng	东莞市莞城街道办事处的官方微信平台,突出莞城作为东莞市老城区的文化底蕴和文化特色,为辖区居民提供丰富的公益文化服务

（二）上述微信订阅号的特点分析

1. 政府主导为主，服务和宣传并重

和目前国内公共文化服务体系建设以政府为主导地位相符合，5个微信订阅号均由政府主办。值得注意的是，尽管这些订阅号具有官方背景和管理模式，但是都并不给出一副行政面孔，而是通过文化展示与公共服务的项目内容深度结合，体现出便民服务意识和文化定位。

2. 公共文化服务的内容多样化

这些订阅号内容不尽相同。"阳光福永"侧重于转载政府、政策各类新闻，文化类信息相对较少；"文化福永"则以文化活动为主，但因为覆盖面和项目内容有限，更新时间不确定，影响力较小；"罗湖社区家园网"创办时间长，定位非常清晰，以社区的全方位公共服务为基本内容，切合当地居民的生活需要，甚至成为当地居民不可或缺的城市生活指南和政策引导工具；"福田文体通"则根据文体局的业务服务领域，从居民实际需求出发，让订阅号在"免费健身、免费预订场馆"等方面发挥实际作用，大大增加了受众的黏度；"文化莞城"以传播东莞的传统文化和时尚文化为主，更像一份生活类综合电子报纸。

3. 隐蔽的商业化自媒体

政府主导的微信订阅号本质上是公益服务性的。如"阳光福永"和"文化福永"所发布的内容中没有商业信息。"文化莞城"和"罗湖社区家园网"中则存在一定的广告信息。特别是"罗湖社区家园网"，不仅有各种商业的抢票、抢红包、免费抽奖等文字内容，也有宣传某些商家的视频内容。不过，这些广告与传统媒体比较起来，更类似于"软广告"，以富于亲和力的方式传达给受众。可见公共文化服务信息平台的影响力、专业化和商业性是成正比的。平台设计和运作越专业化，粉丝量越多，阅读量越大，其商业利用的价值也越明显。这些订阅号显然是由第三方公司代为设计和运营的，政府负责的是内容把关和部分经费的支持，其他运作还需要由第三方来投入，从而使得这些订阅号在达到专业化高水平的同时，也等于开发了自媒体传播平台。虽然商业化在一定程度上吸引更多的人订阅该账号（比如较多的抽奖活动），但是作为公共文化服务信息的平台，订阅号也要警惕商业化的侵蚀。如果商业化的内容过多，必然影响到订阅账号的"公共"属性。比如"罗湖社区家园网",多频次、长时间的视频广告在某种程度上削弱了公共服务功能。

五 结论和建议

通过对深圳市公共文化信息服务平台的网站建设与微信公共平台建设的对比分析以及对部分公众的满意度调查,我们认为公共文化服务信息平台建设要从以下几个方面着手加以完善:

第一,网站先行,搭建多种平台。在移动客户端盛行的当下,门户网站作为公共文化服务信息的总枢纽依旧是不可或缺的。深圳图书馆的案例证明,门户网站建设得好,移动客户端依然可以依托于门户网站来运营发展。网站作为一个统一的信息发布平台,便于信息的整合利用,交叉传递,可以更全面地服务公众。各大门户网站需要拓展信息资源,并可以更多地向与公众互动,开展教育培训方向发展,增强公众的参与感。

第二,整合资源,提高信息质量。深圳市目前缺乏一个完善的公共文化服务信息平台。海量的订阅账号,五花八门的内容虽然为公众提供了大量的文化信息,但是也存在信息碎片化和质量不高的问题。公众没有足够的时间和精力去筛选这些文化信息。在政府主导下开设公共文化服务信息的总平台,对于公众来说是期盼的。

第三,媒介转型,拓展移动平台。从公众文化服务信息平台满意度调查得知,有超过一半的调查对象是通过移动媒体获知活动信息,并且有95.6%的调查对象愿意通过手机接收文化信息的推送,这为未来的文化服务信息平台建设提供了方向。媒介的转型,也可以让更多的外来务工人员接收到文化服务信息。

第四,定向推送,未来发展趋势。未来的公共文化服务信息平台要注重个性化的功能设置,根据人的订阅和浏览行为进行特定信息的个性推送。要实现这一点,必须打破行政化的藩篱,连接各个公共文化服务的信息孤岛,创造一个更加综合的智能化的公共文化服务信息平台。

博物馆的公共文化服务与公众满意度

石筱夏　宋景朵

摘要 博物馆作为公共文化服务的实施主体，不仅是陈列、展示、宣传人类文化和自然遗存的重要场所，也是国民教育体系的重要组成部分。深圳利用城市发展的优势，初步建立了公办和民办相结合的博物馆体系。本文侧重分析两类博物馆的公共文化服务特点，并对大型综合博物馆和特色博物馆（劳务工博物馆）进行了抽样问卷调查，从而揭示了博物馆观众的人员结构、参观动机、文化需求，提出了改进博物馆建设的建议。

一　研究背景及意义

博物馆象征着一个国家文明程度和社会进步程度，也是一个城市科技、人文、资源等综合实力的反映。博物馆作为公共文化服务的实施主体，不仅是陈列、展示、宣传人类文化和自然遗存的重要场所，也是国民教育体系的重要组成部分。

为了促进博物馆事业发展，满足公民精神文化需求，提高公民思想道德和科学文化素质，文化部和国家文物局于2004年3月发布了《关于公共文化设施向未成年人等社会群体免费开放的通知》。2008年1月，中共中央宣传部、财政部、文化部、国家文物局又发布了《关于全国博物馆、纪念馆免费开放的通知》，提出了三个"有利于"的公共文化服务政策：有利于完善我国现代国民教育体系和履行教育功能，有利于发挥博物馆和纪念馆作为公益性文化机构的社会价值，有利于加强国际文化交流和中华民族优秀文化的宣传推广。近年来，国内各省市自治区对各地博物馆投入了大量的人力和财力，加大基础建设和丰富馆藏。博物馆则通过开展丰富多彩的文化展活动服务于大众。在博物馆热闹景象背后，公众对博物馆的公共文化服务是否满意成为我们关注的问题。

本课题立足深圳地区的博物馆（包括公办博物馆与民办博物馆）的建设及其提供的公共文化服务，选择有代表性的三个博物馆——政府管理的综合性的深圳博物馆、区级财政支持的宝安劳务工博物馆以及纯粹民营的中国青瓷博物馆，进行实地调研，分别从博物馆管理者和参观者的不同角度对博物馆公共服务进行专题研究和量化分析，以总结博物馆建设和服务的经验，促进博物馆更好地发挥公共文化服务职能。

二 深圳市博物馆整体状况描述

据《2014年深圳市公共文化服务指引》统计，深圳市共有32家博物馆（不含商业性的博物馆），其中公办博物馆11家，民办博物馆21家（其中罗湖区的深圳古生物博物馆是公私合营，在此将其归类于公办博物馆的行列），各区分布情况如表1所示：

表1　　　　深圳市公办/民办博物馆分布区域情况　　　　单位：家

福田区	罗湖区	南山区	盐田区	宝安区	龙岗区	光明新区	坪山新区	龙华新区	大鹏新区
1/3	1/2	3/3	1/0	1/6	1/2	0/0	1/1	1/4	1/0

根据深圳市文物管理办公室向当地媒体披露的信息，截至2014年年底，经正式批准并登记注册的各类博物馆有41家，其中公办博物馆15家，民办博物馆26家。①

（一）公办博物馆

深圳市共有11家公办博物馆：福田区的深圳博物馆，罗湖区的深圳古生物博物馆，南山区的陈郁故居博物馆、南头古城博物馆、天后宫

---

① 记者聂灿报道：《深圳非国有博物馆达26家，古陶瓷类博物馆是深圳强项》，《深圳商报》2015年6月5日。

博物馆，盐田区的中英街历史博物馆，宝安区的深圳劳务工博物馆，龙岗区的龙岗客家民俗博物馆，坪山新区的东江纵队纪念馆，龙华新区的中国版画博物馆，大鹏新区的大鹏所城博物馆。博物馆是城市文化的一张名片，是城市历史记忆的载体，深圳市各公办博物馆在对深圳特色与历史的对外展示上发挥了重要的作用。如深圳市博物馆是全国唯一一家以改革开放史为主题的永久性展馆。再如劳务工博物馆展示了劳务工创业的历史和精神面貌，是全国劳务工的命运的缩影。

（二）民办博物馆

深圳市民办博物馆大多为结合各自藏品的特色而建立的专题类博物馆，内容丰富，有钢琴、青瓷、文房四宝、印刷品、翡翠等，在某种程度上弥补了公办博物馆藏品的空白。民办博物馆也是向公众开放的社会服务机构，如深圳市玺宝楼青瓷博物馆能定期举办不同主题的展览，还定期组织公益讲座，与各中小学校合作，开展了丰富多彩的社会教育活动。

（三）地方支持博物馆事业的法律法规

2010年1月，国家文物局等七部委发布了《关于促进民办博物馆发展的意见》，为民办博物馆的发展提供了国家政策和法规依据。2012年8月，深圳市委宣传部、市文体旅游局、市财政委员会、市规划和国土资源委员会、市民政局和市人力资源和社会保障局联合出台了《深圳市民办博物馆扶持办法》，利用经济特区的民营经济实力和改革开放的环境，大力促进民办博物馆事业的发展，优先发展填补全市博物馆门类空白和体现区域特色、行业特性或地方文化特点，与经济社会发展和改革开放进程密切相关的各类民办博物馆。对于符合政策的民办博物馆，给予门票补贴、临时展览补贴；推行民办公助、公建民营等形式，提供建馆用地或馆舍；鼓励利用古村落、古建筑、景点景区设立民办博物馆；在接收捐赠、门票收入、非营利性收入等方面，可按照现行税法规定享受有关优惠政策；保护藏品的所有权等。办法中还提出民办博物馆将获得"业务能力帮扶"在民办博物馆任职的人员可以享受到住房、子女入学等相应的优惠政策，有助于民办博物馆相关人才的保留。

三 典型的博物馆公共文化服务状况访谈与观察

本课题组在深圳市博物馆中抽取公办博物馆两家（深圳博物馆、深圳宝安劳务工博物馆）、民营博物馆1家（青瓷博物馆），侧重于公共服务质量情况，进行个案研究。

（一）深圳博物馆[①]

深圳博物馆是一座以地方志为主的综合性、多功能博物馆，集历史、艺术、人文与自然为一体，是深圳文物收藏、展示和研究中心。新馆于2008年12月建成开馆，总建筑面积3.2万平方米。

1. 讲解与导览服务

深博有职业讲解员4人，非职业讲解员（志愿者）523人，讲解员经过严格筛选，可用中文和英文两种语言进行讲解。但是讲解员的数量难以满足观众的需求。深博拥有自助语音讲解器，可免费租用给观众，多媒体触摸屏在常设展览、特别展览等各展览区域为观众提供互动体验和服务指南。馆内设施齐全，堪比国内一流。

2. 馆外服务

深圳博物馆开展了各类展览活动进社区进学校，包括"非遗"进校园、进社区和深圳市非物质文化遗产展演、展示系列活动等。在国内外交流活动方面，开展了宋代窖藏文物学术研讨会等，扩大了国内外的交流。通过宣传单、网站、电视、广播、报刊及广告等方式来扩大宣传。

3. 深圳博物馆的社会活动

博物馆的社会活动反映了它的公共服务的广度和深度，体现了"活的博物馆"深入城市文化建设和市民文化生活的实际进程。本课题组根据主题分类，将2014年5月到2015年5月间深圳博物馆举办的相关活动分为艺术、历史、自然科学、古代文物、民俗文化和外国文化6

[①] 本课题小组于2015年6月3日对深圳博物馆教育推广部的工作人员王小姐进行的访谈。

类。这些活动的开展方式多样，有讲座、比赛、参与体验、学术研讨会、亲子活动等。

（1）艺术欣赏活动种类繁多，涵盖戏曲、古乐等，如"筝情箫韵""葫芦丝"艺术及曲目欣赏、广东口哨——"吹"出来的非遗、"二胡与乐曲"欣赏、"大器笛族"——民族管乐器演奏与欣赏、"古筝"演奏与乐曲欣赏等12场。以古琴为例，深圳博物馆举办了"走进古琴"系列活动，使观众在悠悠琴声中，通过演奏示范和现场体验，放松身心、增长知识。

（2）在历史和古代文物介绍方面，深博在馆内举办以古代文物为主题的活动有18场，活动形式有学术研讨会、讲座等。如中国历代女性服饰的主要流变、曲阳出土北朝隋唐佛教造像艺术赏析、天津博物馆藏文房用具展系列导赏、元代青花及其时代文化、古蜀王国三星堆的发现发掘与研究等。在馆外，深博还开展了"博物馆小讲堂"系列活动，举办的活动有馆藏青铜器、中国古代书画艺术简介、齐白石书画、陶器时代，将古代文物知识搬进校园，让青少年学生了解更多古代文物的相关知识。深博加强与内地历史文化积淀比较深厚的地区的博物馆的互通，以《盛世侧影——河南博物馆汉唐文物精品展》为例，首次大规模集中展出河南博物院出土的汉唐青铜、陶瓷、佛教造像、碑刻等文物近200件，其中多件是来自十三朝古都洛阳的珍贵文物，使观众可以跨越时空体会汉唐文明的华章巨篇与辉煌成就。

深博开展的"非遗"进校园系列活动全年有20场，活动范围遍布深圳10个区的学校和社区，让社区居民和学校师生领略"非遗"传统文化的风采，更好地弘扬和传承祖国的非物质文化遗产。在各中小学举办的历史为主题的活动，让青少年走近和了解深圳的历史，更加深刻理解深圳发展历程，是从7000多年的人类发展史和海洋经济史发展而来，特别是从近代的九龙海战至深圳解放的110年的近现代史，以及30多年来的改革开放史共同造就了深圳今天的辉煌。

（3）在民俗文化方面，突出深圳以客家文化为主的民俗文化。深博参与主办的"魅力客家——深圳市第八届客家文化节"，集中展示深圳108项优秀传统文化项目，包括客家山歌、客家传统美食制作技艺、客家传统手工制作技艺等，让广大市民、青少年学生欣赏到优秀的客家传统文化。为了增强与市民之间的互动，此次活动还举办了以"魅力客家"为主题的摄影比赛,更能加深观众对客家文化的了解。

(4) 在自然科学方面,除了常设海洋环境和自然环境展览以外,还利用"环境自然日"组织青少年开展自然科学知识挑战活动,以"适者生存:可持续发展"为主题,旨在激发青少年和市民对于自然科学的兴趣。

(二) 宝安劳务工博物馆①

深圳(宝安)劳务工博物馆归属于宝安博物馆,是我国第一座以劳务工历史为题材的专题博物馆,于 2008 年 4 月 28 日建成开馆,由宝安区人民政府投资兴建,对全部市民免费开放,是宝安区政府 2008 年的"十大民心工程"之一。该博物馆是深圳改革开放 30 年的历史见证,其功能定位是:劳务工史料和文物标本的收藏展示基地;劳务工历史和劳务工问题的研究基地;劳务工事迹和劳务工文化的参观教育基地。2009 年被确定为宝安区中小学生校外教育基地,2011 年被确定为深圳市首批"红色旅游景区"之一。2012 年年初,被国家文物局纳入全国第三批免费开放博物馆、纪念馆名单。宝安劳务工博物馆目前共设展厅 5 个,其中 2 个常设展厅,3 个临时展厅。收藏约 8000 件藏品,以每年 30 至 50 件的数量持续增长。观众年度参观量均在 10 万以上,逐年以 10% 的比率持续增长。

劳务工博物馆不同于一般性的博物馆,而是以劳务工的发展为关注重心。博物馆非常注重对劳务工群体的关怀和影响。定期通过问卷和网站调查征询劳务工观众意见,发行馆刊刊登研究论文和介绍新展品,与各新闻媒体合作进行新闻报道和宣传。2014 年 5 月至 2015 年 5 月期间,劳务工博物馆共举办主题活动 10 个,活动场次超过 40 场。比较有影响的有以下几个:

1. "劳务工大讲堂"等品牌活动

这是面向广大劳务工朋友开展的持续性的公益讲座,是博物馆的品牌活动之一。自 2008 年 5 月 2 日起正式开办,从馆内开到馆外,针对劳务工群体多方面、多样化的知识需求,开拓了如励志、养生、心理、创业、文学等主题,在劳务工群体中深受好评。劳务工大讲堂采取

---

① 本课题小组于 2015 年 5 月 23 日对宝安劳务工博物馆宣传部的袁主任以及讲解员张小姐进行的访谈。

"订单式"和"菜单式"结合的方式,对应劳务工的文化需求选择讲座主题。博物馆设计了调查问卷,根据调查反馈结果,制定年度系列讲座方案,并将方案发送至各企业工会或人力资源部由企业自行选择讲座主题。经过几年努力,主动要求获取讲座服务的企业越来越多,而劳务工大讲堂也已形成了"八个有"模式:有讲堂名称、有固定场所、有自治机构、有管理制度、有授课计划、有师资队伍、有档案资料、有活动信息。大讲堂共举办了74期,参与听讲的劳务工达2万多人次。此外,博物馆还举办了播放免费电影、外来青工摄影大赛、外来青工书法展等活动。

2. "企业文化活动周"活动

此项活动由劳务工博物馆在宝安区劳务工工作领导小组的指导下承办。至今已连续举办五届。包括企业员工美术、书法、摄影大赛等,旨在培育和深入践行社会主义核心价值观,丰富劳务工的文化生活,提高劳务工的综合素质,满足劳务工日益增长的精神文化需求,进一步增加劳务工对宝安城区的认同感和归属感,发挥外来劳务工在城市文明创建中的重要作用。2015年以"诚信友爱·和谐宝安"为主题的文化周活动,逾百家企业近千名劳务工以投稿的形式参与到本次活动中,共收到美术作品145幅,书法作品262幅,征文302篇,手机摄影作品413张。

3. "宝安区劳务工励志讲师团"巡回演讲活动

博物馆选拔组织劳务工讲师团成员深入各个街道社区基层企业,向劳务工朋友讲述自己及身边的人在宝安实现人生梦想的奋斗历程及真实感受。该讲师团是由外来青工文体节演讲比赛的获奖选手以及热爱公益的劳务工友组成。通过这些奋斗者的讲述,在劳务工中间传递积极向上的正能量,激发广大劳务工励志、创业、成才、奉献的青春热情。2014年12月,"宝安区劳务工励志讲师团"深入6个街道基层企业开展了12场巡回演讲。

(三)深圳玺宝楼青瓷博物馆[①]

深圳玺宝楼青瓷博物馆是深圳市首个民办博物馆。它是系统收藏、

---

① 本课题小组于2015年5月11日对深圳玺宝楼青瓷博物馆的讲解员陈小姐以及管理人员刘先生分别进行的访谈。

陈列、研究中国古代青瓷的专题性博物馆，也是目前我国展出青瓷数量最多、品类最全、体系最为完备的首座私立博物馆。包括从海内外收集的商周至明清历代珍稀青瓷千余件，使世人能够完整、系统地了解中华民族这一伟大发明创造的艰辛历史和辉煌成就，以弘扬中国优秀的传统文化，也为收藏家、文博界人士、考古学家及艺术家提供研究和交流的场所，为民众和青少年学生提供一所爱国主义的教育课堂。目前展出藏品数量约2600件，另有1600多件藏品未展出，藏品每天以大约2件的速度在持续增长。

馆内专门配备有讲解员，对讲解员进行定期考核与评比。虽然馆内没有配备多媒体触摸屏等电子设备，但是讲解服务方面基本能满足受众需求。在馆外服务方面，玺宝楼青瓷博物馆作为西北民族大学等高校的教学实习基地，每年都会接收高校学生来馆实习或研究。与附近的中小学进行合作，为民众和学生提供爱国主义的讲座服务。此外，该博物馆还多次接待国内外著名研究学者到馆内进行考察研究。观众可以通过电话和网站向博物馆进行咨询，提出建议。青瓷博物馆属于行业博物馆，参观者一般限于对青花瓷有收藏兴趣或研究兴趣的专业观众，在新闻宣传方面相对低调一些，主要通过网络媒体和观众建立沟通渠道。

玺宝楼青瓷博物馆现场观众人数较少，不具备一定规模的问卷调查条件，因此没有纳入我们的问卷调查范围。

四　博物馆公共文化服务满意度问卷调查

本课题组于2015年5月至7月对深圳博物馆、深圳劳务工博物馆的公共文化服务的满意度进行了问卷调查。采用随机问卷抽样的方法，在两大博物馆内向观众发放问卷，其中深圳博物馆共发放223份问卷，回收有效问卷200份，有效率为89%。深圳市劳务工博物馆共发放102份问卷，回收有效问卷80份，有效率为78.4%，调查人员当场对问卷内容进行解释，以提高问卷填写的有效性和正确性。

（一）问卷的主要内容与分析方法

问卷包含四个方面的内容，一是对市民基本情况的调查，包括性别、年龄、收入、户口等；二是对人们的偏好需求进行调查，包括时间、动机以及类型；三是人们对于博物馆对外宣传工作的看法；四是对博物馆公共文化服务进行考察。我们将收回的问卷进行编码，利用SPSS软件进行录入和分析，最终形成调查结果。

（二）调查结果及分析

1. 深圳博物馆的问卷调查结果分析

（1）调查样本的社会人口学特征

A. 性别和年龄：女性占被访者的51.5%，男性占48.5%，男女性别取样比例基本适中。问卷将年龄分为五个阶段，其中18岁以下的占5.6%，18—25岁的占43.4%，26—35岁的占33.8%，36—45岁的占12.1%，46—60岁的占5.1%。由此可见，博物馆的观众群体年龄主要集中在18—35岁之间。

B. 职业和收入构成：问卷涵盖了较为广泛的社会阶层和从业范围。从分析结果看，企事业单位的人占18.2%，个体职业者占18.2%，工人占10.9%，公务员占2%，教师占4%，离退休人员占1%，其他职业人数占9.1%。收入构成方面，2000元以下的占23.4%，是最大多数观众群体。

C. 文化程度与户口：被调查者的文化程度主要集中在大专或本科，占51.5%。观众户籍的统计结果，非深圳户籍的观众居于主导地位，占66.2%。

（2）观众偏好需求分析

A. 参观群体的参观频次和兴趣偏好

在被调查者中，有39.3%的人在过去的一年去博物馆的次数为1次甚至没有，37.3%的人去博物馆的次数为一年2—3次，12.4%的人去过4—6次，10.9%的人去过6次以上。在时间方面，64.2%的人选择周末去博物馆，22.9%的人选择空闲时间去博物馆，9.5%的人选择节假日去博物馆，3.5%的人则选择其他时间去博物馆。

大多数人喜欢历史类博物馆，占63.7%，其次是自然、科学类博物馆，占57.2%，对艺术类博物馆感兴趣的占37.7%，29.9%的人对综合类博物馆感兴趣，7.5%的人对行业博物馆感兴趣。

B. 参观群体对博物馆职能的认知分析

大多数博物馆专家认为，收藏、科研和教育是博物馆的三大基本功能。广大观众是否认同这一看法？从调查结果来看，62.2%的人认为博物馆最基本的职能是文化的延续与传承，50.7%的人认为博物馆的重要职能是保存历史和民俗风情，30.8%的人认为是提高市民的文化素养，29.9%的人认为是文物的展出与维护。

C. 参观动机分析

调查结果显示，"兴趣使然"在诸多因素中排在第一，选择该选项的比例达到了41.3%，其次是增长知识，占34.3%，出于教育子女动机的人占15.9%。

博物馆是人们重要的学习和休闲的场地，在调查中，53.7%的人认为如果有感兴趣的博物馆文化休闲活动则会去参加。我们发现，从没参加过博物馆举办的活动的人的比例高达50.2%。41.4%的人认为博物馆比较能够满足自己的文化需求，51%的人认为博物馆能够满足自己的休闲需求。

D. 阻碍因素分析

在对阻碍人们去博物馆的因素进行分析时，发现选择"学习工作忙，没时间"这一选项的人最多，占48.3%，认为博物馆陈列展览更新慢的占30.8%，认为博物馆活动太少的占20.9%，选择"交通不便"的占19.4%。

(3) 博物馆的知名度分析

有84.1%的人听说过该博物馆，15.9%的人在参观之前没有听说过该博物馆。观众了解博物馆的信息渠道，选择"亲朋推荐"这一选项的比例最高，达54.7%，其次是网络信息，占28.4%。可见只有将人际传播和网络传播进行有力的结合，博物馆的知名度和美誉度才能同时提高。

(4) 博物馆的服务状况分析

A. 馆内服务（见表2）

表2　　　　　对深圳博物馆的服务满意度分析　　　　单位:%

	非常满意	比较满意	一般	比较不满意	非常不满意
总体看法	19.5	65.5	14.5	0.5	0
环境美化	30	63	6.5	0.5	0
陈列内容	17	60	19.5	3.5	0

续表

	非常满意	比较满意	一般	比较不满意	非常不满意
路线安排	14.5	55	27.5	3	0
文物摆放	28	53	19	0	0
硬件设施	23	47.5	27	2.5	0
便民服务	29	46.5	24	0.5	0

B. 管理人员和讲解员

人们对管理人员的服务态度比较满意的占51%，对讲解员的讲解看法认为比较满意的占45.3%，55.7%的人认为讲解员在讲解时应该是通俗易懂。

C. 博物馆宣传教育功能

55.6%的人认为博物馆应该加强宣传教育，应该推出富有教育意义的活动，可以举办某种形式的讲习班。44.9%的人认为博物馆应加强旅游纪念品及博物馆资料的开发。

2. 劳务工博物馆的问卷调查结果分析

（1）调查样本的社会人口学特征

A. 性别与年龄

本次调查中，女性受访者为30人，占37.5%，男性受访者为50人，占62.5%，男性比例偏高。18岁以下的占2.5%，18—25岁的占27.5%，26—35岁的占52.5%，36—45岁的占15%，46—60岁的占2.5%。由此可见，劳务工博物馆的参观群体年龄主要集中在18—35岁之间，与劳务工群体人口特征相符合。

B. 职业和收入构成

从问卷的分析结果可以看出，参观宝安劳务工博物馆的观众中绝大部分为工人，占观众总人数的92.5%，而企事业单位员工和其他职业人数仅占5%，其他职业为2.5%。在收入构成方面，调查结果显示，收入在2000—6000元的人占总数的73.8%，居于主体地位。

C. 文化程度与户口

被调查者的文化程度集中在高中或中专，占51.3%，大专或本科占30%；非深圳户口的观众占92.5%。年龄在26—35岁的工人劳动者占据了很大比重，这部分人受教育水平和收入较高，对于自己的生活和命运有更多关切和期盼，对劳务工博物馆的展示主题有较高的切合度。

（2）观众偏好需求分析

A. 参观群体的偏好分析

大部分受访者在过去的一年中去参观博物馆仅为一次或者没有，占72.5%，只有5%的人一年中参观博物馆为6次。在时间选择方面，51.3%的人选择周末，15%的人喜欢在空闲的时候。

B. 参观群体对博物馆的认知分析

不同的受访群体对博物馆认知定位不同。大部分参观者都有工人背景，56.3%的受访者认为博物馆的主要职能是保存历史，55%的受访者认为主要职能是文化的传承，30%的受访者认为博物馆的主要职能是提高市民的文化素养。

C. 参观动机分析

46.3%的受访者选择博物馆作为增长知识的第二课堂。其次，由单位或社团组织参观的占总人数的25%，可见劳务工对展示自己历史和命运的博物馆具有主动的参观意愿。

D. 阻碍因素分析

67.5%的参观者选择"学习工作忙，没时间"，其次是因为交通不便，占33.8%，选择"博物馆活动不足"的占23.8%。

（3）博物馆的宣传工作分析

35%的受访者是因为公司组织才听说该博物馆，27.8%的受访者曾在网络信息中看到劳务工博物馆的相关信息，而通过电视报道和报刊等其他渠道知道该博物馆的受访者则很少。对于博物馆的宣传工作，42.5%的受访者比较满意，25%的人认为较为一般。32.5%的受访者建议"在节假日或周末举办相关专题展示活动"，27.5%的人认为应与"学校、企业单位合作，建立文化教育基地"，还有22.5%的受访者认为要"加强宣传力度、拍摄相关宣传视频"。

（4）博物馆的服务水平

A. 馆内服务（见表3）

B. 管理人员和讲解员评价

在对博物馆管理人员的满意度进行统计分析中，"非常满意"的比

表3　　　　　　　劳务工博物馆的馆内服务满意度分析　　　　　　单位:%

	非常满意	比较满意	一般	比较不满意	非常不满意
总体看法	31.3	41.3	26.3	1.3	0
环境美化	27.5	50	21.3	1.3	0
陈列内容	22.5	52.5	23.8	0	0
路线安排	21.8	53.8	23.8	0	0
文物摆放	37.5	43.8	15	2.5	0
硬件设施	26.3	48.8	22.5	1.3	0
便民服务	28.8	41.3	27.5	1.3	0

例为42.5%，"比较满意"的百分比为43.8%；对讲解员的服务，非常满意的占47.5%，比较满意的占36.3%。

C. 是否参加博物馆组织的活动方面

60%的受访者认为如果博物馆开展自己感兴趣的文化活动会选择前往参加，但是在调查近几年参加过活动的人数时却发现，37.5%的受访者在近几年没有参加过博物馆举办的活动，参加过1—2次的人占总人数的56.4%，只有5%的人多次参加博物馆活动。

D. 在参观感受方面

71.4%的受访者认为参观完劳务工博物馆之后更加了解深圳的历史了，66.2%的受访者感觉自己更加认同劳务工对城市发展所做出的贡献，55.8%的受访者参观完博物馆为劳务工感到自豪，50.6%的受访者会回忆起当年的打工岁月，还有33.8%的受访者参观之后更热爱深圳这座凝聚着广大劳务工汗水的城市了。由此可见，劳务工博物馆能够唤起劳务工群体的共鸣，增强对劳务工群体的认同以及对城市的热爱之情。

五　存在的问题及建议

深圳在文化上是一个底子很薄的城市，在博物馆建设方面，有前瞻性的规划，花了很大的气力，采取政府和民间共建的途径，建立了多个公办和民办的博物馆，在国内同级城市中数量上是可观的，主要场馆的设施建设也比较先进。

就博物馆的教育、审美、休闲三大功能而言，深圳的博物馆还承担了重构城市历史的责任。这对于一个欠缺文化资源的城市来说，是一份历史责任。同时，我们也看到，深圳是一个移民城市，新兴产业和商业城市，也是多元文化交汇的城市。如何吸引各类居民走进博物馆，分享城市文明，开阔文化视野，增进文化认同，是任重而道远的事业。相对于国内其他文化底蕴较为深厚的城市，以及国际上一些特色城市来说，深圳还存在着较大的差距。

第一，从博物馆的建设格局看，显然目前还没有建成与一流的创新型和国际化新城市相匹配的一流的博物馆体系和文化。这主要是深圳的博物馆的建设特色还不很清晰，建设思路不够持续，导致博物馆的展览活动和博物馆的长期建设战略不是十分一致。

第二，已有报道显示，深圳的民间博物馆尽管起步较早，也得到政府的政策和物质上的支持，但是总的来说还是格局较小，品类芜杂，与商业活动关联紧密，实力不够雄厚。2012年《中国文化报》曾经报道深圳民营博物馆"多少处于举步维艰的状态"。[①] 最近这些年来，随着政府的各项扶持政策的出台，已经有了很大的改善。但是正如国内专家所指出的，深圳民营博物馆还是存在着"良莠不齐"的状况。[②] 关键问题在于，民营博物馆需要解决博物馆建设的价值伦理问题。尽管民营博物馆是由私人建设创办的，也可能是由私人团体来管理。但是从博物馆的本质属性上说，她是公益性事业，和商业盈利活动、私人收藏交易活动有本质的区别。博物馆一经建成，就成为社会的文化财富，成为民族文化宝库的一部分。只有坚持公益性的文化服务原则，博物馆才能获得社会的广泛支持，才能获得更多的捐助和奉献，从而得到持久的发展动力。

第三，我们在调查走访的过程中，发现很多博物馆都存在场地不足和经费不足的问题，如劳务工博物馆和青瓷博物馆就因为场地不足等问

---

① 彭海霞、岳晓峰、林培：《深圳民办博物馆生存现状调查》，《中国文化报》2012年2月21日。

② 见《深圳特区报》记者韩文嘉报道：《建设国际化城市，深圳需要一流的博物馆》所报道的中国国家博物馆副馆长陈履生做客市民文化大讲堂，并以《美在博物馆》为题与深圳市民进行交流。《深圳特区报》2016年7月25日。

题而无法丰富展览内容，讲解员没有稳定编制而造成人才流失。绝大部分博物馆的经费来源都靠政府拨款或者部分拨款，而所拨的经费除了工资和正常的开支之外就所剩无几了，所以政府应该适度加大对博物馆的财政支持，并督促博物馆用好经费来为公众提供更好的公共文化服务。不可否认，今天的中国还是一个发展中国家，先进的财富观念、公益观念还没有形成全社会的共识，博物馆获得捐助还很有限。博物馆就需要根据自身特色，开发特色产品，如纪念品、书籍等资料充实博物馆的经济收入，同时也要动员社会各界力量，共同参与到博物馆的建设当中。

  第四，深圳的博物馆建设和公共服务，还需要一个良性的社会环境的支持，特别是市民的文化素质，对于博物馆文化建设的投入热情，追求知识进步的热情，是积极参与博物馆活动的内在动力。从问卷分析中我们可以看出，博物馆陈列的内容更新速度慢，电子设备、语音设备等服务设施还不够充足，不能满足人们的基本需求情况还是存在的。博物馆要定期更新展览产品，丰富展览内容，保持观众的新鲜感。需要综合利用图像与实物以及新媒体技术，让陈列更具直观性和互动性。

公共文化设施与市民文化权利

——深圳市区一级图书馆和博物馆调研分析

王梦兰　夏　奎　曾秋琪　吴翔凌

摘要　基于文化权利概念和公共文化服务概念，将深圳作为区域研究典型，通过调研，聚焦于公共文化设施的空间布局和运作机制。本文侧重于对区一级的图书馆和博物馆建设的分析，阐释如何通过改善公共文化服务来保障市民文化权利的实现，从人的全面发展、社会的公平正义、环境的和谐美好的角度来处理文化空间的问题。

一　研究的概念和问题起点

（一）公民的文化权利

1986年联合国大会通过的《发展权宣言》将人权和发展权结合在一起。所谓发展权是指"一种不可让渡的权利"，"所有的人民都可以享有经济文化和政治的发展"的权利。我国政府在1997年签署了《经济、社会和文化权利国际公约》，文化权利问题日益引起我国的重视。

要系统地分析作为人权的文化权利，首先应该对文化这个概念进行准确的定义。联合国教科文组织对文化的定义是"文化不仅是精英人物所制造的，作品和知识的积累不限于欣赏艺术和人文作品，并且还是对关于某种生活方式和交际需要的知识和要求的习得。"这一定义正逐渐成为世界各国和国际组织讨论文化问题的重要依据。

文化权利是人权的一个重要组成部分。任何公民在享受文化权利时都是平等的，每个人都有权利享受自己所需要的文化生活，进行自己的文化创造。公民享有文化权利，和享受其他权利一样，都是公民作为一个自由的人的发展的需要。文化权利和政治权利、经济权利一样，都是公民权利的重要组成部分。文化权利是人类历史发展的产物,它的出现是人类文明进步的体现。

公民文化权利包括四个基本层面的内涵:(1)享受文化成果的权利;(2)参与文化活动的权利;(3)进行文化创造的权利;(4)个人进行文化艺术创造所产生的利益的保护权。

20世纪50年代起,由于福利国家的出现,文化平等、文化民主概念特别兴盛,西方国家政府开始加大对文化艺术的扶持力度。70年代,文化产业被视为动态经济与社会转变的推动力,文化政策焦点逐渐转移至文化的功能层面上。90年代末期至今,各国源自产业动机而形成的文化政策已经成熟,同时文化政策开始倾向基于满足人的发展需求的文化权利的实现和维护国家、民族文化主权的需要。这期间西方国家文化政策发展有两次转变:第一次转变,是从国家单方面的文化提供与传播过渡到一种更多元与包容的立场,不再一味追求精英艺术的品质,而强调接触文化的机会与文化活动的参与;推广多文化融合论与文化多元性;重视地方性与社区性的文化价值等。第二次转变,更侧重公共行政与管理观念上的转变。① 80年代以来,西方各国为应对财政危机和政府的信任赤字、绩效赤字,在新自由主义观念的影响下,开始了大规模的政府改革。由传统的、官僚的、层级节制的、缺乏弹性的行政,转向市场导向的、因应变化的、深具弹性的公共管理。对西方国家文化政策产生重要影响的主要有公共选择理论、新公共管理理论、新公共服务理论和公共治理理论等。

我国专门研究文化权利的专著不多,文化权利通常在人权条目下被提及。目前较有影响的是艺衡、任珺、杨立青所著的《文化权利回溯与解读》。该书以比较开放和理性的态度探讨了文化权利与人类进程之间的关系,使人们对文化权利的内涵、起源、历史现状等拥有了比较明晰的认识。②

国内有些学者认为,"迄今为止,我们对文化权利的研究,还很不充分,尤其是在使它成为社会的共识并进而影响决策方面","尽管我们在较短时间内,在确立公共文化服务观念、建立公共文化服务体系方

---

① 大卫·索罗斯比:《文化经济学》,台北典藏艺术家庭股份有限公司2003年版。
② 艺衡、任珺、杨立青:《文化权利回溯与解读》,社会科学文献出版社2005年版。

面，取得了令人瞩目的成绩，但是我们对于公民文化权利的实质及其内涵的认识，对于公共文化服务体系建设实践的指导，还很薄弱。"① 这说明厘定"公民文化权利"概念和指导公共文化服务体系建设之间存在着必然的逻辑关联。

关于公民的文化权利的主要争议，在西方主要是自由主义和社群主义的理论分歧。自由主义认为，文化权利就是个体的权利，个体权利是神圣的，先于群体权利，并成为群体权利的支撑基础。社群主义认为，社群文化权利，是指公共的善，她优先于个体的权利，而且决定了个体的文化身份和价值。在现代法权的意义上，权利一般包含：特定的合法的利益、有合法的现实的途径提出利益诉求、权利主体具备合法的资格、这一权利诉求得到合法的权力的保护和支持以及提出权利诉求的主体具有自由选择的权力和能力。这也就是所谓"权利实现的五大要素"。在这个概念中，权利不是空中楼阁，是一项现实的可以得到保障和实现途径的权利。因此，公民的文化权利概念内含着经济、政治和文化的基础条件和法制化环境。

我国学者对于公民文化权利的讨论存在着一些争议，其中主要的是关于"文化权利"和"文化权益"两个概念的异同。一种看法认为"文化权利"和"文化权益"是有差异的两个概念，其中"文化权益"概念的内涵大于文化权利，它包括了文化权利和文化利益两个层面。② 另一种看法认为，"文化权益"与"文化权利"两个概念并无实质性区别，仅仅是一定意识形态色彩的表述而已。中国政治语境中常用"权益"一词替代"权利"，试图突出"公益"而弱化"自利"之意。③ 本文认为，"文化权益"与"文化权利"两个概念还是有些差别的。"文化权利"是当然权利（西方文艺复兴和启蒙精神传统，确定的"天赋人权"）和法定权利（和各国经济政治制度有关的）的结合的概念。我国所讲的"文化权益"并不包含所谓"天赋人权"的含义在内，而是指历史唯物主义理论所揭示的规律，即一定的文化权利，本质上是在一定的社会历史条件下的文化利益关系和权利保障体系的集合。这并不是

---

① 姜广华：《公共文化服务政策选择》，《特区实践与理论》2010 年第 1 期。
② 王列生：《论公民基本文化权益的意义内置》，《学习与探索》2009 年第 6 期。
③ 吴理财：《文化权利概念及其论争》，《中共天津市委党校学报》2015 年第 1 期。

一个词语的概念组合关系,而是说文化权益本质上就是文化的利益关系,这一利益关系通过制度性的设置和保障表现为一定的权利关系。文化权利和公共文化服务体系建设之间存在着必然的联系。

(二) 公共文化服务体系

《中共中央关于构建社会主义和谐社会若干重大问题的决定》指出,大力发展公益性文化事业,保障人民基本文化权益。满足人民基本文化需求是社会主义文化建设的基本任务。必须坚持政府主导,按照公益性、基本性、均等性、便利性的要求,加强文化基础设施建设,完善公共文化服务网络,让群众广泛享有免费或优惠的基本公共文化服务。而加强公共文化服务,构建公共文化服务体系是实现人民基本文化权益的主要途径。

公共文化服务体系是指面向大众的公益性的文化服务体系。主要服务内容包括:先进文化理论研究服务体系、文艺精品创作服务体系、文化知识传授服务体系、文化传播服务体系、文化娱乐服务体系、文化传承服务体系、农村文化服务体系七个方面。其核心任务是,公共文化服务主体要有效配置公共文化资源,组织并向公众提供基本的文化产品和文化服务,以确保公民文化权利的实现。公共文化服务体系的内涵和构成成分,学者的意见多彩纷呈。本文认为,在构成成分上说,公共文化服务体系应该包括:公共文化服务的主体、公共文化服务的对象、公共文化服务投入、公共文化基础设施、公共文化产品的创造和传播、公共文化产品的供给以及公共文化服务的保障和评价七个层面。

在公共文化服务体系的建设中,有两个基本的重要领域:(1) 建设公共文化服务网络。以大型公共文化设施为骨干,以社区和乡镇基层文化设施为基础,加强图书馆、博物馆、文化馆、美术馆、电台、电视台等公共文化基础设施建设。建设一批代表国家文化形象的重点文化设施,完善大中城市公共文化设施,在巩固现有图书馆、文化馆的基础上,基本实现乡镇有综合文化站,行政村有文化活动室,在中西部及其他老少边穷等地广人稀地区配备流动文化服务车。(2) 建设公共文化服务的各项工程。一是广播电视村村通工程。二是全国文化信息资源共享工程。三是社区和乡镇综合文化站工程等。① 这些方面的建设,是公

---

① 百度百科:http://baike.baidu.com/view/3551802.htm。

共文化服务的主要物质依托和管理体制保证。

深圳在最近十多年来，高度重视公共文化服务体系建设。为了推进这项伟大的社会实践工程，主管部门在明确的理论概念和政策概念支持下，出台了多项政策文件，进行了多项投入建设。主要由深圳学者编写的《中国公共文化服务发展报告》是国内第一本较成体系的探讨公共文化服务体系问题的专著。该书首次从公民文化权利，以及中国当代政治背景——建设公共服务型政府来论述构建公共文化服务体系的合法性，理论框架涉及公共文化服务体系的主要构成、支持与保障系统、绩效管理与评估等（毛少莹、任珺）。[①] 由于公共文化服务体系研究还处于起步阶段，研究方法上，主要还是采用文献研究等较为传统的形式。王列生认为，公共文化服务体系作为服务型政府的一种管理模式，应该吸纳现代管理技术并且最大限度地表现出技术实现过程中的规范化、标准化、公开化、透明化；须更加注重社会计量技术和统计方法的使用以及跨学科的综合研究，是很有见地的。[②]

本文基于文化权利概念和公共文化服务概念，以深圳作为区域研究典型，主要聚焦于公共文化设施的空间布局进行调研，进一步与市民文化权利实现的关系相联系，以阐释如何通过公共文化服务来保障市民文化权利的实现。

二 深圳市公共文化设施建设及空间布局

（一）公共文化设施建设的布局问题

文化设施是公共文化服务体系建设的基础。深圳文体事业建设主管部门把公共文化设施分为图书馆、博物馆、美术馆、文化场所、演出场所等几个方面。这些公共文化设施投资主体是各级政府，并不依靠市场资金。

深圳市 1998 年开始在市中心区规划建设了图书馆新馆、音乐厅等

---

① 毛少莹、任珺：《公共文化服务绩效评估问题初探》，载李景源、陈威主编《中国公共文化服务发展报告》，中国社会科学出版社 2007 年版。
② 王列生：《和谐文化观与中国文化发展战略》，《理论参考》2007 年第 2 期。

新八大文化设施，政府投资达30多亿元，形成了面向21世纪的代表城市形象和水平的文化设施群落。2006年深圳出台《深圳市进一步完善公共文化服务体系实施方案》之后，全市公共文化设施建设进入高速发展期。到2014年，深圳市的公共文化设施的建设达到一定规模（见表1）：

表1　　　　　　　2014年深圳市公共文化设施分布情况①　　　　　单位：个

	图书馆	博物馆	美术馆	文化广场	文化馆	演出场所	文化站
福田区	103	1	2	25	7	2	15
罗湖区	96	3	1	96	5	2	10
南山区	84	4	1	73	3	2	8
盐田区	21	1	—	28	1	—	4
宝安区	156	6	—	45	1	—	6
龙岗区	128	2	—	38	3	1	8
光明新区	16	—	—	14	—	—	2
坪山新区	16	1	—	13	—	—	2
龙华新区	24	1	—	5	—	—	4
大鹏新区	14	1	—	8	1	—	3

从上述数据观察分析，在"十二五"期间一大批市级区级图书馆先后投入建设运营，为深圳市民享受文化服务，提供了有利的硬件设施。但是从表1也可以看出，主要的公共文化设施建设布局还是不均衡的。主要集中在福田、罗湖、南山等原关内地区。这些地区交通发达，人口密集，户籍人口占比相对较高，居民受教育程度高，对文化需求比较旺盛。

深圳由于毗邻香港，从20世纪50年代初开始，我国在粤港边界管理线（俗称"一线"）采用等同国际间的边界管理模式。1982年6月，国务院正式批准设立深圳经济特区管理线。根据国务院当时的规定，深圳经济特区管理线正式启用后，将原宝安县边境管理线调整到经济特区管理线。从此形成"二线关"实行"特区管理线、边境线"的双重管

---

① 《2014年深圳市公共文化服务指引》，深圳市文体旅游局编印。

理。2003年，出于扩大对外开放和发展经济的需要，深圳市开始考虑改变"二线关"管理。之后，有关撤销"二线关"的要求此起彼伏。二线关撤与不撤，同时也就相关于居民的身份和心理的作用。"关内""关外"一度成为两种身份的标志。随着深圳市经济和社会发展的高速突进，原来农村户籍人口一并城市化。目前国务院已经批准深圳特区的版图扩至全市，关内外一体化在实质上已经开始进行。

由于历史的原因，深圳市原来的主要公共文化建设集中于原特区的范围（即罗湖、福田、南山三个区）。但是，深圳的人口扩张很快，特别是大量的外来人口主要居住在原来的二线关外。继而，大量的企业，如华为、富士康、比亚迪等大型企业也都设置在二线关外。公共文化服务设施的布局涉及发展均等化问题。

我们来看图1所标示的目前深圳市的公共文化设施的布局状况，可见这种结构性的不均衡已经十分突出了（见图1）。

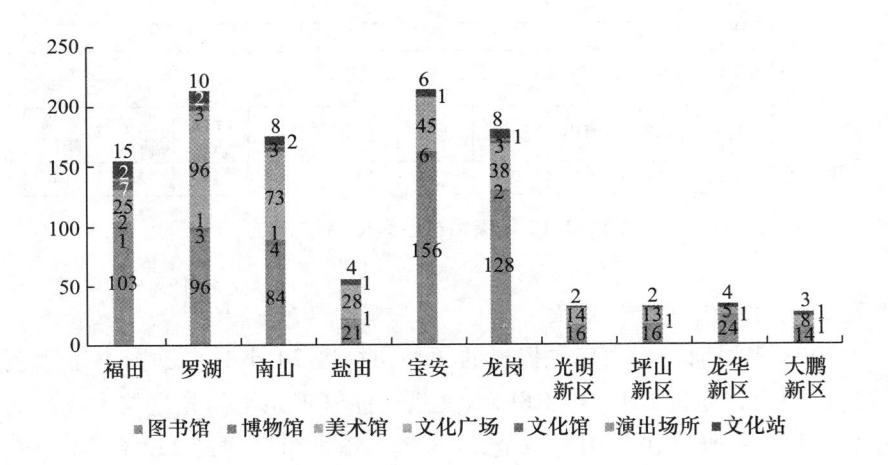

图1 目前深圳市公共文化设施分布情况

（二）重要的公共文化设施建设项目情况

1."图书馆之城"建设

1997年7月，深圳市人民代表大会常务委员会通过了《深圳经济特区公共图书馆条例（试行）》，这是我国第一部地方图书馆法规。深圳也成为全国第一个为图书馆立法的城市，为"图书馆之城"的建设奠定了法律基础。"图书馆之城"的概念是指把深圳建成一个大图书馆网，形成总馆和分馆星罗棋布的体系，以全市图书馆网点和数字网络为基础，覆盖全城各区各街道，实现全民共享的文献信息资源库，实现互联互通和资源共享，让深圳市居民随时随地都可以方便地使用公共图书馆资源，形成全民阅读、终身学习的新风尚。

截至2015年年底，深圳市共有市级图书馆3家，市级综合图书馆、少年儿童图书馆和科技图书馆、区级图书馆8家，622座基层图书馆，基本达到每15万人拥有一座县级以上公共图书馆、每1.5万人拥有一座社区图书馆（室）、人均藏书量2册的目标（见图2）。

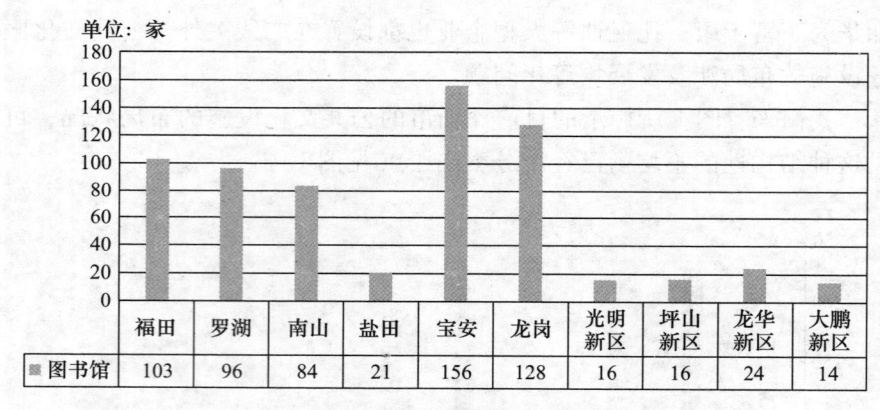

单位：家	福田	罗湖	南山	盐田	宝安	龙岗	光明新区	坪山新区	龙华新区	大鹏新区
图书馆	103	96	84	21	156	128	16	16	24	14

图 2 2015 年深圳市各区图书馆分布

2. "自助图书馆"建设

2008年深圳在国内率先提出的"城市街区24小时自助图书馆"创意付诸现实，通过DILAS、RFID、文献智能管理系统等先进技术成果的创新应用，方便市民使用。截至2013年，深圳市共建设222台24小时自助图书馆。2013年自助图书馆全年办理读者证2.36万张，借还文献215.23万册次，配送预借图书14.53万册，成功率达96.7%。与2012年相比，办证量增长了5.82%，预借服务量增长了7.26%，占全馆外借量的4%，显示出预借服务在满足读者纸质文献阅读需求方面发挥了重要作用。可见在关外实体图书馆布局暂时还不到位的情况下，自助图书馆起到了一定的弥补作用。（见图3）[①]

---

① 《深圳图书馆2013年度工作报告》，深圳图书馆，2014年3月24日。

单位：台

宝安	罗湖	福田	光明	盐田	坪山	南山	龙岗	龙华	大鹏
35	32	27	14	16	8	36	40	8	6

图 3　深圳市自助图书馆分布

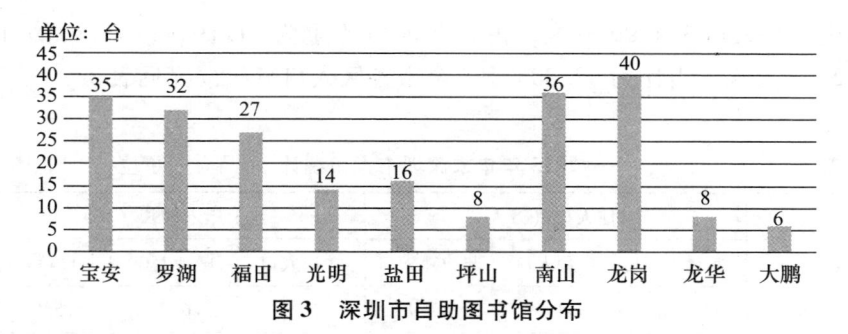

3. 博物馆、美术馆、群艺馆和文化广场等设施情况

根据 2013 年深圳市政府新闻办公布的数据，深圳当年已经建有：

（1）博物馆：全市共有博物馆（含纪念馆）28 个，文物藏品 5 万余件。深圳博物馆始建于 1984 年 2 月，1988 年 11 月开馆，现有文物藏品 3 万余件，总建筑面积达 3 万多平方米。常年展出《深圳改革开放史》《古代深圳》《近代深圳》《深圳民俗》等展览。

（2）美术场馆：全市共有专业美术馆（院）11 个，筹建中 2 个，总展出面积约 3.2 万平方米，全年举办展览 273 个，接待观众超过 200 万人次。

（3）演出场馆：全市共有专业演出场馆 20 个，总建筑面积 20 多万平方米，座位总数近 3 万个。

（4）群艺馆、文化馆（站）：全市共有群艺馆和文化馆（站）69 个，总面积 30 余万平方米。市群众艺术馆及六区文化馆均是国家一级馆。

（5）文化广场：全市共有文化广场 551 个，总面积约 190 万平方米，是基层群众参与文化活动的重要场所。① 上述主要文化场馆仍然集中于原来的特区范围。

三　公共文化设施与人口分布情况的对比分析

1. 深圳市人口分布及人口结构基本情况

据深圳市统计局资料，深圳市 2015 年年末常住人口 1137.89 万人，

---

① 《深圳概览——文化艺术》，深圳市人民政府新闻办公室，2013 年 11 月 22 日。

其中户籍人口354.99万人，占常住人口比重为31.19%；非户籍人口782.90万人，占比为68.80%。① 全市各区人口分布情况见表2。

表2　　　　　　　　2015年年末深圳市人口统计　　　　　单位：万人、%

	常住人口（万人）			比上年末增长（%）		
	常住人口	户籍人口	非户籍人口	常住人口	户籍人口	非户籍人口
全市	1137.89	354.99	782.90	5.6	6.9	5.0
福田区	144.06	89.01	55.06	6.2	6.8	5.2
罗湖区	97.56	57.31	40.26	2.3	2.5	2.0
盐田区	22.12	6.2	15.92	2.1	5.6	0.9
南山区	129.12	75.59	53.52	13.7	6.4	25.8
新宝安区	286.33	43.68	242.66	4.6	3.7	4.8
光明新区	53.12	6.18	46.94	5.4	0.2	6.1
龙华新区	151.15	20.29	130.86	5.4	22.9	3.1
新龙岗区	205.26	47.72	157.54	3.9	12.3	1.6
坪山新区	35.61	5.15	30.46	7.4	6.3	7.6
大鹏新区	13.56	3.87	9.69	1.4	-0.9	2.3

根据统计资料，深圳市户籍人口主要集中分布于福田区、罗湖区、南山区，盐田区、新宝安区、新龙岗区等原来二线关以外的区域，常住人口中非户籍人口占到绝对大的比例，而且以外来务工人群为主。

2. 公共文化设施空间分布与人口分布情况

图4以区基层图书馆的分布为例，对比公共文化服务设施和人口比例分布。

从图4可以看出，社区和街道图书馆建设的情况和户籍人口所占比例是直接相关的。原关内地区，户籍人口比较集中，各类文化设施基础建设比较完善，主要的公共文化设施都在这里分布，如市级图书馆、市级博物馆、大型休闲广场等。大约30%的户籍人口，基本占有公共文

---

① 《2015年深圳国民经济和社会发展统计公报》，深圳市统计局网站2016年4月26日发布，http://www.sztj.gov.cn/xxgk/tjsj/tjgb/201604/t20160426_3606261.htm。

化服务设施的 80% 以上。这一现实情况是历史发展的不平衡造成的。但是，到如今我们不能不正视这一现实，应当尽快补齐短板，避免将客观的不平衡转化为固化和持续的不平等。

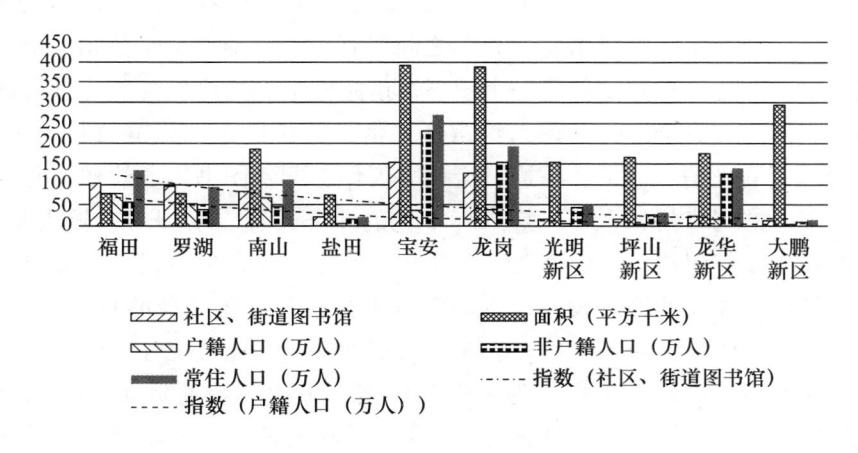

图 4　深圳公共文化设施和人口分布的关系

四　公共图书馆的实地调研和观察

深圳市几年前就提出要加快推进"图书馆之城"建设。这是基于深圳原有文化设施薄弱的状况而提出的重要战略。实际情况如何？为此我们对深圳市中心图书馆和几个分区图书馆进行了实地调研。

（一）区级公共图书馆建设和运营模式

深圳的图书馆普遍采用总馆/分馆制。"总馆/分馆制"是目前国际上发达国家较为通行的图书馆管理模式。它以有效利用资源、提高服务效益为目的，通过一体化和专业化管理，实现体系内各级图书馆之间的资源共享和服务的互动互联，以网络化布局，为社会提供无所不在的图书馆服务。近年来，随着我国图书馆体制改革不断推进，不少省、市、地区为了打破多年来形成的图书馆单一管理、单一服务的格局，逐步尝试实行总馆/分馆制，各类成功的经验频繁见诸报端和专业刊物，为图书馆的改革和发展提供了借鉴。我们在初步介绍了图书馆制度情况之后，对福田和南山两区的图书馆进行了实地调研。

1. 福田区公共图书馆

区级图书馆为总馆，各街道图书馆和社区图书馆为分馆，由区财政统一拨款，统一采购，统一编目，统一配置，统一管理。借助计算机网络平台，使福田区图书馆总、分馆之间实现"一卡通"，读者凭一个通用借书证，可以在其中任何一个图书馆借阅图书，并逐步与市、各区图书馆联网，实现全市公共图书馆馆际互借，通借通还。总馆的职责为：负责书刊的采编、加工、下拨、交换等工作；配备图书流通软件，建立全区统一的网络信息平台；推广标准化的业务管理，培训与考核人员；指导业务及督促检查；建立总、分馆例会制度、策划读书活动。分馆则提供场地、相关的网络设施及专职管理人员，并负责场地的日常维护；办理书刊接收、流通与交换；组织读书活动；进行业务统计，以及完成总馆交办的其他业务工作。为了保障经费，福田区政府颁布了《深圳市福田区公共文化场所管理暂行办法》，明确规定：每个新开办的社区图书馆，政府一次性投入15万元作为启动经费，用于购买图书馆专用设备、电脑和书报。以后每年按规模和绩效评定，将街道、社区图书馆分为三个级次，分别拨给12万元、10万元、8万元的营运经费。但工作人员录用与调配仍由各社区街道自主，总馆负责业务培训。

2. 南山区图书馆

作为南山区政府投资兴建的区级图书馆，从建馆之日起，就承担着对辖区街道、社区图书馆的帮建任务。2003年以前，街道及社区图书馆主要由各级政府自行投资自行建设，区图书馆给予业务指导。2004年起，借深圳建设图书馆之城的契机，南山区政府加大了基层图书馆建设力度，先后在2004年和2005年分别向区图书馆下拨基层图书馆书刊建设费238万元和397万元，并实行各级地方政府与政府职能部门共同建设、区图书馆统一购置、加工、配送书刊并提供业务指导的建设模式。

（二）分区图书馆的基层服务

1. 面向本地居民的服务

深圳市各区图书馆都是向全社会开放的。图书馆的服务对是否有深圳户籍、是否是常住人口等方面的服务对象是没有区别的。做到平等服务，平等开放。在深圳，只要有一个身份证，不管哪个地方都可以借书。

盐田区图书馆馆长说，图书馆的服务对象主要是本地居民，分馆的总指标是18个，各街道报上来，若选址没问题，就能确定位置。图书馆设有流动站，经常会举办各种进社区进企业等文化活动。在企业里已经筹建企业分馆，对金丽珠宝、创意港等大型企业，图书馆会给它建一个分馆，这属于图书流动站。对于固定的分馆，将定期更换书籍。经常给企业送培训、送讲座。

光明新区的社区图书馆针对社区人员、老人、小孩提供了一个第三方文化空间。针对特殊人群在工业区建设自助图书馆。光明新区暂时还没有针对农民工的图书馆服务，现在要进一步完善社区图书馆和自助图书馆网络，并和企业合作建馆。

2. 面向外来务工人员的服务

深圳是一个外来劳务工占了相当大比重的城市，图书馆开展的服务和活动里有很多是特别针对劳务工群体的。深圳龙华办事处图书馆位于龙华文化广场的东侧、龙华文化艺术中心北部。馆舍建筑面积约6700平方米，设有报告厅、总服务台、报刊阅览室、电子阅览室、图书开放阅览室、少儿阅览室、办公管理用房等，设计藏书30万册（其中纸质藏书20万册，电子图书10万册），现有藏书3万多册。龙华办事处图书馆馆长提到："目前的服务对象主要还是周边地区的居民。对辖区内的劳务工人群，图书馆也考虑到了他们的需要，图书馆与龙华富士康厂区图书馆进行了交流。图书馆的讲座和各种活动会通知到厂区。参加讲座的以年轻人为主。此外，图书馆还和各种社会团体进行交流。以往和一个老年协会合作举行活动，取得了不错的收效。对于儿童读者，图书馆也提供尽可能多的服务，让他们在这里举办了各种活动。很多情况下，读者并不只是来这里看书。一些人（已经参加工作的，追求更高教育水平的年轻人）为了各种考试到这里学习，图书馆环境为他们提供了很大便利。一些老年朋友，他们可以在这里休息，这里很安静。"

宝安区图书馆馆长周英雄在访谈中提到："针对劳务工群体，图书馆经常会开展读者活动、讲座、心理辅导等种类繁多的活动。为方便外来务工人员子女教育，劳务工子女放学后可以到图书馆写作业、看书，一来为孩子提供了好的学习环境，二来可以减少劳务工子女监管照顾时间，方便劳务工上班。"图书馆从2013年5月份开始，鼓励劳务工借书用身份证等有效证件，不需要交押金就可以借阅图书。

南山区图书馆馆长告诉我们，总馆在工业区里设置了分馆。专门有一个"外来工图书馆"，设在富裕工业区里，方便对外来工服务。

（三）图书馆和居民的互动情况

对于"图书馆与读者的互动情况如何？主要通过什么渠道获得读者的反馈？"这样的问题，龙华区图书馆馆长这样回答："我们有很多和读者互动的途径。每年订购报纸和杂志的时候，会用海报通知的形式征求读者的意见。读者可以直接到我们的服务台提建议。还会通过网络平台与个人和各种社会团体互动。我们和各种社会团体的QQ群、微信群也建立了联系。另外，读者可以打电话给我们提建议。"龙岗区图书馆也有类似的做法。

南山区图书馆开展的阅读服务中，直接为读者服务占大半。总分馆平均每天有两场活动，2015年就有700多场服务活动。活动类型有很多种，如"博士论坛""健康讲堂""人文系列的讲堂"；针对外来工的社区讲堂、读书会、读书沙龙、英语沙龙、心理沙龙等；开展的咨询服务有：心理咨询、法律咨询；还有专门服务少儿的活动。龙岗图书馆的"励读计划"，深入到工业区，现场办图书证，争取在3—5年内发放的图书证达到20%的人口覆盖。福田区图书馆通过发放问卷、意见簿、读者线上线下来信等方式主动了解读者的声音。光明新区图书馆则开办读者会、亲子活动。罗湖区图书馆设立了义务监督员，他们发挥的作用不小，经常下到分馆去调查，回来反馈意见。据深圳市图书馆统计，仅2015年，全年各级公共图书馆共举办读者活动9842场，参与读者363.4万人次。

总的来说，深圳的图书馆建设事业发展非常迅速，结合本地特点走出了一条新的图书馆建设之路，基本实现了对市民需求的全面覆盖，突破了传统的单一的图书馆服务，发展出连接整个城市的图书馆网络，服务方式多样化、日常化，图书馆设施先进，社会参与度高，带动了图书馆服务的全面升级。2015年12月24日，深圳市第六届人大常委会第四次会议表决通过《深圳经济特区全民阅读促进条例》，为深圳市未来公共图书馆建设的大发展，持续推动全民阅读活动，提供了法律保障和精神动力。

五 深圳市博物馆体系的建设

(一) 深圳博物馆建设之路

对于深圳这样没有多少历史积淀和文化基础的新兴城市来说，在博物馆的资源和建设方面难以避免存在短板。然而，对于一个发达的创新型城市来说，博物馆体系的建设，又是不可或缺的历史文化资源和国民教育资源。三十多年来，深圳市一直非常重视博物馆的建设。迄今为止，初步建成了由 40 余座博物馆构成的博物馆体系。这些博物馆中，有市一级主管运营的大型城市综合性博物馆深圳博物馆、全国历史文化遗产大鹏所城博物馆、中英街历史博物馆、深圳科学馆、群众艺术馆；有区一级的特色博物馆宝安区科技馆、南山区天后博物馆、南头古城博物馆、龙岗区客家博物馆；有依托旅游地设立的仙湖古生物博物馆、锦绣中华民俗文化村；有文化企业或民间个人收藏家主办的雅昌艺术博物馆、青瓷博物馆、海印红木艺术馆、刺绣艺术馆、雅石艺术博物馆、竹木工艺馆、钟表翡翠博物馆、钢琴博物馆、红酒博物馆、视觉艺术博物馆、南方印象艺术博物馆等；也有当地居民村落主办的历史民俗特色的民俗博物馆、蚝博物馆、蚝业博物馆、茶叶博物馆等。还有一些重要的记录革命历史的博物馆，如蛇口招商局历史博物馆、三洲田起义（辛亥革命）博物馆、东江纵队革命历史博物馆、白石龙文化名人大营救纪念馆、陈郁将军纪念馆等。深圳是国内著名的民间收藏实力比较强的城市，民间举办各类博物馆的热情很高，从政府角度而言，对于民间兴办博物馆采取鼓励和扶持的态度。

2003 年，深圳成为全国文化体制改革的试点城市，深圳市委三届六次会议决定实施文化立市的战略。作为城市名片的博物馆，担负着记载城市历史文化和展示文明形象的使命。深圳市建设博物馆体系，包括历史和现实的两个部分。

历史方面，主要依托历史考古的最新发现，通过博物馆建设和研究来补写城市的历史。历史考古学者先后在蛇口、南头、松岗、笋岗、盐田、葵涌、大鹏等 26 处发现史前遗址，在小梅沙、赤湾村、鹤地山、大黄沙和咸头岭沙丘遗址进行了考古发掘；对于战国、东汉、两晋、南宋时期的古墓群和古窑址进行了考古研究。在文物普查中对于有近代历史价值的遗址进行了重点的文物保护。这些成为历史博物馆建设的脉络。

博物馆建设也要秉持"古为今用"的原则。且以南山区南头古城博物馆为例。南头古城位于深圳市南山区南头古城内，又名新安故城，曾是历代岭南沿海地区行政管理中心、海防要塞、海上交通和对外贸易的集散地。目前所保留的南头古城始建于明洪武二十七年（公元1394年），初始为明代海防要塞。南头古城博物馆展现了深圳1677年的城市史。如何让城市的历史和现实紧密结合，化为城市的活生生的灵魂？2014年南头古城博物馆全面升级改造期间，开展南头古城博物馆走进学校、社区、企业进行流动巡回展览活动，搭建全区校外教育工作信息交互站及资源共享平台。南头古城博物馆组织青少年校外教育公益联盟，举行了多项常态化校外教育活动，普及历史知识，讲述深圳的历史之根，举办劳务工子女参观、联谊活动以及各项传统技艺互动式体验活动，培养青少年的历史责任感和城市认同感。

在现实方面，着力建设体现改革开放成就和特区建设的博物馆体系，形成鲜明的时代特色和思想特色。深圳这个因改革开放而生，因创新发展而繁荣的城市，一切都凝聚在博物馆这座文化殿堂里。2012年被评为国家级博物馆的深圳博物馆，是一座城市综合类博物馆，是本地文物收藏、展览和历史研究中心。目前，已有2万余件文物藏品，陈列有古代深圳、近代深圳、深圳民俗文化、深圳改革开放史等主题馆，也有陈列海洋生物和野生动物等生态特色馆。深圳博物馆年均举办各类重要展览30多个，观众量每年超百万人次，不少党和国家领导人、70多个国家元首、政要和世界著名学者近千人次曾来参观，现已成为深圳重要的爱国主义教育基地。

（二）一个特色博物馆——宝安区劳务工博物馆

深圳诞生了中国第一个三来一补的外资企业，产生了中国第一批外来打工者群体。这一事件具有极大的社会历史意义。在最早出现外来劳务工，目前也是打工者最为集中的深圳宝安区，建立了一家劳务工博物馆。这个博物馆是在深圳的第一个"三来一补"工厂——"上屋怡高电业厂"旧址建成的，通过改革开放30年来大量劳务工在深圳工作、生活的实物史料，全方位、多角度地展示了劳务工群体的发展历史。这也是中国首个以劳务工为题材的专题博物馆,其功能地位是打造成为劳务工史料和文物标本收藏展示基地;劳务工历史和劳务工问题研究基地;劳务工事迹和文化参观教育基地。劳务工博物馆由当地政府出资350万元兴建,占地面积3500平方米,建筑面积4700平方米。博物馆主展厅分为五个单元,对劳务工30年的历史及文物标本进行展示;临时展厅和报告厅,主要用于劳务工美术、书法和摄影展览;其余部分为办公及文物库房。目前已征集各类史料及文物标本3000多件,计划在展厅展出600—800件。

劳务工博物馆常设"劳务工史料展"等展览,展出劳务史料及文物标本;还定期举办劳务工大讲堂,心理、励志、健康、普法等系列讲座;展示"预防职业病"知识的小手册和宣传单;还积极发展与社会其他组织机构的合作。深圳市东西方社工服务社是一个为政府和社会提供专业社会工作服务的民间组织机构,以"送政府关爱、倾心助人、构和谐社会"为宗旨,主要从事社会福利事业,运用个案、小组、社区等专业社会工作理论和方法,为广大劳务工排忧解难。博物馆与社会组织的合作项目,总投入99万元,基本上以石岩街道工业园为试点,分社区、分阶段实施,为石岩街道20万外来劳务工提供免费职业培训、权益保护、身心健康教育、法律援助、社会救助等形式多样、内容丰富的公益服务。石岩街道和劳务工博物馆举办了2013年"企业员工素质提升行动",建立了"劳务工素质教育培训基地",建立劳务工文化素质教育的长效机制。石岩街道经常组织辖区内中外企业的新入职员工参观劳务工博物馆,让他们铭记前辈们为宝安乃至深圳经济社会发展所做出的历史贡献。劳务工博物馆还将题材丰富的"劳务工大讲堂"送到更多企业去,借助文化力量增强劳务工的城市认同感和归属感。

六 对公共文化设施与市民文化权利的关系的思考

公共文化设施的概念是比较广阔的,还包括文艺演出、体育竞技、美术创作、教育培训、文化广场等场馆所。本文重点放在区一级的图书馆和博物馆的调研上,试图通过这个角度来讨论公共文化设施与市民文化权利实现的关系。

文化设施需要空间，空间问题，不只是物质和经济的问题，它也是政治和文化的问题。特别是对于深圳这样寸土寸金的地方，空间的规划布局、设计建设、运营管理、开发利用，无一不是考验着城市管理者的理念和智慧，考验着这个城市的人民的素质和愿景。

对于深圳这样一个每平方千米产生了巨大的经济效益的城市来说，我们需要更多地从人的全面发展、社会的公平正义、环境的和谐美好的角度来处理文化空间的问题，尽可能避免过度的商业化。我们应当看到，在公共文化设施方面，深圳的规划设计理念是先进的，建设投入也是巨大的，与建市初期相比较，公共文化设施投资额增加 6000 多倍，建筑面积增加 500 多倍。很多大型公共文化设施的建设水平已经达到国际一流，成绩斐然。但是，相对不断增长的市民文化需求而言，深圳的公共文化设施仍显不足。这里不只是绝对投入的不足，更是相对的不足，也就是在公共文化设施的建设方面没有和人口布局相平衡，存在着明显的短板和盲区。深圳是一个移民城市，大多数移民来自内地，客观上形成南北文化的融合，又毗邻香港，对外交流活跃，从高雅艺术到大众文化，从传统戏曲到摇滚音乐，从文化复古到文化时尚，东西南北文化的并行不悖，形成了丰富多彩的移民城市文化风格，居民对公共文化的需求也呈现多元化的特点。如何形成区域性特色和多元文化特色，也是创新型城市文化建设的主要命题。

从图书馆和博物馆建设方面来看，区域性发展不平衡，总体上的制度保障体系尚未完备。图书馆建设面积和投入按行政级别分布，不尽合理；社区图书馆的办馆主体错位或不明确，社区集体经济对已建的社区图书馆未能保证持续投入，而致使部分已建成的社区图书馆处于关闭或半关闭状态。社区图书馆建设还缺少规范指导和一定的公共财政支持。虽然深圳市推行了图书馆的"总分馆制度"，但是在实际操作之中总分馆关系还只是体现在财政计划经费划拨和部分图书流转方面，总馆对于分馆的业务管理和指导是比较薄弱的。原来二线关外的各区图书馆的运营情况参差不齐，多头重复建设，图书文献重复购置，新书上架率不高，全市文献资源的共建共享机制还不够健全完善。

国家要求公共文化设施免费向大众开放。这是实现公共文化共享的一个好的政策。但是从基层的图书馆和博物馆的运营情况看，资金依靠财政拨款，又存在着财政经费不足的问题。多方位筹措资金又会影响公共文化服务的质量。图书馆和博物馆的人力资源普遍处于短缺状态，专职管理人员往往一人身兼多职，加上年龄偏大，学历偏低，工作创新动力不足。市、区的图书馆和博物馆已经建成自己的网站、微博、微信平台，但是全市的社区和街道的公共文化设施，还未能跟上数字化时代的要求。

深圳的人口构成十分特别，一方面是高学历的知识技术型人才的密集，另一方面是低学历的劳务型打工者的汇聚，形成了文化素养两极分化的格局。这影响到公共文化设施的利用和开发的绩效。居民的参与程度如果不高，会造成资源利用率较低；在各个文化机构之间，行政管理的限制还是存在的，资源共享和优化配置的机制还有待完善。

文化权利在本质上还是根源于人的主体性文化意识的觉醒。深圳市的公共文化服务体系的建设取得了阶段性的成果，但是，有的访谈者也告诉我们，"对于龙岗区的很多工人来说，他们可能还没有坐过地铁，没有进过深圳市区，没有进过影院，他们对深圳文化的印象还可能是模糊的淡漠的"。公共文化设施的硬件建设和软件建设要同步进行，甚至可以说，软件建设比之硬件建设还要重要。公共文化服务如何走进社区，走进工厂，走进校园？如何加强各个文化机构的交流和合作，实现资源的共享？如何提升管理运营水平和文化工作者素质，加强定期培训？如何不断更新丰富文化活动的内容和形式，增强吸引力和互动性？如何进一步完善公共文化服务的规划和政策法规的建设，改进公共文化服务的绩效管理，形成科学和民主的公共文化服务管理模式？这些都是摆在我们面前的新的课题。

文化广场与广场文化

李婷菊　伍诗乐

摘要　本文以深圳的文化广场为研究对象，探索它在人们的日常生活中发挥的基本功能，研究广场的管理和活动的组织，关注参与广场活动的人们的社会特点和行为特点，以及文化广场在促使人们对城市的文化身份认同方面起到的作用，将深圳城市文化空间的认识与公共文化服务体系结合起来考察，以便更好地理解城市广场的管理和文化开发的意义。

一　文化广场：聚合城市空间和文化认同

20世纪末文化研究的"空间转向"拓展了人们对空间的认识，将空间从物理和地理层面转向对社会关系、文化体制和行动结构层面的关注。西方社会学鼻祖迪尔凯姆很早就指出，空间在本质上是社会性的。社会学芝加哥学派从经验研究中得出结论，城市空间和社会结构具有同构性。收入水平和消费能力不同的城市居民，会定居在不同的居住区，这些居住区在空间上是相互隔离的，因此在不同居住区生活的这些人群在社会活动以至社会关系上也势必相互隔离，进而会形成不同的城市文化聚落。以列斐伏尔等为代表的新马克思主义学派认为，城市空间结构的背后是深层社会经济结构。空间是社会的产物，每个空间不是自在的，而是由社会生产创造的，空间中弥漫着社会关系，它反映出资本主义生产方式对城市的社会形态和文化形态的制约。[①] 爱德华·索亚提出

[①] 高春花：《列斐伏尔城市空间理论的哲学建构及其意义》，《理论视野》2011年第8期。

了"第三空间"概念。他所说的"第一空间"是物质性的空间形式；"第二空间"是人们的空间观念和空间表征；"第三空间"是物质的和观念的空间结合的产物。因此社会空间生产理论解释了空间的社会建构、文化阐释、权力关系，揭示社会空间演进背后的制度作用力。

城市实体空间有着多种类型。作为公共空间，城市广场具有特定的社会意义和文化意义。它不仅提供了人们进行公共活动和社会交往的平台，而且通过它的布局、建筑、雕塑，聚集了城市的历史文化传统，构筑起城市居民的集体记忆和地方感。在历史上，很多重要的事件都发生在城市广场上。各种社会力量，国家权力、地方礼俗、商业表演、民间狂欢都依托于城市广场。广场作为城市的民意聚焦，也具有强烈的动员力和凝聚力。[1]

城市文化广场是市民生活空间的重要组成部分，也是城市社会空间的建构元素。越来越丰富与多样化的广场空间反映着城市居民生活质量逐渐提高的现实与趋势，并在中国城市空间中占有日益突出的位置。[2] 这样，广场就不仅仅是一个形态空间，更是一种社会现象和社会空间，其属性就是"这种空间充满着社会关系，它不仅靠社会关系来维系，而且也在生产着社会关系并由社会关系所产生"。同时，空间在为各类社会活动提供场地的时候，也被各种社会权力所占有、分割，形成各类政治、经济、社会权力的争夺制衡的状态。

随着城市经济发展和生活水平的提高，人们对公共文化服务系统的要求也越来越高。文化广场是城市中人口聚集最集中的公共空间，城市居民不仅利用文化广场充实自己的精神生活，也在公共文化广场进行展演和文化交流。一个城市的文化广场可能具有不同的层次等级，有城市中心广场，也有区域性中心广场、公园广场、文体广场、商业中心广场和社区广场，从而构成城市文化广场体系。[3] 不同层次等级的文化广场，既有重合的功能，也有分别的功能。原则上说，任何人都可以自由进入城市广场活动，这是共享的文化权利。但是对于广场的文化利用，则是公共文化事件，涉及文化管理的权力。城市广场本身可以通过其不

---

[1] 曹文明：《城市广场的人文研究》，博士学位论文，中国社会科学院研究生院，2005年。
[2] 陈柯安：《我国城市广场设计初探》，《美与时代》2015年第11期。
[3] 刘天执：《浅谈城市广场规划设计》，《美术大观》2014年第7期。

同的性质的活动被不断定义。如政治家们的宣讲活动、政治宣传游行等政治活动定义了政治广场和广场政治，文化表演、文化仪式、文化展示等文化活动也定义了文化广场和广场文化。我们说文化广场的含义是，城市广场的文化活动和文化表征的统一的广场空间建构。我们说广场文化的含义是，城市广场的形成的文化身份、文化风格和特色以及文化意义。广场文化的最终价值表现在对于城市的文化认同。

本文重点讨论的是深圳的文化广场和广场文化。笔者将深圳的城市广场从文化学角度进行分析，侧重于观察城市广场的文化利用、文化生产和文化管理。深圳是一个外来人口占绝大多数的移民型城市。早在特区建立之前，旧的深圳城区面积很小，谈不上有城市广场。随着特区建设的高速发展，以市民中心广场为代表的一大批城市广场作为城市建设规划的重要点睛之作，不断出现。城市广场遂与市民生活发生紧密联系。总的来说，深圳的城市广场都具有高度的开放性和共享性，但是，对于不同地域的广场的文化利用，也有其独特性。

本文以深圳的文化广场为研究对象，探索它在人们的日常生活中发挥了哪些基本功能，研究广场上来自五湖四海的人们是否通过参与广场活动能够相互融合，文化广场在使人们对这座城市中产生身份认同的过程中起到了什么作用。我们将深圳城市文化空间的认识与公共文化服务体系结合起来考察，以便更好地理解城市广场的管理和文化开发的意义，以及公共文化服务系统在城市广场管理方面的职能的优化。

二　城市文化广场的调研思路

本课题组在 2015 年 5 月至 6 月间对深圳城市文化广场进行了深入调研。我们调研的重点是深圳市区两级的中心广场和部分社区广场。市级的城市广场体现着整个城市的主导性文化特点，具有重要的政治文化意义。区一级的城市广场则反映出不同的行政区的经济文化特点。社区广场则更加贴近居民的生活。

（一）调研对象的选择

根据深圳市的经济发展状况和人口密集度，我们选择了具有代表性的南山区、罗湖区、福田区、龙岗区、宝安区。前三个区属于深圳特区关内，后面两个区属于深圳特区关外（由于行政区管辖关系的变更，现在龙岗、宝安两区又被划分出新宝安区、光明新区、龙华新区、新龙岗区、坪山新区、大鹏新区6个区；由于城市广场建设基本上还是以原来的建设规划为主，本文在表述上仍采取原来调研时的宝安和龙岗两个区的概念）。每个区内我们尽量选择具有代表性的文化广场。比如福田区的市民中心是市政府所在地，具有市级城市广场的性质；书城广场贴近市民中心，但却具有商业广场的性质；南山区文体中心、龙岗区龙城广场和龙岗区文体中心，宝安区西乡体育中心，从占地面积、广场设施以及建筑意义方面来看都是各个区内具有代表性的市政建设的文化广场，市政投入力度较大。南山区保利广场和南山书城广场是属于商业文化广场，选择它们的原因是由于南山的经济发展较迅速，以创新科技产业发展为主，选择商业性的文化广场比较有代表性，这两个文化广场均属于南山区海岸城，离科技创业园较近，上班一族都聚集在那里，商业组织的活动较多，选择这两个文化广场作为商业性文化广场的代表。社区建设的文化广场我们选择了三个，分别是福田区沙嘴文化广场、南山区桃源村文化广场和龙岗区大芬油画村广场。沙嘴文化广场坐落在福田区沙嘴村内，是典型的原住民旧宅区的文化广场。原住民旧宅区现在大多都已经成为城中村，主要是由外来人口包租居住的地方。这个广场建筑面积很小，广场上的设施条件比较简陋，它所在的地方周围住了很多外地人，是外地人集中活动的一个公共场所。南山区桃源村文化广场是市政府开发的经济适用房和公共周转房的住宅区，主要是体制内的公务员、事业单位员工和企业白领居住的地方。大芬油画村广场坐落于大芬村内，也是原住民旧宅地，现在则是政府扶持的文化创意产业园区，那里居住的主要是绘画艺术家、画工和外来人口。因为文化产业聚集有着浓厚的文化氛围。

我们的调研方式包括：对文化广场管理者进行访谈、在文化广场内进行观察并向活动中的市民发放调查问卷、进行访谈。对文化广场进行调研的时间，我们选择在周末或晚上六点以后广场活动参与的人比较多的时候进行。

（二）调研的问题视角

我们比较了国内关于城市广场研究的三个角度：第一，从地理空间和规划设计的视角，着眼于文化广场自身，探讨文化广场的空间设计，如何更具有地域特色，如何运用地域符号和文化符号，建设具有地方感的文化广场。第二，从广场使用者角度出发，研究广场活动人群的态度和参与行为。这一路径的研究着眼于具有一定规模的市政广场，考察广场为市民提供的服务功能；从态度层面，研究广场使用者对广场的观感和满意度；从行为层面，了解广场使用者的习惯和行为特点。第三，从广场活动与城市文化建设关系的角度，研究广场文化的内容，探讨文化广场的意义。本次研究主要采取了第三种角度，从文化广场与广场文化出发，探究文化广场的建设现状、基本功能，广场文化中体现的城市文化特色，分析广场文化中的社会交往现象以及城市文化身份认同问题。文化认同感，会影响一个城市文化的稳定性，而广场文化、广场活动所形成的市民文化认同感，对身份认同具有建构性作用，因此，发掘广场文化中产生和加深的市民文化认同感，分析市民身份认同产生的原因和机制，对了解广场文化对身份认同的作用，有重要的意义。

1. 关于文化广场的功能

首先，通过前期信息采集与现场初步观察，我们大致了解广场的建筑结构和空间格局；然后，通过与广场管理方攀谈，获知广场的基本功能信息，如举办过哪些文化活动，各类活动的时间分布情况，周内常规活动和周末特色活动的情况；其次，再通过深入问卷调查和深度访谈，了解市民最常从事的广场活动类型和最受欢迎的活动类型；用量化数据展示各类活动的比例，用质化访谈内容分析市民在广场活动的观感，辅以场景观察，总结出广场上常见的市民文化生活场景；最后，将广场管理方提供的活动清单汇总，分析各类活动（市政组织活动、商业活动、市民自发活动）在整体广场文化活动中所占比例，包括空间占比和时间占比，分析文化现象背后的权力争夺，得出政治、商业、公民各类权力如何在广场上利用广场功能，相互争夺、制衡的结论，展现各类社会权力在广场上的争夺场景。

2. 关于广场与城市的文化融合

我们向广场管理方了解广场上常见的文化现象、文化活动以及参与活动市民的大致情况，然后通过问卷的量化分析，对深圳本地人和外地人分别用一套问卷检测其广场活动参与程度、文化的融合程度、对深圳的文化认同感与身份认同感三个维度，找出广场活动的深度参与者，分析参与广场活动的程度和文化的融合程度之间的相关性，试图验证第一个假设:"参与广场活动程度越高,外来人口与城市之间的文化融合程度就越高。"再进一步通过深度访谈,了解参与活动的市民对广场文化的感受,以及广场文化对其的影响,分析外地人对本地文化,及本地人对外地文化的接受程度和彼此文化融合程度。对比基础问卷问题进行分析,形成关于广场文化对城市文化融合作用的结论。

3. 关于广场文化与深圳人的身份认同

在向广场管理方了解广场活动人群的基本身份特征基础上,我们观察参与广场文化生活的市民的精神面貌。然后通过问卷的量化分析,对深圳本地人和外地人分别用一套题目测量其广场活动参与程度,比对深圳的文化认同感、身份认同感之间的相关性。试图验证第二个假设:"参与广场活动程度越高,其文化认同感、身份认同感越高"。继而,通过深度访谈,了解不同程度的广场活动参与者对深圳城市文化的观感,试图发现参与广场文化活动所反映出的市民文化生活需求,文化需求与建立城市文化身份认同感之间的联系,通过记录市民真实的谈话资料,描绘出深圳人的文化认同诉求,以及广场文化能否满足这类诉求的可能性。再加之基础问卷分析,形成关于广场文化对深圳人文化身份认同的影响的分析结论。

(三) 调研概念界定

1. 文化广场的建筑物

深圳这座充满活力的城市逐渐与国际接轨,因此它的城市建筑也将越来越趋于西化或同质化,但是城市文化广场是城市的形象工程,广场的建筑风格通常与城市的文化息息相关。观察文化广场建筑物的特征可以初步感受到深圳城市的整体文化氛围,判别广场的属性是商业性的或是公益性的。

2. 文化广场的管理方

文化广场不仅仅是为市民提供一个宽敞的空间,它还应具有独特的社会功能,需要有行为支持和人文关怀。文化广场的管理方主体是多样的。总的来说,广场空间的物权决定了广场管理的主体。文化广场的管理方负责整个广场的全局事务,对广场有更全面的了解,他们也是广场文化活动的主要服务方。对其进行访谈,一方面能够收集到广场上活动的安排表,以便后期调研。另一方面他们能够提供更多的有关广场后台操作的信息,比如广场的投资者是政府或者是企业,广场建设的主要功能和作用在于哪些方面，等等，这些信息都是了解广场文化的重要线索。

3. 文化广场的活动

文化广场上的活动最能体现城市的文化，活动的开展通常都是某些文化的聚集和交流。活动主体更是多元的，其中有社团、政府机构、企业或事业团体，也有居民的自由聚合。这些活动的组织者是广场文化的创造者、实践者，也是责任主体和服务主体。即对广场文化的政治的社会的和文化的意义、广场活动的安全性均有责任。也通过自主开展文化活动为居民提供公共文化服务。另外，当同一时间同一广场上有多种活动共同开展时，广场上的空间是如何分割的，不同的文化以及来自不同地方的人们是如何在这些活动中进行区隔和融合的，厘清这些问题对于研究文化广场是非常重要的。

4. 参与文化广场活动的居民

基于我们特定的关切领域，对于参与广场活动的居民的社会人口学意义，相对更关注深圳户籍人口和非户籍人口两大类。广场上的活动使居民有了展现自己的场所，我们需要了解户籍居民与非户籍居民通过参加广场上的活动是否分享到城市文化，外来者是否在这个城市中寻找到文化身份认同感，不同类型的居民对广场文化以及城市文化生活有何感受。

（四）调研实施

本次调研选取深圳市最具代表性的 5 个区的 12 个广场的市民，作为问卷调研对象，共发放 100 张问卷，回收有效问卷 84 张。问卷对象为长期在广场上活动的市民，排除了第一次在该广场活动的人群，保证对象参与广场活动的深度与频率。问卷对象为户籍居民与非户籍居民各占一半。其中男性 30 人，占 36%，女性 54 人，占 64%。

调研前期：搜索确定需要调查的广场，分别从南山、福田、罗湖、宝安、龙岗 5 个区抽取 10 个具有代表性的广场，广场建设涵盖村社、商业、市政三个类型。

广场管理方访谈：选择对广场活动实施执行管理责任的中高层管理者，进行访谈，了解广场建设的目的以及功能。收集举办活动的清单，总结其类型及影响。主要目的是了解文化广场的概况。

观察和问卷调查：实地对广场上的人、物以及场景进行观察，形成对该广场的基本印象，观察参与广场活动的人群特点，以及活动的样态。调查者亲身参与广场文化活动，体验文化活动的氛围，发现人们如何在活动中建立交往关系。向广场上的户籍居民与非户籍居民发放问卷，调查其基本身份信息、文化融合程度、身份认同程度三个维度的信息。

深度访谈：在广场活动人群中选择访谈对象，分别对照深圳户籍和非深圳户籍两个组群，了解文化广场对其提供了什么资源，其功能配置效果如何。深入了解广场文化在户籍与非户籍居民的融合过程中起到了何种作用（见表1）。

表1　　　　　　文化广场访谈对象与访谈主题　　　　单位：份

调研地点	调研时间	访谈对象	对象身份	访谈主题	问卷总回收数(88)
市民中心	2015年5月18日16:30	主任黄某	深圳市民中心广场管理处	广场活动安排与特色	—
深圳书城广场	2015年5月18日下午	1. 保安队队长张某 2. 城管 3. 巡查员刘小姐 4. 市民陈阿姨	1. 保安队长 2. 城管 3. 巡查员 4. 市民	广场活动安排与特色	11
龙城广场	2015年6月12日20:00	1. 保安杨某 2. 孙某	1. 保安 2. 散步聊天者	广场活动安排与特色	2
龙岗文体中心	2015年6月12日21:00	1. 吴伯 2. 小晨	1. 踢毽子活动市民 2. 青年龙城广场舞蹈队舞者	广场活动感受	1
南山文体中心广场	2015年5月19日17:00	梁经理	文体中心运营中心经理（佳兆业集团市场开发部成员）	广场活动安排与特色	8
南山荔香公园广场	2015年6月2日18:00	苏小姐	拉丁舞舞蹈班成员	广场活动感受	25
宝安西乡体育中心广场	2015年6月9日18:30	1. 李先生 2. 周小弟	1. 武术培训班教练 2. 周边医院员工	1. 广场活动安排与特色 2. 广场活动感受	16

续表

调研地点	调研时间	访谈对象	对象身份	访谈主题	问卷总回收数(88)
海岸城保利文化广场	2015年6月1日 18:00	1. 王阿姨 2. 李小姐	1. 退休老人 2. 海岸城商场下班员工	广场活动感受	7
南山书城广场	2015年5月18日 16:30	小陈	街舞团成员	广场活动感受	6
沙嘴文化广场	2015年5月18日 10:00	赵主任	沙嘴社区物业管理中心	广场活动安排与特色	1
大芬油画村	2015年6月12日 17:30	李名勇	大芬油画村管理办公室工作人员	广场活动安排与特色	5
桃源村文化广场	2015年6月5日 19:00	1. 石阿姨 2. 黄阿姨	1. 民族广场舞领舞 2. 现代舞广场舞领舞	广场活动感受	6

我们在问卷调查中总共发放了100份问卷，回收了88份问卷，有效问卷84份。分别统计了性别、年龄、职业、来深圳年限和有无深圳户籍的人所占的比例，从这部分的数据可以看出在广场上进行活动的人群的特点。

统计显示，参与广场文化活动的人员中女性65.1%，男性34.9%；20岁以下的2.3%，21—30岁的41.9%，31—40岁的23.3%，41—50岁的14%，51—60岁的7%，60岁以上的11.6%；在职业方面，行政和事业单位的30.3%，企业30.2%，自由职业者23.3%，农民及其他9.3%，退休人员7%；参与活动的人来深圳生活1年以下者11.6%，1年至3年的16.3%，3年至6年的16.3%，6年以上的55.8%；人员户籍方面，外地户籍人员83.7%，本地户籍人员16.3%（《深圳市2015年国民经济统计报告》显示深圳常住人口中本地户籍者所占比例为31.2%；如按照常住人口加流动人口基数为1500万人计算，深圳户籍人口所占比例为23.65%。）由此我们大体可以判断：深圳的城市广场上活动的大多数人是不具有深圳户籍的常住人口，广场为他们提供了文化休闲的场所。

三　城市文化广场的功能

（一）市政建设广场

市政建设广场是指由市政建设规划并由公共财政投入、在公共用地上建设的公益性广场。位于城市中轴线上的市民中心广场是目前深圳市最大的市政广场。其主要功能包括：承接举办市政府、区政府组织的文化体育活动、比赛、晚会、展览、公益宣传等活动。在全部城市文化广场中具有最高的权威性和象征性。

市民中心广场一般不举办商业活动，也不鼓励市民组织集体活动。大多数活动均由市政府职能部门直接牵头组织，活动议程直接与政府宣传议程相关。有时由市政府向下一级部门下达通知组织活动安排。或由下级部门向市政府报告经过批准举办活动。市民中心广场，曾作为深圳市马拉松长跑活动的起点和启动仪式的主要场地，在重大节日举办升旗仪式、发起市民长跑节、举办客家文化节、举办诸如环保宣传一类的公益活动等。市民中心广场不鼓励市民自发组织活动，因为考虑到毗邻市政府，大规模的群体性活动除非是政府部门组织的，一般从安全稳定的角度考虑不作安排。但是不影响少量人群的自发活动在广场周边进行。市民中心广场也不允许航模、飞艇、无人机等在上空飞行。

市政广场普遍都建在公共性较强的城市中心区，周边公共设施比较集中，也是高档商业写字楼的密集区域，地价较高，远离居民区。市政广场举办的活动都具有政治经济和文化的重要意义，规模较大，周期较长，主导性突出，更多体现出主流价值观和政策主导。它的功能和商业广场、社区广场有很大的不同。深圳的城市中心广场，也不同于西方城市的市民广场，没有体现出民间特点和开放特点。相对来说，深圳早年还没有规划建立市民中心广场之前，居民们自发地将大剧院附近的街道广场视为中心，是因为这里最早树立了邓小平的巨幅画像和围绕画像的大花坛。人们习惯于在重要节日自发地来到这里，向改革开放的总设计师邓小平表达由衷的敬意和怀念之情。如今，在城市中轴线上的莲花山上树立了邓小平塑像，因此莲花山就成为人们的瞩目焦点。相对来说，市民中心广场更多地体现出一种权威的气质，其亲民的色彩还比较淡漠。

相对于市中心的市政广场，设在南山区文体中心的文化广场则要亲民许多。这个广场上的各种公益性文化活动非常丰富且活跃。南山区文体中心工作人员向我们介绍，文体中心以"全民健身"为宗旨理念，举办的活动多数为政府公益类，平时为市民散步、休闲、娱乐场所，丰富人们的文化生活，不定期举办大型活动如南山流行音乐节、"泡泡跑"运动会、高校艺术周、全民健身运动会武术太极系列、青工文化节、高校辩论赛等活动，体现了深圳年轻活力的城市文化。文体中心的"全民健身"理念突出了活动的公益性，亲民特色、文化氛围更为突出，更好地实现了文化广场为市民提供休闲场所的功能。

市政建设广场活动的一大特点，是有组织性，其管理也比较严格。以深圳书城广场为例。书城广场有十分丰富的自发活动，每天都会有许多街头艺人在广场展示才艺或售卖工艺品，内容包括艺术书法、临摹绘画、捏泥人糖人、拉提琴等，每到周末还会有更多音乐会、演唱会、义工、大型公益活动、宣传活动。这么多活动并非杂乱无章地分布在广场上，而是有固定的摊位。原先在福田区管辖范围的市民中心到书城广场，街头艺人自由云集。由于街头艺人没有注册，流动性大，表演内容和质量参差不齐。2014年，福田区演艺协会发起建立"深圳街头演艺联盟"，有700多位街头艺人入会，政府通过行业组织推进街头艺人身份合法化。2015年4月，福田区对市民中心广场的街头艺人试行"划定区域、固定位置、抽签派号"的管理模式，6月起通过管理部门组织的专家考核竞争上岗的程序，开始发放市民中心广场街头艺人证。7月，街头艺人正式凭证上岗。持证的街头艺人还签订了《自律公约》，公约倡导艺人自觉在规定区域和固定位置活动、严格遵循规定的演艺活动时间、控制表演音量不扰民、抵制格调低下和淫秽粗俗、体现精神文明、恪守艺术职业道德、自觉维护公共秩序和环境卫生等。针对街头艺人的流动性情况，福田区街头演艺联盟每月定期对下月的场地分配进行公开抽签派号，再根据派号结果，编排出一个月的场地使用轮流表，并在市民中心广场进行公告。现在，街头艺人摊位每晚八点到九点是他们的表演活动时间，周末一般到十点才结束，福田演艺协会会派专员每晚负责巡查签到，如果某位艺人多次不到，其摊位就会安排给其他人，这样做一方面使广场空间得到有效、有序的利用，另一方面也使广场活动都掌握在管理方有组织的管理控制之下。周末的大型活动因为受众比较多，需要提前六周向区文化局、城管局、派出所等单位申请，得到批文后方可在广场举办。

龙岗区的龙城广场于1997年6月建成，位于龙岗区政府大楼正面，占地面积15万平方米，是区政府投资兴建的大型市政广场，广场由三部分组成：A区为市政广场，面积为8000平方米，包括广场、喷泉等，主要由著名雕塑家韩美林设计的青铜九龙雕塑、百报长廊、百龙墨宝等组成。B区为下沉式音乐广场，是龙城广场的中心，有音控喷泉，主景雕塑、灯架、花坛、看台等。C区为休闲观光广场，曾举办过第二届全国舞龙比赛和第三届中国国际舞狮邀请赛，特别是"周末文艺广场"，逢周五晚文艺演出，周六电影晚会，丰富的节目给广大的居民和外来务工人员带来无穷乐趣。广场上还饲养了5000多只和平鸽。著名的"百报长廊"位于广场右侧，由数十个报廊架并成两排组成一百米长的读报长廊，以及大型电子屏幕播放新闻。

我们意外地发现，偌大的龙城广场，在周六晚上只有电影放映这一个大型活动，与对面的龙岗文体中心广场形成鲜明的对比。在龙城广场上观看电影的人数虽然众多，但彼此并不交谈，而且彼此保持距离只是一大片松散的独立个体。而文体中心广场上却活跃着各类不同主题的小群体，以踢毽子、羽毛球、民族舞、交谊舞、现代舞、街舞为单位，各自形成十几人到几十人的小团体，团体内部成员沟通充分，凝聚力强，成员深度参与并依赖组织关系。两者的对比，可以体现不同的市政建设广场活动。前者是权威掌控之下的那种松散的聚会方式，人们为了一项单纯的活动而来，个体之间没有交流，只是散沙般的临时聚合。这也是中国绝大多数的市政中心广场的所谓"中心辐射式"宣传的活动模式。后者比较淡化中心意识，全由市民自发兴趣形成，小群聚合，沟通充分，凝聚力强。在当下维护国家和地方安全稳定的模式之下，由于中心广场的辐射性、表征性作用较强，所以管理部门对中心广场的使用更多地从政治、意识形态以及安全稳定角度考虑，一般不采取完全开放的方式。另外，市政建设广场没有明显的商业利益导向，一般都是作为政府惠民政策、公益项目的一部分而加以利用的。

（二）商业建设广场的功能

商业建设广场一般由商业地产公司开发建设，作为周边商业地产和商业住宅的配套设施，由专业物业公司管理。商业建设广场的大部分活动都是由周边的商家的营销推广等活动组成，带有商业营利性质。以海岸城保利文化广场为例，最为常见的活动为明星音乐会、商品促销、品牌推广等大型商业宣传活动。但是为了聚集人气，繁荣一方水土，这些商圈的广场中也有当地政府组织或公益组织策划的公益文化活动。如"记忆南山"系列影视摄影展等公益活动，还有颇受欢迎的"创意市集"，由市民售卖自制手工艺品的活动。这类广场上的活动由本地物业公司和保安组织负责维持治安和环境管理，地方行政不直接管理控制。商业建设广场的活动也充分体现了市场经济的原则，形成了各种经济力量的自由市场，各类商家、活动主办方利用其经济实力吸引受众。

在对商业广场的管理方调研中，我们了解到，物业对广场活动的管理并不像市政建设类广场那么严格。商业类活动往往由企业自主策划运营，其自组织性很强，一般不需要特别控制、维持活动秩序，活动主办方自身都会协调到位。深圳对于商业广场上市民自发的活动一般也不加干涉，只要不对广场卫生造成影响，都允许市民自由地在广场开展活动，如南山书城广场上的年轻人街舞、老年人地面书法，都形成了自由开展、自我管理的局面。商业建设广场管理的自由度，体现出经济权力和市民权力两者平衡不相上下的局面。

（三）村社建设广场的功能

深圳是一个移民城市。地方文化基本上是以本地的广府文化和客家文化为主。改革开放以前绝大多数自然村落是由宋代以后的中原氏族逐步南迁而形成，因此很多自然村落是同姓宗族。新中国成立以后按照县级和公社建制，规划过行政村落。此后，随着国家发展市—县、区—乡镇结构再次规划行政村落。建立特区以后，按照市—区—街道的行政管理结构管理行政村落。深圳市整体实现城市化，所有农业人口一并归入市民户籍，各村落在体制上转变为村一级的集体企业股份公司。由于保留了原住民的土地权益、集体和个体的经济权益，形成了特有的"城中村"结构。城中村（含城市待建区域内的旧村）是指城市化过程中依照有关规定由原农村集体经济组织的村民及继受单位保留使用的非农建设用地的地域范围内的建成区域。据深圳市政府在进行城中村改造计划中的调查统计，历史上，深圳全市共有城中村437个，总用地面积约93平方千米。现在深圳共有以行政村为单位的城中村241个，其中原特区内城中村91个，自然村173个。居住在城中村总人数约为442.3万人，其中流动人数331.7万人，常住人数110.6万人。城中村内共设有公共娱乐场所1098家，家庭作坊5650家，商铺82272家。深圳住宅总量约4亿平方米，其中城中村占了约1/3。"合法建筑"（包括商品房、保障房、单位自建房、军产房）总共约200万套，理论上可以居住600万人。深圳的常住人口，按统计部门的数据约有1100万，除了合法建筑容纳约600万（极限值）之外，约500万人只能是住在城中村。①

深圳的城中村由于地理方位的不同，随着城市的经济和文化发展的布局、人口分布的特点，也逐步改变了原有的宗族文化特点，转变为以常住人口加流动人口而形成的五湖四海式的移民文化的特点，并且各具特色。有的长期在城中村居住过的人还选择出12个最具代表性的特色城中村。如白石洲是深圳市区最集中、最大规模、相对便宜的移民人口住房村，毗邻深圳大学的桂庙新村获评为最清新城中村，有着800年历史的最古老的南山村，市内最大工业园区的上沙村和下沙村，保留最多深港文化历史的皇岗村，毗邻福田中心区的最富有的岗厦村，跨越文化产业园区的新洲村，以饮食娱乐消费为特色的向西村，打工者聚居集中地的泥岗村，地处交通要冲的民乐村等。2004年深圳市出台了《深圳市城中村（旧村）改造暂行办法》②，为城中村的彻底改造提出了法规依据。近年来随着城中村改造计划的逐步实施，政府通过土地置换、拆迁补偿、异地重建、整体搬迁等方式，进行大规模的城中村改造。

深圳村社建设的广场一般由村股份公司出资建设，专业物业公司管理，是所有广场中最贴近市民日常生活的一类广场。更多地体现出本地人口和外来移民人口的生活空间的融合。村社建设的广场管理相对自由，充分实现了村民、居民的自主性，只要不干扰他人生活，基本可以自由开展活动，大型活动基本由公益组织和职能部门牵头举办。从数量上看，政府组织的活动占少数，商业活动和居民自发组织的活动两者基本持平。而在对大芬油画村广场管理处主任的访谈中我们了解到，同属

---

① 参见深圳地产通报道：《几年后深圳或再无城中村》，魅力深圳网：http://city.shenchuang.com/szms/20151213/285047.shtml。

② 《深圳市城中村（旧村）改造暂行办法》，http://www.szns.gov.cn/gtj/xxgk 21/zcfg 10/zcfgjgfxwj42/5152744/index.html。

于村社兴建的广场,大芬油画村广场的活动商业性质的很少(20%),政府组织的和居民自发的活动数量相对持平(均占40%左右),其政府组织活动稍多的原因,是大芬油画村是深圳重要文化创意产业基地,政府对其关注较多,更愿意出资举办公益性、惠民性活动,缩减商业活动的空间。在广场的实际利用方面体现了政治的、商业的、市民的各种权益的相互博弈。

还有一类社区文化广场,是由住宅开发公司规划而建,以活跃业主们的文化生活为目的。我们对南山区桃源村社区文化广场的调查发现每天都来这里活动的人非常多,形成了大批固定人群。广场为桃源村的居民提供了散步、聊天、舞蹈、娱乐、亲子活动、日常消费的场地。广场四周有老年活动中心、健身会所、舞台、游泳池、儿童游乐器材,每晚会有至少4批主题和人数不同的广场舞团体在此跳舞,有50人的民族舞团(有统一队服)、50人的现代舞团,20人的交谊舞团、15人的小民族舞团,不同兴趣的人有各自所属的团体,不爱跳舞的人在广场周边散步,广场周边的座椅为聊天的人提供休息的场所。每逢周末广场上还会聚集许多售卖小商品的商家摊位,用统一的遮阳棚搭建起来形成一排展销会,利用周六日两天集中销售,其性质类似周末集市,为村里居民提供集中方便的购物场地。不定期还会举办如"幸福社区欢乐行"、粤剧文化节等大型演艺活动,丰富社区文化生活,加深邻里关系。社区文化广场的管理和建设成为社区公共文化服务的重要组成部分。

四 文化广场上的社会交往

(一) 广场交往的特点

文化广场能否生产出公共文化?首先我们要看借助文化活动人们是如何展开社会交流的。调研发现,人们在广场上的交流,呈现出不同的特点。凡是形成小活动团体的人群,人与人之间的交流都更频繁,如龙城广场舞蹈队,就是一支由平均年龄20岁成员组成的年轻人舞蹈队,与多数的老年人舞蹈队不同的是,他们的舞蹈都较有动感、充满活力,如爵士舞、现代舞,成员之间都形成了朋友关系,建立了自己的舞蹈队QQ群和网站(www.wu51.com)。在深圳共有7处连锁舞队,活动摊位设备上印有QQ群号，有兴趣加入的人都可以用"舞蹈爱好者"名义加入该群，朋友之间熟识了还会相互介绍工作，增加了沟通维度。类似的，桃源村的大妈舞蹈团也建立了微信群，有演出活动信息都会在群里通知。可见群体传播对于增进沟通起到了重要的作用。

面对面的沟通虽然真实，但在广场上表现得并不深入，即便是在人际关系相对接近的村社广场，人与人之间的关系也仅仅是认识而已，在商业广场上更是体现出明显的戒备防范心理。谈到原因时，有市民表示，听不懂外地方言。我们的调查统计显示外地人在广场上结识的本地朋友，16.7%的人结识6—10个，结识11个以上的有5.6%，44%的人结识朋友数为1—5个，33%的人没有结识任何朋友。这说明本地人与外地人在广场上还缺乏足够的社会交往，而且不与本地人往来的人不在少数，这不利于本地人与外地人之间的融合与沟通。可见广场活动并没有增加人与人的深度沟通，可以看出，文化广场上建立的社会交往关系是比较肤浅的。

城市文化广场的建设满足了人们休闲娱乐、体育锻炼的需求，人们可以沿着广场跑步，在户外体育场打球。有些儿童培训机构借用文化广场宽阔的场地，教小朋友学习跆拳道、轮滑以及街舞，使得小朋友的学习环境更加开阔，他们的父母也会陪伴在身边，周围还有很多人观看，他们偶尔秀出自己所学的东西会获得观众的喝彩，这样大大提高了小朋友们的学习兴趣。我们分别访谈了几位陪着孩子来学习轮滑的本地家长和外地家长，他们都住在附近，每天晚上都会准点带着孩子来学习，在广场上有固定的学习场地，时间久了，在这个过程中就认识了一些其他的外地或者本地家长，他们在孩子学习的时间会坐在一起聊天，相互聊自己孩子的状况，促进互相的了解，这使得彼此的小孩也成为了朋友。以孩子为桥梁，加强了外地人和本地人的联系，文化广场给他们提供了相处的空间。

我们的调查统计说明，27.8%的人通过散步聊天、观看演出结识，25%是通过亲子活动结识，16.7%通过其他活动结识，13.9%通过参与运动舞蹈文艺活动结识，13.9%通过商业活动结识，通过共同参与公益活动结识的只有2.8%。

在这次调研过程中我们也访谈到了一个由外地人自发组织的连锁的广场舞团体，这个团体与其他的广场舞团体不同，他们有自己的舞蹈团名字，组织者都是年轻人，他们在各个区的广场上都设了点，总共有80多个点，完全是公益性的教授舞蹈，如果音响设备需要换，也是靠广场上的学员志愿募捐来凑集费用，在百度和优酷上也可以查到他们的教舞视频，他们教授的舞蹈非常有活力，受到很多喜欢跳舞的年轻人的欢迎。其中一个组织者说他在这个过程中认识了50多个朋友，每次跳完舞都会一起去喝奶茶、聊天，虽然他们只是一个小小的公益性组织，但是大家可以沟通和交流，久了就会变成朋友，甚至还会互相介绍工作。这种形式的广场舞改变了我们对广场舞原有的刻板印象，他们在广场上跳舞的活动过程中形成了一个群体。群体成员之间产生了一定的社会交往。这是广场上人们之间相互融合的一种很好的方式。这也说明了外地人在参与广场上社会交往中也会发挥积极主动的一面。

广场舞是几乎所有广场上都会有的活动，它成了广场文化不可缺少的一部分。一般广场舞所持续的时间是三个小时，从下午六点到九点，而且大部分的广场上至少有两个广场舞群体，虽然整体看上去各自都有固定的区域，互不干扰，但是由于空间大小的限制，还是会出现对空间的争夺情况，有些广场舞群体由专门照看孩子的大妈和家庭妇女组成，她们不需要上班，所以跳舞开始的时间比较早。有些群体是由上班族组成的，他们下班吃完饭后才会开始活动，所以时间稍微晚一点，等到他们来到场地的时候广场上已经比较嘈杂了，所以后来到的群体便把音响声音开得很大，让原本吵闹的广场变得更吵了。甚至有些大妈用音响占地盘，引起了一些争执。最后经过协商各自划定区域，谁也不侵占别人的领地。有些广场上的广场舞群体为了固定自己的活动范围，便以画线的方式来和别的群体的活动区域区分开来，虽然没有管理者给他们划定区域，但他们以这种方式将自己的群体与其他群体隔开。这是在对城市空间争夺时，各个群体之间产生的矛盾和冲突现象。广场的面积大小不一，如果没有相关单位的管理和规划，面积较小的广场上出现这种冲突的现象是难以避免的。但是通过观察和了解，各广场舞群体内部成员间相处较融洽，本地人与外地人之间并不会产生矛盾。其中有个领舞的大妈告诉我们，他们成员之间都了解不深，大家都只是在一起跳舞，其余的时间没什么接触，不会涉及彼此之间的利益问题，所以也不会产生矛盾。广场舞虽然到处可见，但是本质上也只是一种全民健身的运动，人们之间的关系却比较陌生。

对于出现的这种空间争夺的现象，并不是在每个广场上都可以看到，通过观察我们发现社区和村委会建设的文化广场更容易出现这样的情况。社区文化广场的占地面积较小，空间有限，所以每当到了活动的高峰期，整个文化广场嘈杂声很大，很多人都挤在一起，看起来不太有秩序。但是市政建设的文化广场一般面积都较大，有严格的区域规划，人们都在安排好的区域内组织活动，不会出现混乱的情况。这类广场上举办的大型活动都是属于公益性的，不允许举办大型的商业活动或者市民自发组织的大型活动，但是允许一些街头艺人现场制作和售卖自己的作品，而且他们都得经过申请和审核，区域当然也是固定的，每天到场后就得到管理人员那里签到，一切都井然有序。

(二) 身份的认同

在访谈的过程中，我们发现大部分进城务工人员对深圳这座城市所持的态度是矛盾的：一方面，他们很享受深圳快速的现代化发展以及它完善的公共基础设施，比如文化广场周边的图书馆、体育馆等公共服务系统，以及在广场上与他人的交流互动，这些都丰富了他们的精神文化生活，扩大了社交圈；而另一方面，他们认为自己的经济实力赶不上这座城市的发展，有些人来深圳十几年，在经济上的收获甚微，这座城市虽然给了他们很多机会，但也存在着很多不平等，在生活中时常会遇到一些无可奈何的事。比如一位跳广场舞的大叔说在广场上是人人平等的，在广场上锻炼身体才能少生病。他很想回老家，但迫于经济上的压力，不得不一个人在深圳工作，挣钱养家。很多其他在建筑工地工作的农民工说他们经常辗转在不同的城市，对每个城市连了解都谈不上，更不用说产生对城市的身份认同了。他们认为自己的身份就是农民，到哪里都不会变，在广场上只是和工友坐在一起，很少参与到活动当中。

在广场上活动的参与者当中，从老家过来给子女带孩子的老人算是深度参与者，他们几乎每天都会领着孙子到广场上散步，这是广场上除了广场舞之外一种很常规的活动了。我们访谈了几位老人，问到了他们远离家乡来到深圳的感受，发现答案很不一样。有个老奶奶说是看子女太忙没时间带孩子，才想来帮帮他们的，他们有时候会很想念老家，因为所有的亲朋好友都在老家，他们已经习惯了生活了一辈子的地方，在深圳太孤单了，总体上来说还是觉得老家好。而访谈到的另外一对夫妻却不停地夸深圳，说在深圳生活感觉非常好，他们觉得深圳的人文素养好，经济发展比老家好，可以享受很多待遇，还跟我们说让我们以后把父母也接过来生活，总体来说他们认为深圳比老家好。前一类老人的牵挂和归宿在老家，更加依赖亲缘和地缘关系，后一类老人更渴望融入深圳，希望与深圳建立长久的关系。这两者之所以会不同，原因之一可能与他们自身的社会背景有关，在访谈时，我们发现前几位老人都是来自农村，无法割断自己与家乡千丝万缕的联系，而后几位老人是从行政单位退休了过来带孩子，他们原本就是在小城市生活，对于他们来说来到深圳只是相当于从一个二三线城市到了一个一线城市，他们当然愿意选择更加发达的城市。

从广场管理方来说，他们更容易产生对城市的身份认同。在和一个广场的办公室主任访谈时，他说他们举办和组织活动的时候就有作为这个城市的主人翁身份的使命感，他们会尽全力去管理好广场上的秩序，每年都会召集至少100个产业内的人举办趣味运动会，提高人们参与广场活动的积极性。他们组织举办的很多活动的目的就是让人们之间互相交流和融合，促进本地人与外地人的互相了解。但是往往融合效果不太好，很多本地的年轻人不太愿意参加相关的活动，参与度不太深。

（三）调查小结

从本研究的问卷调查的 SPSS 分析结果来看，深圳市文化广场的参与者的基本情况是：外地人比本地人多，女性比男性多，老年人比年轻人多。

文化广场的活动的类型与广场的类型紧密相关，市政建设的文化广场的活动类型多以政府组织的公益活动为主，商业组织建设的文化广场以推销商品和品牌的活动为主，以赢得经济利益为目的，社区村委会建设的文化广场相对比较开放，活动类型包含公益活动、商业活动以及市民自发组织的活动这三类。

从市政建设、商业建设、村委会建设的广场功能来看，各类广场的主要功能都有不同的侧重点，其中村社文化广场上市民参与度最高，活动的形式更加多样化，其功能的发挥更高效。市政建设的广场一般不接受商业活动的举办，也不鼓励市民组织集体活动，大多活动均由市政职能部门直接牵头组织，活动议程直接与政府宣传议程相关，活动的目的主要是宣传核心价值观和普及公共文化教育。商业组织建设的文化广场上的活动目的多以营利为目的，它的功能具有较强的商业性。总体上来说，三类文化广场都体现出了为市民业余时间提供自娱自乐的平台和载体的功能。

关于本研究中的城市文化广场上活动参与者的社会交往方面，分成两个层面来分析，第一是沟通交流层面，一方面文化广场成为陌生人彼此认识的场所，使人们能够积极与他人交流沟通，扩大了交往圈，另一方面，这种形式的交流只是浮于表面，交流不深入，因此，仅仅只是在广场上互动所建立的社会交往关系是比较肤浅的。第二是在行为活动层面，从广场的整体情况来看，人们之间相处较和谐，但是由于广场上的人群特点各不相同，在人群数量多而空间面积有限的情况下，各群体之间难免会发生对空间争夺的矛盾，这种情况在由社区和村委会组建的广场上比较突出。因此，在广场上的交往不是总体现和谐的一面，同时也会存在冲突和矛盾。

从广场上的人们对城市产生的身份认同的角度来看，广场上的管理者以及自身社会背景较好的参与者更能够产生身份认同，而进城务工群体以及远离农村老家来深圳给子女照顾小孩的老人则更认可自己原来的身份。所以，对深圳产生身份认同与否与城市文化广场没有直接的关系，即文化生活方面的因素不是产生认同的主要因素，文化生活之外的因素可能起到了更大的作用。

绿道：公共文化视域下的城市空间建构
——以深圳绿道为例

周志鹏　许亚阁

摘要　绿道作为一种线性的绿色开敞空间，在城市绿地系统中发挥着重要作用。绿道建设已经在中国部分省市得到普及推广，绿道休闲也逐渐走进市民日常生活之中。广东省在全国较早开始大规模建设绿道，尤其是深圳市的绿道建设工作已经走在全国前列。本文以深圳为例，通过实地观察与访谈，考察了深圳市的绿道建设状况及市民对绿道服务的使用与需求感受状况，在此基础上着重分析了绿道对于城市公共文化以及对于城市文化认同所产生的深刻影响。

一　绿道规划建设概述

"空间转向"是 20 世纪末人类知识界发展举足轻重的事件之一，"这一观念使人们对于历史和时间、社会关系和结构的关注，转移到空间上来。"[①] 实体空间"不仅提供了人们进行公共交往的平台，而且构筑了人们的集体记忆和地方感，这种嵌入日常生活场景的实体媒介，对于人类生活有着不可替代的重要意义"[②]。实体空间在很大程度上是联系城市主体、传承城市文化、传播城市文明的重要空间形式。本文着眼于城市绿道这一道路空间形式，从城市建设规划、景观设计建设的视角转向公共文化视角，把绿道看作重要的公共文化空间，思考城市和人、人与文化的内在联系。

---

①　陆扬：《析索亚"第三空间"理论》，《天津社会科学》2005 年第 2 期。
②　孙玮：《作为媒介的城市——传播意义再阐释》，《新闻大学》2012 年第 2 期。

（一）绿道的概念与构成

绿道，简言之是绿色的道路。在现代化城市的建设规划中，绿道设计是非常重要的城市文脉的组织部分，和人的行走、运动、交流直接相关，体现着人与城、人与人、人与自然的亲和关系。绿道通常沿着海滨、河边、溪谷、山脊等自然风景的文脉依势而建，阻滞大型机动车辆进入，方便行人或骑自行车者游憩的景观线路。绿道连接城市公园、自然保护区、风景名胜区、历史古迹和城乡居住区等，兼具生态保育、休闲游憩、保护历史文化遗产和科研教育等多种功能，是将生态保护、改善民生和经济文化发展完美结合的有效载体。①

绿道由绿廊系统、人工系统等组成。

1. 绿廊系统

主要由地带性植物群落、水体、土壤等具有一定宽度的绿化缓冲区构成，是绿道控制范围的主体。

2. 人工系统

（1）发展节点：包括风景名胜区、森林公园、郊野公园和人文景点等重要游憩空间。

（2）慢行道：包括自行车道、步行道、无障碍道（残疾人专用道）和水道等非机动车道。绿道内的大部分休闲游憩活动以散步和骑自行车为主，慢行道是绿道的重要组成部分，是满足市民户外休闲游憩需求的一种方式。

（3）标识系统：包括标识牌、引导牌和信息牌等设施。

（4）基础设施：包括出入口、停车场、环境卫生、照明、通信等设施。

（5）服务系统：泛指设置于城市绿道的各种市民服务设施和管理服务设施两部分，包括休憩、换乘、租售、咨询、救护、安保等设施。

（二）绿道的分级与分类

1. 绿道的分级

绿道分为省立绿道、城市绿道和社区绿道三个级别，不同级别绿道的建设要求、建设标准、服务群体也是有所差异的。其中，省立绿道是

---

① 深圳市人民政府：《深圳市绿道网规划建设总体实施方案》，深圳市规划和国土资源委员会网站：http://www.szpl.gov.cn/xxgk/zcfg/fgk/csghl/201308/t20130801_94925.html。

连接城市与城市，对区域生态环境保护和生态支撑体系建设具有重要影响的绿道。深圳市坚持绿色低碳发展，通过10年的努力，到2015年，已建设了2400千米的绿道。

2. 绿道的分类

按照绿道所处位置和功能的不同可分为生态景观绿道、郊野休闲绿道和都市活动绿道3类：

（1）生态景观绿道指主要沿城市外围的河流、海岸线、山脉建设，通过对动植物生长栖息地的保护、创建、连接和管理来维护和培育区域生态环境、保障生物多样性的绿道，可供自然科考以及野外徒步旅行。

（2）郊野休闲绿道指主要依托城镇建成区周边的开敞绿地、水体、海岸和田野，通过登山道、栈道、慢行休闲道等形式为城乡居民提供亲近大自然、感受大自然的绿色休闲空间，实现人与自然的和谐共处。

（3）都市活动绿道指主要集中在城镇建成区内，依托人文景区、公园广场、城镇道路和住宅小区两侧的绿地而建立，为人们行走、锻炼等活动提供场所的绿道，贯通了区域绿道交通网。①

（三）绿道的功能

绿道作为一种线形的绿色开敞空间，串联起各种自然和人文节点，集自然、社会、经济、文化等多种功能于一身。

1. 生态功能和环境保护的功能

绿道加强了城市中绿地和其他功能区域之间的物质和能量的流量，为物种的运动、迁徙起到生态通廊的作用，为动植物生长、栖息、繁衍提供充足空间，维护生态系统稳定，保护与优化生态系统。另外，绿道网络也加强了城市与乡村之间的生态联系，成为城市内部的"风道"，在炎热的夏季可以减缓城市热岛效应，在寒冷的冬季可以阻挡风沙，成为一道"防风墙"。在维护城市生态稳定、促进生态环境可持续发展上，绿道发挥着不可替代的作用。

2. 休闲娱乐功能

当前社会已经逐步步入了休闲社会，人们对于休闲活动的需求也是与日俱增，休闲功能已经成为绿道的重要功能。绿道在满足人们的休闲

---

① 广东省住房和城乡建设厅：《珠江三角洲绿道网总体规划纲要》，广东省城乡规划设计研究院网站：http://www.gdupi.com/product/3391.html。

娱乐需求上具有众多优势。绿道能够为民众提供更多户外活动空间和休闲生活方式，丰富居民的休闲生活。人们可以在绿道中散步、骑行、郊游、开展各类体育活动，给繁忙、紧张的都市生活带来舒缓，使人们的身心得到放松。

3. 经济开发功能

绿道可以产生积极的经济效益，带动周边的服务网点和商业运营，如自行车租赁服务、旅游商品销售、体育器械服务、餐饮服务、儿童游乐服务等。

4. 社会交往和文化交流功能

绿道提供了人们自由栖居和沟通的场所。它串联了具有较高观赏价值的自然和人文景观节点，整合提升了城市的人文资源，让人们在享受自然风光的同时，也可以欣赏人文景观，缅怀历史遗迹，还可以聚集亲朋好友，开展多种多样的社交活动。

（四）绿道建设的国际经验

世界上第一条真正意义上的绿道始建于1867年，是美国波士顿公园绿道系统。经过一个多世纪的理论探索与建设实践，绿道的规划建设理念逐渐成熟和完善，已成为世界各国解决生态环保问题和提高城市居民生活质量的重要手段。

美国东海岸绿道全长约4500千米，是全美首条集休闲娱乐、户外活动和文化遗产旅游于一体的绿道。该绿道途经15个州、23个大城市和122个城镇，连接了重要的州府、大学校园、国家公园、历史文化遗迹等，总造价约3亿美元，为沿途各州带来约166亿美元的旅游收入，为超过3800万居民带来巨大的社会、经济和生态效益。

在德国，绿道成为推动旧城更新、提升土地价值的重要手段。德国鲁尔区将绿道建设与工业区改造相结合，通过七个"绿道"工程将百年来原本脏乱不堪、传统低效的工业区，变成了一个生态安全、景色优美的宜居城区。

新加坡于1991年开始建设一个全国性的绿地和水体的绿地网络，通过连接山体、森林、主要的公园、体育休闲场所、隔离绿带、滨海地区等，形成通畅的、无缝连接的绿道，为生活在高密度建成区的人们，提供了足够的休闲娱乐和交往空间，使新加坡成为一个充满情趣的花园城市。

日本在1970年大阪世博会后,开始在大城市和卫星城之间修建绿道网,串联起沿线的名山大川、风景胜地。今天,成熟的绿道网不仅为当地居民提供了休憩场所,日本还利用绿道网来保存珍贵、优美、具有地方特色的自然景观。滨河绿道建设,也为植物生长和动物繁衍栖息提供了空间,日本绿道网也因此成为全球绿道的一个典范。

英国在1929年制定了《伦敦开敞空间规划》,引入了绿化隔离带概念。1976年后的伦敦规划继承并发展了"绿道"理念,并将该理念加以延伸,形成包含不同类型的绿色通道组成的"绿链"(green chain)理念,其目的除了保护大多数开敞空间之外,还重视开发这些绿色通道的旅游休闲潜力。

法国卢瓦尔河流域绿道即"骑自行车的卢瓦尔河"。此"绿道"位于法国中西部地区,全长近800千米,横跨法国卢瓦尔大区和中央大区两个行政大区、6个行政省、8个大中城市以及1个地区级自然公园,沿途设有14个自行车租赁和维修服务点,150个可接待自行车的餐饮住宿点,集休闲娱乐、户外活动和自然文化遗产旅游于一体。①

广东省是我国绿道建设的先行者。2010年,在广东省委、省政府的大力推动下,全长2372千米的珠三角绿道网全线贯通。珠三角绿道分为生态型、郊野型和都市型三种类型,连接广佛肇、深莞惠、珠中江3大都市区,串联200多处森林公园、自然保护区、风景名胜区、郊野公园、滨水公园和历史文化遗迹等发展节点,对改善沿线的人居环境质量具有重要作用,带来了巨大的社会、经济、文化效益,成为广东转变经济发展方式的重要载体。深圳绿道便是广东绿道建设的一个分支,而深圳又凭借自身优势走在了全省的前列。

二 深圳市绿道体系建设的现状概述

绿道网建设是广东省委省政府落实珠三角改革发展规划纲要的重要内容,也是深圳市委市政府重点抓的一项民生工程、生态工程。深圳市

---

① 李敏:《国外绿道研究现状与我国珠三角地区的实践》,《中国城市林业》2010年第3期。

于2010年全面启动绿道网建设，结合深圳实际，制定了《深圳市绿道网专项规划》《深圳市区域绿道控制区保护和管理规定》和《深圳市绿道网规划建设总体实施方案》等，按照"一年基本建成，两年全部到位，三年成熟完善"的要求，全力推进绿道网的规划建设和管理运营工作。目前，深圳市已经建成总长约2400千米的绿道网，基本形成了衔接有序、功能完善、结构合理、内涵丰富、理念新颖、特色鲜明、惠及民生的深圳绿道网体系。

1. 深圳绿道建设的总体概况

深圳绿道是由省级绿道、城市绿道和社区绿道构成，总长度约2400千米，实现全市平均每平方千米就有1千米绿道，市民5分钟可达社区绿道，15分钟可达城市绿道，30—45分钟可达省级绿道。

深圳绿道有独具特色的"组团—轴带式"空间布局特征，是由2条区域绿道、2条滨海风情线、1条城市活力线、6条滨河休闲线、16条山海风光线组成的"四横八环"的绿道网总体格局，以区域绿道为骨架，贯穿生态资源，构筑人与自然相亲和的生态关系；以山海绿道为线索，引导健康绿色生活，彰显滨海城市独特魅力；以活力绿道为纽带，扩充交流活动空间，营造社区新生活。

2. 城市绿道公共服务配套

伴随绿道建设的公共服务，包括硬件和软件建设。硬件方面，设置了公共停车场、售卖点、自行车租赁点、垃圾桶和公厕等配套设施，还有各类城市管理、商业服务、游憩娱乐、科普教育和安全保障设施。

沿着深圳绿道建设的众多形态各异的驿站各具特色，主要有凤凰山驿站、大运驿站、白沙湾驿站、梅林坳驿站等。深圳作为全球集装箱吞吐量第四大港口，集装箱也可以说是深圳"特产"之一。将废旧集装箱改造成深圳的绿道驿站，颇具地方特色的创意。各种标识系统和导览系统的设计也是别具一格，并且附着了城市人文景观介绍的内容。

三 重构城市公共文化的绿道

本文所关注的是城市绿道作为城市公共文化的重要载体，怎样聚合了市民的文化活动，建构了新型的公共文化生活。

课题组成员在2015年4月至5月间通过实地观察、深度访谈的方法进行了调研。调研对象有深圳市绿道网建设管理办公室等政府管理部门，更多的是在绿道活动的普通市民。实地观察都是在各种不同类型绿道上进行的。为了在结构上获得更完备的资料，我们选择了不同的时段调研，分别是周一到周五8：00—18：00/19：00—21：00；周末8：00—21：00；访谈中我们选择不同年龄段及学历的市民。希望借此深入了解不同职业、不同阶层、不同学历、不同年龄段的人群对绿道休闲和文化活动的基本需求与使用感受，在此基础上着重分析绿道对于市民休闲文化以及对于城市文化认同所产生的深刻影响。

（一）政府开展的绿道公共服务

绿道建设是民心工程，而政府是绿道规划建设的实施者，又是公共服务的提供者和管理者。深圳绿道的相关管理部门主要有深圳市城管局、市绿道网建设管理办公室等。

1. 大力宣传绿道，倡导绿色出行和绿道体验

市城管局多次组织的"我们一起逛绿道"活动，市绿道办组织的"2013抬头看风景，深圳绿道阳光骑行活动""2014绿道迎新年荧光骑行"等活动，让市民走上绿道，感知绿道，认识城市，感受不一样的绿道体验。

深圳市各区也在自己的辖区内积极开展绿道活动。如宝安区举办"宝安区绿道33.3千米全民低碳有氧健步活动""地球清洁日，全民低碳有氧绿道健步行活动"，龙华新区组织开展大浪绿道"骑士杯"自行车公开赛，南山区开展"低碳环保、绿色出行"行走绿道活动，坪山新区组织开展旅游文化节"客舞飞扬绿道行"活动，盐田区利用登山绿道，与"壹基金"联合，连续多年举办"为爱奔跑，深圳（盐田）山地马拉松"，展现山海风光，打造公益绿道。

为了全方位地宣传推广绿道，拓展绿道功能，深圳市绿道主管部门建立了绿道专栏网站，开通了鹏程绿道微博，并且通过城市的各种信息平台和资源，与网民积极互动交流，及时准确传递绿道信息，方便大众了解和使用绿道。市绿道办组织编制的《深圳市绿道地图》（2013版），2014年制作了《深圳市绿道地图册》，免费向市民发放，还开通了网上绿道地图。

为了把公益服务、志愿服务融入绿道服务，深圳市团市委与市区绿

道主管部门共同推动,使城市 U 站与绿道驿站实现有机结合,目前深圳市梅林坳、凤凰山、福荣都市绿道、梧桐绿道等"绿道 U 站"成为绿道上的一道公益志愿服务的绿色名片,绿道随着"绿道 U 站"融入城市生活。

政府也大力扶持了依托绿道的民间休闲文化活动。从 2001 年起,由民间召集,首发"双脚丈量深圳"百千米活动,发起了充分体现深圳这座年轻城市的健康、阳光、绿色的生活故事。"双脚丈量深圳",从最西头的蛇口出发穿越五个区抵达最东部的大鹏东冲。如今这项活动举办了 15 届,已经成为全市最大型的民间文体活动。2015 年 3 月,5 万余人相约同行,沿着绿道用心发现我们栖居的美丽城市,在行走中寻找新的同伴和新的愉悦。此外,还有市自行车协会组织绿道自行车大巡游、绿道自行车比赛,宝安区健步杯徒步竞赛活动等。

像"深圳百公里活动"这样的活动,由民间组织发起组织,政府给予支持指导,在理念和实践上回答了"谁的空间,谁的文化"的问题。如在广州火车站前有 1.2 公顷的绿化景观广场,然而这片广场却不属于拥挤的旅客,只有居住在广场对面香格里拉饭店的客人才能欣赏到这片"绣花大地毯"。现代社会本应该是平等的社会,尤其是公共空间更应该向人们展示平等性。深圳绿道作为一个公共空间打破了传统价值观念的束缚,很好地展示了社会的公平和平等。尽管绿道是政府指导建设的,然而在绿道的管理上,政府一直秉持"大社会,小政府"的理念,放政于民,因此市民是绿道的主角,而政府扮演的是一个服务者的角色。正如"深圳百千米活动"介绍所言"深圳磨房百千米活动是自愿参加的、非营利性质的自助式长距离徒步体验活动,以最简单、最质朴、最原始的方式,感受我们的城市。它不是商业活动,也不是表演作秀,更不是竞技比赛,这里没有选手,没有观众,没有成绩,没有记录,活动参加者可以随时随地地放弃和退出。"简短的介绍深刻地反映了这个活动的精神内核:公益、互助、自由、自治。在调研中,市民们说:"比起京基和地王,乃至平安大厦,那些都离我们太远,而绿道,是真正在我们身边,属于我们普通人的。"行走在绿道空间之上,无论你是什么身份,社会地位,财富状况,在这一刻你都是一个市民,和所有的市民一样,拥有着享受自然风光和现代设施带来的体验。行走在绿道上的深圳人,他们可以拍着胸脯大声说,这是"我的空间!我的文化!"

2. 建立自行车租赁体系

深圳市已经建成自行车租赁点超过 700 个,投放自行车 25000 辆,使用微信扫码或办理租赁卡全城通租通用。如盐田区已经形成兼滨海和山林特色的绿色慢行系统公共自行车系统的全面建立和广泛使用,让绿色出行理念深深扎根于居民心中,至 2014 年 12 月 30 共办理骑行卡 7.1 万张,公共自行车租借量突破 4157 万次,每辆车平均每天的使用率达到 9—10 次之多,远远超过国内其他城市 3—5 次的平均使用率。

（二）市民对绿道休闲的需求

1. 市民对绿道的使用

在实地的调查中,我们发现市民在绿道的活动主要有以下几种类型:

（1）休闲游憩,这类活动的人群最多,人们往往是跟家人或朋友一起,周末更多。

（2）体育锻炼,主要是跑步和骑行,这类活动主要以年轻人为主,这一类人群比较固定,基本上每天都会在固定的时间来绿道进行锻炼;老年人的体育锻炼活动则是以广场舞、太极拳等为主,一般集中在公园等社区绿道;社区绿道比较齐全的健身器材,深受老年人的喜爱。

（3）观光旅游,这类活动外地游客居多,大多是城市观光。

（4）低碳通行,有相当多的市民选择骑行这种低碳环保的交通方式。我们访问了梅林一村的居民陈先生。他是 2005 年搬到梅林一村的,如今已经有十年之久。梅林坳绿道于 2010 年建成开放的。他告诉我们,绿道建设之前,他的生活基本上是上班办公室,下班宅家里,两点一线。绿道建成以后,梅林坳开放,他会每天在晚饭之后来这边徒步,目前已经坚持了五年。有了绿道,可以回归到自然。

2. 市民对绿道休闲服务功能的需求

绿道是一种具有多种复合功能的载体,我们发现市民所期望的绿道所能提供休闲服务功能类型中,依次为休闲游憩、观光游览、体育健身、低碳交通、生态保育和文化引导。

3. 市民对于绿道休闲服务保障需求

市民对绿道休闲服务的保障需求主要有:环境卫生保洁、日常维护、公厕提供、治安保障、绿道指引、限制机动车进入等。笔者曾经在清晨探访深圳湾滨海公园绿道，发现保洁工清理的草地垃圾堆积甚多。可见在前晚的滨海休闲活动中，有些市民在草地栖息时随地丢垃圾的情况还是比较多的。清理绿道上的垃圾现在成为深圳义工的一项长期而艰巨的服务。

（三）绿道作为城市历史文化的载体

以福田梅林绿道为例，它是承载城市人文历史和文明教育的载体。总长度22.3千米，自西至东依次连接羊台山森林公园、长岭皮水库、双道廊桥、塘朗山郊野公园、梅林水库、梅林山公园等众多生态人文景点。沿线设置的历史信息牌，讲述深圳改革开放至今三十年历史纪念事件。市民漫步其中，既享受了自然美景，又了解了特区的发展历史。

莲花山公园属于山地生态型绿道，位于深圳市中心。公园现已开发建设并向游人开放的面积为60公顷，以其独特的地理位置和人文景观成为展现深圳风采的最佳窗口。坐落于公园主峰的山顶广场，位于深圳中轴线。邓小平铜像矗立在广场中央，这是全国第一座由中央批准，以城市雕塑形式树立的邓小平雕像。从某个角度来讲，这尊塑像很大程度上代表了深圳开拓创新的城市文化。从山顶广场望去，城市CDB繁华美景尽收眼底。这里已成为广大市民和中外游人缅怀一代伟人风采、饱览中心区景色的最好去处。每日人流不断，人们纷纷前来瞻仰和敬献鲜花，表达对中国改革开放总设计师邓小平的敬仰和怀念之情。

（四）绿道促进社会融合

深圳是一座移民城市，也是一座市场经济发达的城市，社会阶层贫富差距和生活方式的差别相对比较大。绿道设施在促进社会融合方面发挥了积极作用。我们在深圳湾绿道的调研中看到，运动方式最多的是跑步和骑行。自行车团队的成员来自社会各阶层，他们有企业老板，也有普通打工者。在自行车行驶的绿道上，就没有严格的社会阶层的区分，他们只是一起锻炼的朋友，相互尊重，这种尊重更多地是来自个人的魅力，而不是社会地位或经济地位。他们在骑行的时刻都表示非常快乐，而这种快乐无关金钱、财富、社会地位。他们说，人们都处于快节奏生活中，高楼大厦，车水马龙，人都是在工作的压力中生活着。但是一到海边就不一样，碧海蓝天，人自然而然就放松下来，慢下来，去享受这一刻的安谧。绿道，对每个人都是公平的、慷慨的。

踢毽子是荔枝公园里最有特色的活动，该游戏采用的是排球的规则，只是将排球换成毽子。参与者不限年龄、性别，不限相识与否，男女老少都可以自由参加，在一起玩。这个活动打破了年龄、性别、职业、家庭的差异，能很好地促进社区成员之间的交流。

作为山脊绿道，莲花山公园除了和其他绿道一样为游客和居民提供休闲娱乐健身等场所以外，其最大的特色在于该公园西北角的莲花山公园婚介点。在该婚介点处，每天有大量婚介相亲活动在此举行，在观察中我们发现，该地点的活动人群主要以老人为主，他们主要为女儿或者其他亲戚朋友征婚，也有一些年轻人来到这里寻找缘分。因为该地点作为征婚角时间很久，因而也成为莲花山公园绿道的一道风景，慕名而来的游客也很多。

（五）绿道空间重构社区邻里文化

在荔枝公园的观察和访谈中，我们发现，在每天的下午到傍晚的这段时间，社区公园绿道里会聚集很多附近的居民，他们来这里进行各种类型的休闲活动。像这样的社区公园绿道为附近的居民提供了一个空间，这个空间平台为社区居民的生活增添了很多的乐趣，更重要的是这样的空间在很大程度上重新塑造了城市的邻里关系。

随着现代城市的发展，传统融洽的邻里关系已经不同往日。汽车的普及，出于安全问题，大多数家长不愿意让孩子在小区内玩耍，家庭与家庭间的交流大大降低。现代社会两三口人组成的核心家庭已经成为主要的家庭生活结构，邻里关系变得十分淡漠。随着生活节奏的加快，人们很难有时间去与人相处。隐私权、社会竞争的意识更是导致人与人之间的信任度降低，小家成了保护所、避风港，人们更乐意与家庭成员相处或者独自享受一个人的宁静。[①]

尤其是深圳这样的城市，人口的异质性、匿名性、流动性、单位化居住结构也已经全部打破，传统的社区已经不存在，而商业住宅小区是常住区域，这样邻里之间往往存在"鸡犬之声相闻而老死不相往来"的局面。深圳社区绿道空间的出现很大程度上改变了这一格局。社区绿道为社区居民提供了一个很好的室外活动空间，社区居民的交流明显增多。一方面对居民健身活动提供了很好的场所，另一方面是它在很大程

---

① 李芬：《城市居民邻里关系的现状与影响因素——基于武汉城区的实证研究》，硕士学位论文，华中科技大学，2004年。

度上重塑了社区的邻里关系，为原本冷漠的邻里关系注入了情感。

（六）绿道培育民间文化，发挥社会效益

荔枝公园绿道位于福田区中心位置，是一个可游、可玩、可赏、可憩的闹市绿洲。各种民间文娱活动十分活跃，棋牌娱乐常有高手对弈，声乐角里活跃着各种音乐社团。深圳绿源环保志愿者协会常年活跃在绿道各处，在福田红树林国家级自然保护区里，他们进行红树林导赏志愿，开展环保普及教育，实施复种红树林计划，清理红树林垃圾，修护鸟类栖息的树桩，监测深圳河道污染源。深圳观鸟协会以"保护野生鸟类，珍爱美好家园"为宗旨，于 2004 年注册为 NGO，长期依托绿道推广市民赏鸟活动，开展各种鸟类生态保护推广工作，建立野鸟资料库，进行鸟类普查及环境检测，编制调查报告，协助政府相关机构进行野生鸟类栖息地的维护和保育工作。每年由深圳市慈善会、深圳市社会组织总会、校友汇和深圳市登山户外运动协会联合主办的以公益为先导的"全橙跑"全民活动，以指定移动端跑步 APP 悦跑圈为里程统计平台，通过线上线下两种组织方式，从深圳湾体育公园起步，沿着深圳绿道跑步记录里程数。全城数百个跑团基于 APP 统计的跑友里程数据，以当天全部跑友累积的总里程兑换众筹里程公益金，通过公益统筹机构定向捐助近千万的捐款到指定的 15 个公益项目。这可以说将绿道的社会效益发挥到极致！

绿道已经成为新的城市公共文化空间。广大市民作为绿道活动的主体，在参与绿道活动的过程中，自然而积极地融入城市文化，大大有助于市民的文化素质的提升，形塑并强化对城市的文化认同感和社会凝聚力，为城市的发展提供持续动力。

第三辑
社会行动篇：主体与动能

多类型城市社区公共文化服务考察

王　琛

摘要　公共文化服务是社区服务的主要内容，也是社区文化建设中的重要环节。城市社区千姿百态，管理模式也多样化。本文选取了深圳的五个典型社区，通过调研分析其成功建立社区公共文化服务模式的路径和经验，作为城市基层社会公共文化服务管理创新的有益参照。

一　城市社区及公共文化服务的基本形态

（一）中国城市社区的发展

社区是现代城市社会的基层单元。如果说传统社会里面的村社，是自然经济条件下人类的聚合形式，城市社区则是现代生产和生活方式的产物，社区生活状态直接影响着城市经济和社会生活的各方面，影响着社会稳定和谐，也影响到千家万户的安全和幸福。我国长期以来在城市里实行的主要是街道行政管辖和单位聚居管辖模式，这和世界上大多数发达国家的社区自治模式大相径庭。随着城市经济发展和开放程度的提高，居民们在职业和居住方面出现了大量的流动。往常身份化的聚居方式逐渐被开放的社区空间所取代。由于过去的公共服务供给体系和自上而下的行政化管辖体系是一致的，当社区空间出现以后，公共服务的模式也必须发生改变。近年来在维护城市安全稳定方面，推出了"网格化"管理；房地产小区营销出现了住宅小区的物业公司管理；工业园区出现了园区物业和公共服务配套管理；城中村流动人口聚居出现了村社公司综合管理。总之，今天的中国城市社区千姿百态，管理模式也多样化。全国各地陆续出现的社区综合服务中心，是继传统的居民委员会之后的基层公共服务管理形式。社区综合服务中心，并没有完全取代原有的"街道办事处—居民委员会"的两级行政管辖权力，但是部分地转移了原有的公共服务职能。政府通过购买服务的方式设立的社区中心，成为城市基层社会公共服务管理创新的有益尝试，以便更好地贴近基层群众，提高管理效能和服务质量。

社区是城市生活的基本空间。社区提供了人们进行互动交往和社会参与的基本平台，是丰富社会生活和个人生活的具体空间。费林（Fellin）指出，一个令人满意的社区应当是一个"有能力回应成员需要，解决他们日常生活中的问题和困难的社区"[1]。社区中，各种自发形成或有组织成立的社区社会组织在"回应"社区居民的文化需求方面最具有直接性、贴近性和良好的效果。

（二）社区公共文化服务

公共文化服务是社区服务的主要内容，也是社区文化建设中的重要环节。社区居民通过参与多种形式的社区文化活动，形成日常交流互动，增进邻里之间的熟悉程度，相互帮扶、相互照应，共同维护合法权益，共同维护社区安全卫生文明和谐，营造幸福社区的归属感和认同感，共建社区责任，这有助于将城市建设成为更加宜居、平等、和谐的"社会共同体"。[2]

目前社区综合服务中心多数是由社区社会组织承揽的业务。社区社会组织是指由社区组织或个人在社区（镇、街道）范围内单独或联合举办的、在社区范围内开展活动的、以社区居民为成员或服务对象，以满足社区居民的不同需要为目的而成立的各种社团类型和民办非企业单位[3]。社区社会组织的形态多样，不一而足。有的相对正式，有的不那么正式；规模大小也不同；涉及的文化领域则非常广泛。最为突出的是，它们往往带有公益（非营利）的性质，因此也区别于商业小区的物业管理公司。

作为社会的基本构成单元，社区具有提供产品和服务、社会参与、

---

[1] P. Fellin, (2001) *The Community and the Social Workers*, Itasca, IL: F. E. Peacock, p. 70.

[2] 巫志南：《社区公共文化服务》，北京师范大学出版社2012年版。

[3] 夏建中、[美]特里·克拉克等：《社区社会组织发展模式研究：中国与全球经验分析》，中国社会出版社2011年版。

社会控制与社会支持等基本功能。各种类型的社区社会组织是社区建设的重要组成，也是培育和发展公共文化服务体系的现实土壤。其突出的基层性、社区性、数量众多等特点使其在面向包括外来工在内的广大城市居民的公共文化服务中扮演着不可或缺的角色。社区社会组织是公共文化服务社会参与的重要主体，社区社会组织开展的文化活动也成为公共文化服务的主要形式之一。

（三）深圳城市社区公共文化服务案例研究的设计

每个城市都有自己的特殊的历史。这决定了城市的个性特质和社会文化特点，也决定了城市的特定的管理模式。目前中国处在激进的城镇化过程中，由于中国地区经济社会发展水平的高度不平衡，各地大中小城市的社会管理和公共服务情况也有很大的区别。但是总的来说，也有一个共性，这就是大量外来的农村人口进入城市，逐渐转化为新市民。外来人口在城市里面总人口中所占比例，和城市的经济发展速度、规模以及社会管理水平基本上成正相关。本文主要以深圳市的社区管理为研究对象。深圳在中国的城市发展中是非常典型的现象。她突出地反映了快速发达的市场经济迅速改变了城市面貌，决定了城市人口结构的变化，突出地提出了在外来人口急剧膨胀的情势下，如何解决好社区管理和公共服务的问题，如何处理好公共文化服务最后一千米到位的问题，如何回答城市化进程中的公共文化服务均等化问题。

深圳目前的人口结构，常住人口（有居住证登记的人口）总计1137.89万人，其中深圳户籍人口354.99万人，非深圳户籍人口782.90万人，另外还有大约500万流动人口。可以说，深圳是全国超大城市中人口的非户籍程度最高的城市。不同于乡土社会的传统社区，城市社区具有多样性和复杂性。外来人口流入城市的渠道方式各不相同，进入的行业与职业亦各不同，外来工尤其是新生代分布在城市不同的社区，有的相对聚居，有的散居杂居，居住或聚居的社区环境同样千差万别。这种分化造成外来人口接触和享受公共文化设施与服务的情况不一。社会参与各主体也具有多样性和复杂性，同时也很难想象能有一个统一有效的公共文化服务模式。本文试图采用深度描述式的案例研究方法，透过不同类型的社区个案来发现社区基层文化服务的基本形态与过程。

本项研究聚焦于社区的公共文化服务方面，又比较侧重于从非深圳户籍的常住人口及外来流动人口社区居住地的角度选择研究案例。我们实地调研了五类社区：第一类，主要由外来流动人口聚居形成的社区（木棉岭社区）；第二类，主要是外来人口占大部分的常住人口居民社区（南约社区）；第三类，由外来工聚居形成的工业园区（天安社区）；第四类，以本地原住民为主、外来人口散杂居的社区（皇岗社区）；第五类，以户籍居民为主、外来人口散杂居其中的社区（花果山社区）。这五类社区基本上涵盖了深圳这样的移民城市的社区类型。可以通过比较分析来看社区公共文化服务的现状，总结社区基层面向住地居民提供公共文化服务，扩大社会参与的经验，以及社区公共文化服务的难点及问题。

各社区案例调研情况具体如下：

社区个案	个案类型及特点	调研时间与对象
木棉岭社区（罗湖区）	外来流动人口聚居形成的社区	2015年1月，贵良社区中心工作人员
南约社区（龙岗新区）	外来人口占大部分的常住人口居民社区	2013年4月，正阳南约社区工作人员
天安社区（福田区）	在众多企业聚集基础上形成的外来员工社区	2013—2014年，多次深入天安社区；调查有天安商会秘书长深度访谈、针对青工文化生活的问卷、入户访谈、企业访谈
皇岗社区（福田区）	本地原住民为主、外来人口散居的社区	2015年4月，皇岗社区工作人员访谈
花果山社区（南山区）	户籍居民为主、外来人口散杂居其中的社区	2013年3月，花果山阳光家庭综合服务中心工作人员

二 "插花地"的文化面貌：木棉岭社区案例

（一）特殊的"插花地"

深圳罗湖区东晓街道的木棉岭社区，曾经是著名的"插花地"。1982年随着深圳二线关的建设，在罗湖区和原龙岗区交界地出现了一些"三不管"地带（村社组织不管、行政部门不管、企业不管），由于土地关系不明,行政管理权属不明,人口杂居,情况不明,环境脏乱差,被称为"插花地"。木棉岭就是其中一块。据当时的初步调查,这一地带有人口136730余人,其中常住人口约为一成,有楼宇1649栋,出租屋20611间①。不少建筑属于违章建筑。

"插花地"里面不但没有路灯,地下管网、消防、防洪设施等配套市政设施也基本没有,更没有基层政权组织、公办学校、正规医院、文体设施和消防设施,只有泛滥的无牌诊所、非法学校、违法建筑和一系列的地质灾害、安全隐患,以及治安、计生、环保等社会问题。记者们曾这样描述:"走进'插花地'就如同走进一个'大垃圾场'。"

2003年10月8日,罗湖区正式接管了"插花地"。东晓街道办事处和木棉岭社区居委会随即成立。2005年1月21日木棉岭社区工作站挂牌成立。辖区占地面积42100平方米,有2个住宅小区,管辖235栋出租屋,总人口17980人,5267户,其中深圳户籍人口仅有880人,约占总人口4.89%;暂住人口占总人口的95.11%,且以来深务工的流动人口为主。

罗湖区接管后对"插花地"进行了大力整治、梳理和净化。罗湖区在整个"插花地"社区投资修建了20多个健身路径、篮球场、多功能活动室、文化长廊和休闲文化广场等活动场所,积极为社区文艺搭建平台。新成立的木棉岭社区增加了不少免费的文体设施。

(二) 社区组织及发展历程

在木棉岭社区的变迁中,除了政府的主导作用外,有两个来自社区组织的力量发挥了积极作用。一个是"流动党支部",这个流动党支部是由一群来自湖北的"的哥"自发成立的。另一个是在党员带动下不断壮大的义工队伍。也可以说,正是借助了社区社会组织的力量,政府才能四两拨千斤般地有效撬开"插花地"这一杂乱社会生态的综合治理之门。

1. 流动党支部

木棉岭居住着近2000名湖北洪湖籍的士司机和他们的2000多名家属,被称为"的哥"同乡村,也是深圳有名的"洪湖村"。2006年,

---

① 南方网报道:《罗湖全权接管二线关 插花地三不管时代终结》2003年10月8日,http://www.southcn.com/news/dishi/shenzhen/shizheng/200310080138.htm。

为了进行自我管理，的哥中的党员们自发成立了"湖北洪湖同乡村党支部"，"的哥"胡桂梁被推选为党支部书记，连他在内，党支部由12名党员组成。这个最初连办公地点都没有的"流动党支部"，承担了社区服务的功能：组织社区文化活动、为老乡维权、为老乡解决就业难题、节假日慰问贫困户、为重病老乡募捐……因此也被老乡们当成了自己的"家"。2008年胡桂梁被评为深圳市优秀党务工作者，并被推选为深圳市第五届市人大代表。《南方日报》等多家媒体进行过报道。正是因为这些力量来自社区，贴近民众，"插花地"社区建设才能开展得如火如荼。

2. 社区义工站

在党员们的积极带动下，2007年5月，木棉岭社区义工站正式挂牌，招义工现场报名当义工的人非常多。这支义工队主要参与街头义务巡逻、清洁卫生、台风救助等社区工作。

（1）贵良社工服务中心

"党员+义工"模式凭靠的是对社区的热诚。如若将社区公共服务走得持久健康，需要更专业有序的组织化运作。贵良社工服务中心的成立则向这个方向迈进了一步。以前区委组织部每年给流动党支部两万块钱的活动经费，用以解决平时的学习、慰问等日常行政开支。要行使很多责任，两万块钱根本就不够，而且社区事务繁杂，不是专业的，管理起来自然会力不从心。2012年11月，为了更专业地参与社区建设与服务，在多年社区自治管理服务的基础上，胡桂梁发起成立了深圳市罗湖区贵良社工服务中心。该社工服务中心现位于深圳市罗湖区金稻田路木棉岭社区123栋。中心与资深社工合作，将丰富的基层党务工作经验与专业的社工服务融合为一体，创建"党员+社工"的服务模式，为社区有需要的个人、家庭、群体提供贴切、人性化的专业社工服务。贵良服务中心是罗湖区民政局重点培育扶持、经民间组织管理局批准成立的民办非营利社会组织。在运作方面，主要通过这个社工机构平台，向政府申报项目，通过政府购买服务的形式来为社区居民服务，资金和专业性都得到保障。

（2）的嫂互助会

成立"的嫂互助会"是贵良社工中心开展的一个项目。旨在发掘的嫂和党员家属的潜力，解决的士司机的后顾之忧，增进老乡等地缘关系的流动人口凝聚力，互助支持，对社区和深圳产生归属感，共同建设美丽家园。

经过努力，2013年8月7日东晓街道木棉岭社区湖北洪湖"流动妇联"暨"的嫂互助会"正式揭牌成立。这是全国第一家"的嫂互助会"，是推进社会建设和基层妇女自治工作的又一创新之举。

在机制上，"的嫂互助会"（流动妇联）通过党建促进妇建，既是党和政府联系流动妇女的桥梁和纽带，也成为洪湖姐妹们的"加油站"和展示平台，充分发挥流动妇女组织作用，维护妇女的切身利益，解决了上千名"的嫂"长期无业及其相关的诸多家庭问题。"的嫂互助会"由流动妇联5名委员各自分工，分别负责同乡义工、舞蹈队、维权、计生、培训教育等工作。

3. 社区服务中心

2014年7月，在政府主管部门指导下，依托社区资源、借助专业机构，木棉岭社区服务中心揭牌成立。作为一个服务辖区居民的综合性、非行政化的服务平台，中心由罗湖区民政局联合东晓街道办社会事务科，通过政府采购向社会组织购买专业服务，由深圳市社联社工服务中心负责运营。

社区服务中心占地700平方米，设有居民一站式服务办事窗口、党员活动室、舞蹈室、棋牌室、图书阅览室、社区生育文化中心及社区健身路径等便捷服务和文化娱乐场所，为社区居民提供多功能的服务。

社区内有两所幼儿园、两所小学，由深圳市儿童福利会、木棉岭社区工作站、木棉岭社区服务中心联合开办的"木棉岭社区爱心图书室"也已开放，上千册各种类型的图书、几十种有趣的益智玩具，吸引了众多孩子，成为孩子们交朋友、看书、玩玩具的乐园。

（三）公共文化生活

丰富的社区组织资源，使得木棉岭社区在公共文化活动方面得心应手、卓有成效。2014年12月28日下午，由东晓街道木棉岭社区工作站、木棉岭社区服务中心共同举办的"幸福木棉，喜迎元旦"木棉岭社区年终会演在木棉岭社区休闲广场举行。演出现场热闹非凡，缤纷呈现，台下掌声响亮，多达600名居民参与。

这次的社区年终会演内容包括三大环节，一是文艺演出，所有节目都是由居民自发参与和表演，内容多彩多样，生动亲近；二是居民互动,有社工游戏和幸运抽奖;三是木棉岭社区2014年度十佳义工表彰。年终演出给社区居民搭建了一个展示、互动的平台,在浓浓的节日氛围中感受浓浓的社区情怀。

罗湖贵良社工服务中心成立以来开展多项社区服务项目。以下是其中几个:

1. 外来老人服务计划项目

该项目背景是,随着不少青工在深扎根,不少老人也随子女迁到深圳,随迁的老人面临城市融入难题。木棉岭社区作为典型的"插花地",社区环境较差,基础设施薄弱,关于老人服务的内容较少,没有相关的老人服务机构,老人的适应和健康问题值得关注。项目的主要服务对象是木棉岭辖区外来的500多位老人,针对他们来深圳面临一系列的问题开展专业的社工服务,促进老人顺利融入深圳,解决子女的后顾之忧,体现政府和社会的关爱。

该项目制定了服务工作流程,为外来老人个案服务建档45个,形成重点个案9个;特区报社为木棉岭社区老人每户提供一年免费《深圳晚报》。在活动设计上,安排了上门探访服务、带领老人认识和了解深圳、外来老人和户籍老人的联欢会、外来老人的家庭关系处理、外来老人的文化精神服务,如广场舞培训,以及其他具体问题的具体解决。

附:项目活动

活动名称	活动地点	服务人数(人)
外来老人座谈会	木棉岭社区工作站2楼	8
社区志愿者元宵节社区探亲关爱活动	木棉岭社区4户年长老人家中	4
象棋比赛文体活动	木棉岭社区工作站2楼会议室	10
老年人白内障义诊	木棉岭文体广场	56
中老年人营养与健康知识普及讲座	木棉岭社区工作站5楼会议室	26
中老年人健康与养生知识普及讲座	木棉岭社区工作站5楼会议室	23

2. 绿色家庭垃圾分类项目

木棉岭辖区外来人口杂居,人员文化素质偏低,环境保护意识缺乏,社区整个生活环境较差,尤其是垃圾的随意丢弃和堆放,造成老鼠乱窜,极易引发疫情和火灾,给居民生活出行带来不便。"绿色家庭——垃圾分类服务"项目旨在充分发挥家庭在垃圾分类工程中的主力军作用，通过社区倡导，强化垃圾分类意识和分类行动，系统地推进社区垃圾分类工作。他们将整个木棉岭社区分成片区，由社工带领经过培训的社区楼长分组负责区域，在区域内以家庭的形式推行减排和垃圾分类，招募家庭加入"绿色家庭"行列，由项目提供垃圾分类设备，逐步推行；进行阶段评估，表彰先进，鼓励和带动更多的家庭加入减排和垃圾分类"绿色家庭"行列，改变社区环境，共建美好家园。为配合项目开展，建设了一支环保义工队，推出主题为"垃圾分类与人类存亡"社区环保文化系列宣传挂图10套，推出环境保护及垃圾分类微信公众平台等。

（四）木棉岭社区案例分析

木棉岭社区是一个自我管理、自助服务的成功案例。党员、义工的积极努力在社区内形成了非常有影响的示范带动作用，社区组织自身也不断成长，社区公共服务日趋专业化、常规化，社区文化开始积淀成型。

社区组织本身所具有的本土性和扎根性，使得它的各种社会实践和文化活动都具有较好的贴近性和实际意义，更加接地气，因而没有隔膜，也容易得到呼应，从而产生实际效果。良好的社会作用使他们一直能够得到政府层面的资金支持。最初是区委拨款，以后通过成立社工机构平台进行项目申报，由政府购买服务。比如开展的党员家属与"的嫂"互助会项目，总预算16万元，项目运作投入资金及物资总额18.67万元，获得深圳市罗湖区社会建设与民生创新项目专项资金支持16万元，其余资金由东晓街道办妇联、木棉岭社区工作站支持。"垃圾分类与人类存亡"项目也得到了罗湖区社会建设与民生创新项目专项资金签约资助。

三 "社工+义工"的创新机制：南约社区案例

（一）"村改居"之后的新社区

2003年前后，深圳市随着经济社会的迅速发展，原来的宝安、龙岗两区发生了历史性的巨大变化，工业化水平大大提高，经济结构已经基本实现了由第一产业为主转变为第二、三产业为主，原来的农村户口村民基本上已不再从事传统的农业生产。随之市委市政府决策，大大加快两区城市化的步伐，加速推进"村改居"工程，实现全面的"农转非"，将全市农村户口改为居民户口，村委会改为居委会或社区委员会。

深圳龙岗街道南约社区位于龙岗中心城以南，毗邻宝龙大工业区，东邻同乐，西接南联，北抵龙东，总面积7.3平方千米（其中建成区5平方千米），辖9个居民小组，户籍居民577户1908人，流动人口约5万人。2004年城市化"村改居"之后，社区集体经济组织主要包括南约股份合作公司和下属9个居民小组分公司两级经济实体，社区各类工厂企业110家，两级集体厂房物业约63万平方米。2008年两级集体总资产5.7亿元，净资产4.5亿元，两级集体总收入7417万元，人均股份分配11700元。

南约股份公司大楼与社区办公大楼并排耸立在社区文化广场的前面。社区办公楼里面设有图书室、健身室、社康中心、综合活动中心、电教室、老年活动室等，大楼下面的架空层被设计成大家乐舞台，可供文艺演出和放映电影。办公楼正对着的是南约文体广场，有绿荫环绕的回廊可供居民休闲；有免费篮球场可锻炼或比赛，据介绍社区篮球赛有广泛的群众基础。社区文化广场每晚的舞会，已成为居民休闲娱乐的固定场所。广场路边的橱窗宣传栏是"南约文化长廊"，张贴了关于社区文体活动的征文、报道和照片。社区内有麒麟队、老人文艺队等业余文化组织。

（二）引入社工机构

在社区管理与公共服务上，南约社区综合服务中心引入社工机构"正阳社工"来提供公共服务，社区提供活动场地，政府出资购买服务。

2007年深圳市开始大力推进社会工作建设，其中一项政策是扶持社工组织注册发展。有多年义工组织和服务经验的邓红兵、刘玉平和杨成，在民政部门的鼓励和支持下于2008年12月成立了深圳市龙岗区正阳社会工作服务中心。这是经龙岗区民政局批准注册成立的民间非营利性专业社工服务机构，旨在为政府和社会提供专业化的社会工作服务。服务范围包括：专业化的社工咨询、辅导；课题研究；承接政府有关部门的社工派遣服务；面向社会开展活动策划、个案援助等社会服务。根据正阳社工2012年年报数据：正阳社工服务领域涉及劳务工、妇联、青少年、社区、司法5个领域和14个社区服务中心；2010年、2011年连续两年被深圳市社会工作协会评为"深圳市优秀社工服务机构"。2012年被中国企业战略联盟授予"中国社工服务行业最具影响力品牌"和"全国质量、服务、诚信AAA级诚信社会服务机构"。正阳社工现在已发展成为一家品牌化的跨地区社工服务机构,于2009年和2011年分别成立了"东莞正阳社工"和"广州正阳社工"两个分支。

正阳社工南约社区服务中心成立于2011年3月,在"社群能力建设"和"建设共融社区"的目标下,"以社区为本"的工作原则,致力于"共建一个邻里互助、环保关爱的文明社区"的发展愿景。深圳市民政局公布的2013年度社区服务中心评估结果显示,在对市、区财政予以支持的第一、二批次社区服务中心(共64家)进行的绩效评估结果中,南约社区服务中心以总分918.1的成绩名列第二,等级为A^+。测评包括过程性结果(占比30%)和总结性结果(占比70%)。该测评是深圳市民政委托深圳市现代公益组织研究与评估中心进行的。经过资料查阅、电话访谈、问卷调查、实地抽检及评分核算等一系列流程,按照《深圳市社区服务中心营运及评估标准》(深民函〔2013〕121号)和具体评估办法的规定来进行的。评估结果将成为下一年度社区服务中心合同续签及重新招标的依据。

(三)社工组织社区公共文化活动

由于是专业的社工组织,正阳南约社区中心的干事们会按照签约的合同制定年度规划。通常会根据不同主题,开展多项专业服务,尤其是针对四类弱势群体——老人、儿童、妇女、外来劳务工设计和开展各种文化体育活动。针对老人,主要安排保健讲座或登山类的活动;针对外来青工,主要有卡拉OK比赛、篮球赛、征文、摄影、节假日的旅游活动等。其中比较有特色的有以下几个:

1. 为女性外来工服务的活动

针对女性外来工,南约社区服务中心特别策划了婚恋讲座和情绪管理类培训。2012年4月,南约社区服务中心与深圳"小小鸟"打工互助热线携手合作,走进工厂,分别为在南约社区的比亚迪厂和高达表带厂的女工们举办了"女工融入城市系列讲座",包括情绪管理与婚恋观等。通过活动也让外来女工们了解了正阳社工与"小小鸟"打工互助热线,遇到困难和问题时可以进行求助。

2. 为外来工子弟服务的日常文化活动

南约社区服务中心针对社区小学生的各类教育和关怀活动是常规性和日常性的。在社区的青少年活动中心，工作人员开办了"四点半学校"，为放学后无人看护的孩子们义务辅导作业和组织各种活动游戏。在活动中心的外围，他们开拓了一片"开心农场"，培养孩子对植物、农作物的认知，对生命的关爱。同时，还培育家长教育联合会，共同致力于孩子教育，培养和促进亲子间的关系和沟通。

为解决小学生中餐的就餐场地问题，他们置办桌椅在社区办公楼下的大家乐舞台上为社区小学生提供就餐场地，让家长自主自觉维护就餐场所的秩序、卫生和物资管理；采用会员制的方式组织就餐学生到中心午托，由工作人员带领孩子做游戏，家长志愿者协助管理。

这些工作都是南约社区服务中心的工作人员自发提供并自主承担的，增加了他们许多的工作量，日复一日的坚持更是不易。针对学生，除了上述日常化的工作外，他们还在寒暑假、节假日等不同时间开展各种主题的寓教于乐的活动，如"青青园中葵——欢乐暑期夏令营"活动、垃圾分类与环保教育、中国传统文化教育舞麒麟活动等。

3. 主要社区文化活动

下面为2013年5月至2014年5月一个年度周期内，南约社区服务中心所组织的主要社区文体活动一览表：

时间	活动主题	活动内容	其他社会支持等
2013年5月9日	感恩南约母亲	教学生制作康乃馨，为南约的母亲们送祝福	中心社工、学生志愿者、家长志愿者
2013年5月12日	母亲节活动：感恩之花送母亲（南约江业百货门口）	南约小朋友亲手制作的500朵纸质康乃馨，由志愿小天使代表送给路过的妈妈，表达孩子对母亲节日的祝福	中心社工、江业百货、志愿者、学生志愿小天使
2013年5月18日	家长英语兴趣班	英语音标学习。提高家长的英语拼读、默写能力，更好地辅导孩子记单词	中心社工

续表

时　间	活动主题	活动内容	其他社会支持等
2013年6月1日	"六一"亲子梦幻寻宝历险活动	亲子活动	中心社工、志愿者
2013年6月9日	社区邻里乐的系列活动之"邻里乐，粽是情"	户籍老人与来深建设者一起包粽子，以"粽"为桥，促进社区邻里关系的融合	中心社工、社区居民志愿者
2013年6月25日	志愿者交流会	分享志愿服务心得，讨论近期服务计划	中心社工、社区志愿者
2013年7月25日	邻里情系列活动之花艺人生——老年人手工坊（一期）	教社区阿婆们如何使用丝网花的工具做出漂亮的百合花	中心社工
2013年7月31日	诉说老故事，邻里一家亲	老人们边喝茶边回忆讲述南约社区的老故事。社工教老人学习手穴保健操	中心社工
2013年8月20日	亲子DIY"包"你喜欢	亲子互动，学做包子	中心社工、志愿者
2013年8月25日	单身工友假面舞会（在社区高达皮革厂）	针对外来青工的交友互动	中心社工高达皮革厂
2013年8月25日	邻里情系列活动之花艺人生——老年人手工坊（五期）	教社区老人制作丝网花，建设邻里互助，环保关爱的文明社区	中心社工
2013年9月1日	"关爱青工，你我同行"劳动法律法规公益讲座	为社区的工友举办劳动法律法规的公益讲座	中心社工
2013年9月9日	手工制作：舞动指尖　手链传情	为社区居民组织的制作手链活动	中心社工
2013年10月8日	邻里情系列活动之自制月饼过中秋	制作月饼送给社区独居、残障群体	中心社工、社区老人志愿者
2013年10月9日	心随手动，花样人生丝网花手工坊小组结业	从简到繁，见证百合花、玫瑰、牡丹、梅花在手中绽放	中心社工

续表

时　　间	活动主题	活动内容	其他社会支持等
2013年10月10日	重阳节登山游园	组织社区130多位老人赴东部华侨城茶溪谷登山游园	社区社工、南约社区老年人协会
2013年10月18日	"爱心手疗学习活动"	邀请了精通手疗的技师来给社区志愿者们授课，学习手疗按摩	社区社工
2013年10月18日	敬老月系列活动之爱心义剪	为社区老人开展了义务剪发活动	周边理发店
2013年10月27日	"美丽，从今天开始"化妆学习活动	学习护肤知识、化妆技巧	"飞扬"形象设计学校
2013年11月15日	"读书月"的系列活动之评书讲座	为社区居民开展评书讲座	"比亚迪"公司的文艺干事
2013年11月25日	"读书月"的系列活动之"'尚德'美文朗诵比赛"活动	诗朗诵比赛	南约社区居委会、图书馆、南约小学
2013年11月28日	同住屋檐下，共爱一个家——婆媳关系讲座	为南约社区居民开展一场关于"婆媳关系相处技巧"为主题的讲座	南约社区老年人协会（星光老年之家）、海之梦心理咨询
2013年12月24日	平安夜主题的活动，祝福新年	为社区居民和外来工提供交流沟通机会，体会南约社区共同家园	中心社工
2014年3月8日	亲子合作，环保手工送妈妈	小朋友利用废旧物品与妈妈合作手机挂链、康乃馨花、卡纸花、祝福卡等	中心社工、志愿者
2014年3月16日	国际社工日宣传活动："暖暖社区，社工同行"社工周宣传活动。	以社工服务宣传为主，以摊位游戏形式展开，希望社区居民在参与游戏的同时了解社工服务，促进全民参与公共服务的实现	志愿者

续表

时　　间	活动主题	活动内容	其他社会支持等
2014 年 4 月 12 日	"无言的美"手语学习小组	六周时间学习三首歌的手语	中心社工
2014 年 4 月 21 日	亲子踏青活动	春季亲子踏青	中心社工
2014 年 5 月 9 日	再就业讲座	社区居民、外来工就业讲座	中心社工
2014 年 5 月 21 日	关爱来深建设者趣味运动会	组织趣味篮球赛	中心社工
2014 年 5 月 21 日	"书香传情"环保图书交换活动	社区居民和学生图书交换	社工、义工

各项活动信息的发布有多种渠道，涉及面广的活动如卡拉 OK 大赛一类的活动会在多处张贴。2013 年还注册了新浪微博，利用新媒体来发布活动信息。除了规划各种社会文化活动外，服务中心还需要经常协调找上门来的各种求助和投诉。

（四）"社工+义工"的社区公共文化服务机制的创新点

概括起来，南约社区采取的"社工+义工"的公共文化服务机制，具有鲜明的特点：

其一，南约社区的公共文化服务机制可以概括为政府购买的、"社工+义工"为主的机制。整个运作按照一套规范的流程来执行：招标、合同、执行、监督、评估。由于将市场化的竞争机制引入社区管理和公共文化服务领域，改变了过去人们将"公益性事业"和"市场化服务"两者对立起来的观念，这使我们看到，市场化的社工机构，也可以很好地承接政府和公营机构的公共服务责任。通过市场化的汰选和竞争机制，促进社工机构通过优化专业化服务，创新服务项目，提升服务质量来获取自己的生存和发展空间，从而实现新的公共文化服务主体的培育。

其二，由专业机构运作，而且因为有延续性，社工干事们对社区的情况非常熟悉，规划的各项文化活动就深入细致，有贴近性和针对性，有专业性，也能贴近社区的人口特点和实际，活动策划与执行流程严密。这一模式解决了市场化行为可能出现的追求短期效益的问题。社工机构将扎根社区、服务社区看作自己的生存和发展的基点，稳扎稳打，步步为营，一步一个脚印地通过服务社区，建立自己的品牌形象和服务模式，并且在服务过程中建立了和服务对象的情感上和观念上的联系，将有针对性的特色服务和规范化服务结合起来。

其三，社工组织本身的公益性，在借力其他社会力量的服务时具有很强的优势。社工组织的公益性使之区别于其他的市场主体。这种公益性主要是指非营利性。其服务经费和资源的来源主要通过社区服务项目经费获得，并且实行年报制度，公布收益和支出状况，公布服务项目和服务效益，接受项目委托方的监督。公益性成为一个具有认同感和说服力的价值。正阳南约社工中心引入的社会力量中，不仅有公益性社会组织，还有企业以及更多的社区志愿者。

"社工+义工"的社区公共文化服务机制目前还是在实验过程中，也还存在一些问题。

其中经费紧张是最大的问题。在政府购买所付的金额中，必要的开支除了工资，还包括了举办活动的费用（按照合同，必须举办一定数量的社区文化活动），办公费用包括办公用品、打印纸等一并在内。社区服务中心在额度有限的情况下，只能量力而行，举办一些花钱少或不花钱的活动。活动的覆盖面和涉及的活动对象也多有局限。我们以南约社区服务中心2014年第一季度的支出明细表来分析：总支出511239元，其中用于人员薪资、社保、公积金等支出144982元（占28.35%），用于行政管理、办公设备和机构管理费101031元（占19.76%），活动费、场地费、培训费265226元（占51.87%）。

此外，考核机制比较繁复。来自项目委托方（主要是行政管理部门和上级单位）的考核评估要求很多很细。社区服务中心为迎接评估要准备大量的材料，耗时费力，疲于应对。经费少、工资低、所做的工作未必得到正确评价。社会上对于专业化的社工服务理解不正确，多认为社工不应有报酬等，影响了社工的积极性，甚至造成工作倦怠情绪，缺乏成就感，社工的稳定性堪忧。

四　多元文化服务主体汇聚：天安社区案例

（一）汇聚多项功能的工业园区

深圳市的工业园区是随着经济结构和产业发展升级的趋势形成的，多以区域特色产业为基础，适应市场竞争、产业升级和城市化进程对产业集聚的要求，以优势骨干企业为主体，适当集中布局建设而成。工业园区按建设方式分为新建和利用老工业区改造两种类型。

我们这里所说的"泛天安园区"是从老工业区改造而来的，包括天安、泰然、上沙三大民营科技园区，隶属于福田沙头街道，东起泰然一路、西至广深高速公路、南起滨河路、北至深南路。辖区面积1.8平方千米。这个原来以轻工业和加工业为主的老工业区现在已经作为福田区高新技术产业聚集的孵化高地，聚集了5000多家企业，20多万来深建设者，成为一个融合科技开发、企业生产、金融服务、员工生活四种功能的高科技园区。

工业区里聚集的大批来深建设者，其中90%以上是年轻的打工者。我们在天安工业区内万人宿舍区共发放500份调查问卷，收回有效问卷362份；在6座公寓楼进行了76个访谈，包括科技园内的公司员工，还有物业及餐饮、环卫工人等；对园内的赛讯科技公司、鹏森投资集团公司、求卓科技公司、遇见服装公司等十余个企业的文娱活动状况进行了随机访谈。

天安社区居民以外来员工为主，年龄集中在26—30岁年龄段，文化程度集中在大专和本科两个学历段；基层员工月收入为3000—6000元；其生活空间主要是两点（上班地点和宿舍）一线。

天安社区内的文化设施有图书室、健身房、网球场、儿童乐园、游泳池、乒乓球馆等文体场所供居民学习和休闲。园区图书馆位于顺泰楼一层，外观如一间不大的资料室。图书馆里没有窗户，空间狭窄，空气略显混浊。管理员的办公桌靠近门口，里面有一张大桌子，十多张椅子。员工就挤在桌旁看书。据称到周末，这里人就更多了。右边立着几排书架，有文史类、财经类、管理类、心理类等多个类别的图书，还有新闻类、时尚类杂志……书架塞得满满当当，新旧相杂。据管理员介绍，这里藏书量约有 5000 本。相对于万人的住户量，图书馆的书籍数量显得捉襟见肘。靠着墙有 4 台电脑，全部被居民使用着，有玩纸牌游戏的，还有看视频、聊天的。图书馆门口挂着雕漆大牌，门旁还有"职工书屋""天安社区教育学校"两块牌匾。天安社区图书馆会不定期地为青工举办各种类型的读书活动。

天安数码城工业园区一共有两个篮球场，位于天安文化广场。每日大概有数十人在场上打球，场边多有围观。篮球场除了承担园区内居民休闲运动之外，还是公司和管理处组织比赛的场所。一年当中会有几十场有组织的篮球比赛。所以场地比较紧俏，不少公司和员工抱怨，比赛安排太过紧密，很难预约到场地。这两个篮球场是文化广场的心脏，是使用频率最高的设施，然而场地稀缺、闭场时间过早让篮球场成为难以抢到的香饽饽。对园区公司的访谈显示，企业对职工业余生活的关注有所差别，大部分企业一年会组织一到两次外出旅游活动或就近的户外活动，如爬山等；有的企业会组织羽毛球、乒乓球、篮球、唱歌比赛及联谊会等。

从访谈中我们发现，大部分受访者不了解园区内的文体设施，即使有这方面的需求，也不愿去积极寻找解决方案。活动多为自组织。部分员工在访谈中反映：工作非常忙，经常加班，根本没有时间进行运动、学习。生活就是为了工作而工作。感觉自己不算深圳人，在深圳只能够维持简单生活，没有更多打算。有一对 30 岁左右的夫妻，带有一个小孩，也反映说，知道小区有图书馆和篮球场，但从来没有也不会去借书或打球。周末时间主要是上网。他们对于"来了就是深圳人"的口号并不认同，没有一直待在深圳的打算。我们也看到，有的建筑工人，在业余时间一般是看电视、搓麻将。

（二）社区青工学校

2006 年天安社区成立了深圳市第一所社区青工学校。这所公益性社区学校，由福田区团委与企业共建，开创了政府与企业共同创办青工培训机构的新模式：由天安物业管理有限公司提供学校教学场所，团区委负责组织大讲堂的师资队伍和经费，由资深教育机构负责专业技能培训，街道团工委、天安物业管理有限公司负责组织参加培训的人员。

培训对象是天安社区内企事业单位青工。学员参加培训的形式有两类：一类是大讲堂的形式。每个月举办 1—2 次，内容由团区委统一安排，涉及法规教育、身心健康教育、安全教育、前沿知识教育，包括礼仪知识、理财知识、法律知识、生理健康、心理健康、人际关系等，达到全面提升青工综合素质的目标。另一类是各专业技能的培训。内容根据青工的实际需求而设定，不定期举行，通过资深教育机构的专业技能培训，提升青工的业务工作能力和创新能力。师资由团区委聘请有关机构的专家、学者、行业精英、岗位能手组成。

青工学校的经费来源有两部分：大讲堂的经费由团区委从青工培训专项经费中支出。专业技能培训经费由青工个人负责，相关教育机构采用优惠价提供培训服务。

（三）公共文化服务的多主体汇聚

1. 专业社工

2011年以后，天安社区的公共服务由政府购买深圳市福田区天诚社会工作服务中心来提供。福田天诚社工中心是由深圳市福田区民政局培养、区民间组织管理局注册登记，从事非营利性社会服务活动的公益机构。几年来，该中心立足于提供专业的社工服务，已发展了心灵俱乐部、职工维权法律服务中心、科技园志愿者孵化中心、七彩梦艺术团、爱心平台等多元化社会服务。

2. 行业商会

福田区天安商会，成立于2006年，是天安社区的公共文化生活中发挥着积极的作用的另一个重要角色。天安商会是泛天安园区内覆盖面较广的区域性商会，属于非营利性社会组织。业务主管单位是深圳市福田区总商会。该商会致力于构建政府与企业、企业与企业间的交流互动平台，因此在众多的企业行业间有广泛的社会联系。正是由于企业众多，行业及行业商会/协会也较发达，这些为园区内公共文化活动的组织提供了有利的条件。

七彩梦艺术团的组建、运作是一个范例。七彩梦艺术团的前身是"福田青工艺术团"。其组建于2012年年底的"福田青工大舞台"迎新晚会。这次的公益文化活动以公开招标的市场方式运作。天安商会凭借独到的演出筹办策划书，以及与天安、泰然、上沙三大科技园区企业紧密联系的优势夺得该项目的承办权。在筹办过程中，天安商会通过对辖区企业细致的调查摸底，发掘并选拔了一批具有艺术表演基础的外来青工。负责寻找演员的库先生曾在3个月间，跑了1500家企业，一家家企业、一栋栋宿舍询问。由于多数企业担心员工参与文艺活动会影响工作,并不热情支持。后来经口耳相传,越来越多的年轻人加入这支团队,企业的积极性也被调动起来。找到演员之后邀请专业教师进行辅导培训与包装,培训大多是在员工下班之后进行的。这支队伍为12月26日在文化广场上举办的迎新年晚会奉献了十多个精彩的节目。

"福田青工艺术团"后更名为"七彩梦艺术团"。艺术团的创办者、天安商会专职秘书长周玲的目标很明确——"聘请专业演员很容易,但我们的目标是让外来工成为舞台上的演员。我们希望将这支艺术团打造为福田的青工文化品牌,走出天安园区,在街道、社区发挥热力,甚至走向全国"。将艺术团常规化,在各工业园区及全市各大社区巡回公益演出,不仅助力福田文化惠民工程,也成为城市公共文化服务的一股力量。[①]

周玲现任艺术团团长。她以天安商会为平台,在深圳市政府面向社会组织招标的社会公益性项目中多次中标,各种公益活动开展得有声有色。2015年4月,"七彩梦艺术团"走进广东边防总队机动支队为部队官兵演出,走进顺丰速运梅林分部为一线快递员工演出。演出活动由深圳市福田区宣传文化体育事业发展专项基金资助,天安商会与福田区天诚社会工作服务中心联合承办,是"文化周末·读书大讲堂"系列公益文化活动的一部分。

3. 社区各类公共文化活动

在福田区总工会、宣传部(文体局)、区团委、妇联的群团组织支持下,天诚社会工作服务中心、天安商会等公益性社会组织联合一些园区内企业,为丰富社区文化生活组织了多项活动。尤其是近年来,在深圳市福田区宣传文化体育事业发展专项基金资助下,策划启动了多项(系列)文化活动,兼具公益性和文化性,其中的"文化周末·读书大讲堂"系列活动,以天安数码城创业园为中心,辐射福田区,让社区文化建设有了长效机制。

下表是2014年以来天诚社工中心与天安商会联合相关机构局举办(承办)的部分公共文化活动:

---

① 皮韦:《编织20万青工"七彩梦"》,《深圳晚报》2013年4月28日。

时间	主办方、承办方与协办方	项目名称	资金与社会支持
2014年6月13日	深圳市文体旅游局主办；深圳市群众文化学会总协办；天安商会、区科技园企业工会联合会、顺丰速运有限公司深圳分公司协办；天诚社工服务中心承办	公益文化项目"进社区下基层"系列活动之来深建设者心灵讲堂	市宣传文化事业发展专项基金资助。主讲：中国社工协会深圳心理援助工作站专家
2014年6月24日	市文体旅游局主办；市群众文化学会总协办；天安商会、区科技园企业工会联合会、保安71区兴东劳务工服务中心协办；天诚社工服务中心承办	深圳市2014年度公益文化项目"进社区下基层"系列活动之来深建设者心灵讲堂	市宣传文化事业发展专项基金资助。主讲：红树林心理咨询中心专家
2014年8月	福田天诚社工中心、天安商会主办；协办单位：区企业发展服务中心、区妇联、区劳动人力资源局、区社会组织总会、天安物业管理有限公司、泰然物业管理有限公司	"文化周末·读书大讲堂"在天安数码城创业园启动仪式	区宣传文化体育事业发展专项基金资助；天安数码城、馨坊茶艺会所和深圳全棉时代科技有限公司赞助
2014年11月22日	区企业发展服务中心、区总工会、区团委联合主办；天诚社会工作服务中心承办	"文化周末·读书大讲堂"系列活动之"我的青春我的梦"读书演讲大赛	区宣传文化体育事业发展专项基金资助
2014年11月30日	区企业发展服务中心、区总工会、区团委以及深业泰然（集团）股份有限公司联合主办；天诚社会工作服务中心与天安商会承办	"文化周末·读书大讲堂"系列活动之"福田企业之声"欢乐盛杯歌唱大赛初赛	区宣传文化体育事业发展专项基金资助
2014年12月7日	区企业发展服务中心、区总工会、区团委联合主办；天诚社会工作服务中心与天安商会承办	"文化周末·读书大讲堂"系列活动之"我的青春，我的梦"读书演讲大赛决赛	区宣传文化体育事业发展专项基金资助

续表

时　　间	主办方、承办方与协办方	项目名称	资金与社会支持
2014年12月12日	天诚社会工作服务中心携手天安商会、泰然物业、区科技园企业工会联合会等单位共同承办	"文化周末·读书大讲堂"暨第三届金谷文化节闭幕仪式	区宣传文化体育事业发展专项基金资助
2014年12月13日	天诚社工服务中心和莲花一村社区服务中心联合主办	"文化周末·读书大讲堂"公益文化项目现代化时尚文化系列之社区亲子礼仪沙龙	—
2014年12月27日	天诚社会工作服务中心承办，天安商会、区科技园企业工会联合会协办	"文化周末·读书大讲堂"系列活动之书法培训沙龙	—
2015年1月10日	天诚社会工作服务中心与天安商会承办、深圳千高原朗诵艺术团协办	"文化周末·读书大讲堂"系列活动之"多多读书，好好说话"读书沙龙	区宣传文化体育事业发展专项基金资助
2015年1月17日	天诚社会工作服务中心、天安商会承办、深圳千高原朗诵艺术团协办	"文化周末·读书大讲堂"系列活动之"生活中的艺术语言"读书文化沙龙	区宣传文化体育事业发展专项基金资助
2015年1月24日	天诚社会工作服务中心与天安商会承办、深圳千高原朗诵艺术团协办	"文化周末·读书大讲堂"系列活动之"朗诵与阅读"读书沙龙	区宣传文化体育事业发展专项基金资助

"文化周末·读书大讲堂"活动分为常态化活动和动态化活动两大部分。常态化活动在每个周末的下午举行，分为六大系列：心理健康系列讲座、摄影技巧系列讲座、现代时尚文化系列沙龙、读书分享及写作交流沙龙系列讲座、书法作品赏析沙龙系列和文艺、文学作品创作系列讲座。动态化活动包括："福田'青工大舞台'迎新年文艺汇演""'我

的青春,我的梦'诗朗诵与主题演讲大赛""'福田好声音'外来青工卡拉OK大奖赛"等。

从调研统计和实地访谈来看,天安社区在公共文化服务方面有以下特点:

首先,公共文化服务参与主体的多元化,既有政府主管部门、群众团体,如区文体局、劳动局、团委、工会、妇联,也有民间社团如商会协会,还有所在园区的管理机构、企业以及众多社工义工和个体志愿者。其中政府通过专项基金持续资助,商会发动企业捐助,依托社区企业及各种商业协会资源,加上社工组织的专业服务,形成公共文化服务的多主体聚合效应,所有这些活动又能落实在社工服务中心这样的专业化组织落地执行。①

其次,公共文化服务主要是政府通过购买服务的方式,将资源和责任同时下沉到社区中心。经过几轮的实践考验,这种购买已经常态化,形成固定的文化品牌。由于专业化的策划和组织水平,使文化活动的内容比较丰富活跃。

但是,从整体社区来说,基础性文化设施显得供不应求。主要体现在年轻人迫切需要的体育活动场地、图书资料储备、图书阅读和学习培训场地显得不足。若干文化演出活动,适应上级指导性意图、适应深圳市一些品牌文化活动还比较明显。从社会效果来看,还存在着许多文化活动参与面不够大的问题。

五 集体经济支撑公共文化:皇岗社区案例

(一) 从"洗脚上田"到经济腾飞

位于深圳福田区的皇岗社区,是原皇岗村,距今有700多年的历史。由上围、下围、吉龙三个自然村组成,毗邻香港,占地面积0.82平方千米,总人口约6.4万人,其中户籍人口4000多人,其中庄姓户籍人口1700多人,其他6万人都是外来务工者。外来人口主要是外来

---

① 田华、陈静波:《论社区公共服务供给中的多元化主体》,《云南行政学院学报》2007年第6期。

经商者、在附近写字楼工作的白领、出租车司机和其他暂住的外来务工者。这是深圳城区内人口密度最高的社区之一。

改革开放前，皇岗村是深圳地界上有名的"逃港大村"。改革开放后，原皇岗村经历了三次转型，创造了工业化和城市化的奇迹：①

第一次转型是农村转型城市（1980—1992年）。皇岗村告别农耕时代，"洗脚上田"，动员村民、组织集资修建了沙埔尾工业区。招商引资，引进港商投资的电子、服装、五金、化工、汽车修理等50多家企业，大办"三来一补"加工制造业，实现了集体经济的大飞跃。

第二次转型是告别"三来一补"，从以工业为主转型为高端服务产业。1992年皇岗村和特区内68个行政村实行农村城市化的"两个转变"，全村1680名种田人全部转为城市居民，皇岗村改制为皇岗社区，成立集体股份公司，从以工业为主向综合服务业转型，引进总部经济和现代服务业。成立后的皇岗实业股份有限公司瞄准房地产业，先后建成皇安大厦、皇庭世纪小区、皇轩酒店等高档写字楼、现代化住宅小区、酒楼；已建成的皇岗商务中心，主楼高268米，建筑面积15万平方米，集总部商务写字楼、现代商业、高星级酒店公寓多种业态于一体；此外，皇岗实业还拥有服装、化工、电子等52家企业，依靠地产、实业公司发展起来的集体经济，皇岗村民很早就跨入了富翁的行列。

第三次转型是建设国际化、现代化新型社区。按照深圳市的建设规划，皇岗村位于城市中心区、轨道站点500米范围等优势地区的旧工业区范围，将通过鼓励发展金融保险、物流商贸、科技信息咨询、商务会展、文化创意、总部经济等现代服务业，实现城中村更新改造，打造成深圳CBD的南花园和高端配套基地。

（二）社区文化的提升轨迹

皇岗社区，在文化建设上通过建设先进文化阵地，开展"六个一"系列文化工程，抓文明道德培养，抓社会建设，让社会组织和公益团体发挥作用等方式实现了文化建设和经济建设同步的提升。自1992年农村城市化以来，文化体育事业作为重要一环，融入了皇岗社区整体布局战略规划中。

---

① 报道：《皇岗三十年经历三大巨变》，《深圳商报》2011年7月2日。

1. 社区公共文化设施建设

在文化设施方面，皇岗股份公司先后投资 2 亿多元建设了"苏州园林"式的皇岗锦绣公园，以及占地 5 万多平方米的文化广场。文化广场设置有大家乐舞台、博物展览馆、青少年活动中心、灯光篮球球场、网球场、音乐喷泉、城市街区自助图书馆等，超大屏幕的电子显示屏播放着各种电视节目，成为人们晚间和周末休闲的主要活动空间。

皇岗博物馆，是全国第一家村级博物馆。位于皇岗村文化广场，1995 年兴建，占地面积 2400 平方米，由皇岗股份有限公司投入 2000 多万元兴建。展馆有 12 个展厅，1998 年开馆。馆内收集了皇岗村自新中国成立以来的文件、实物、照片，真实地记录了皇岗村发展的历史轨迹。

皇岗村还投资 800 万元新建了一座现代化图书馆，占地面积 550 平方米，馆内藏书近 20 万册，可容纳 200 多人。村里还建起占地 3 万平方米的"老人之家"，以及室内游泳池、灯光球场、网球场等文化体育设施。

2. 社区群众文化活动队伍

随着文化设施的健全，各种文化活动及社区组织逐渐兴起，社区篮球队、足球队、中老年舞蹈队、腰鼓队、木兰拳、太极、健身操等群众队伍经常开展活动。这些民间自发形成的自然状态的团体满足了社区不同人群的文化需求，丰富了社区生活。2009 年举办的首届社区运动会组织社区居民与企业的 27 个代表队 2000 人参加。该运动会连续举办至今。皇岗村老支书庄顺福介绍说，"这个广场每周都有文化活动，已成了皇岗村民和外来工休闲娱乐和相互交流的乐园"。皇岗社区文化广场已被评为广东省"十佳文化广场"，皇岗社区先后被评为省、市文明单位和"全国精神文明建设先进单位"等 7 项国家级奖项，并被确定为全国创建文明社区示范点。

3. 特色文化品牌"柔力球运动"

皇岗社区致力于将自己打造为"柔力球之乡"。2007 年，有关方面来皇岗村推介柔力球运动，敏感的皇岗人抓住这个契机，把发展柔力球运动作为社区特色文化建设的龙头。2009 年皇岗社区在福田区民政局注册了太极柔力球协会，正式名称为"深圳市福田区锦绣太极柔力球协会"（以下简称"柔力球协会"）。经过几年的发展，皇岗柔力球队频频亮相各地比赛，接连获奖：澳门柔力球邀请赛获优胜奖，香港国际武术节夺得4枚金牌及获评最佳推广贡献奖，哈尔滨邀请赛夺得10个金奖、5个银奖。2008年至今获得的荣誉及奖牌七八十项。协办或参演重大展演活动四五十场。柔力球运动已成为皇岗社区名副其实的文化名片。2011年10月，皇岗社区承办了第十届全国老年人柔力球交流活动，来自全国各地的50支柔力球精英队伍齐聚皇岗切磋技艺。

村民们说，皇岗社区柔力球运动开展得这么好，全是因为有一个得力的"后勤部长"。这个"后勤部长"，就是原皇岗村支部书记兼股份公司董事长庄顺福。柔力球运动开展初期，在老书记庄顺福的动议下，村里决定为所有参加柔力球运动的村民免费提供价值百元的球拍、服装，又先后置办了6套组合音响。"柔力球协会"的成立也得到了皇岗社区党委、股份公司等慷慨赞助。皇岗公司还聘请了多名专业教练和专职工作人员，训练球员、进行活动策划与组织实施，以及相关宣传推广。目前协会已有600多会员。

（三）社区集体经济实力转化为公共文化软实力

皇岗社区在文化建设上有得天独厚的资源优势：一是有村集体经济皇岗公司作为雄厚的经济后盾，在文化设施与文化建设上不仅动作大，而且能做到常规化、日常生活化，乃至产生品牌效应；二是地处深圳中心区福田的中心位置，寸土寸金，周边遍布的高级酒店、商住办公写字楼、各商业金融机构，这些企业也经常为社区的文化活动提供赞助；三是皇岗公司和社区的党组织和股份公司董事会有远见、魄力和社会资源，着力社区文化和文化品牌的建设，并得到了深圳市和福田区主管部门的指导和支持。

以柔力球运动为例，从一个村民文体娱乐活动项目，发展出具有广泛社会影响的社会组织"柔力球协会"，形成一套将社区文化活动、城际文化交流、特色体育竞技融为一体的高效的运作模式。由于巨大的成绩和社会影响，2010年，深圳市柔力球专项委员会柔力球培训基地落户皇岗，2011年，中国老年人体育协会柔力球专项委员会也挂牌皇岗，无论是上下的沟通还是活动空间的拓展，运作起来游刃有余。皇岗社区案例体现了先富起来的社区，如何将经济实力转化为文化软实力的成功经验。

六 "一核多元"的社区治理和文化运作机制：花果山社区案例

（一）新型社区治理模式

深圳南山区招商街道办事处下辖的花果山社区，位于蛇口花果路。这是一个建于20世纪80年代的老社区。近年来，花果山社区的建设走在各社区的前沿。从2008年起，花果山社区就尝试引入深圳市妇联南山区阳光家庭综合服务中心，开始尝试购买社会组织的服务，采用引入专业机构为社区居民提供以妇女儿童和家庭为主体的服务。

2011年7月，花果山社区以落实深圳市"十二五"社区服务规划为契机，在全市率先建成功能清晰，提供跨部门、综合性、非行政化服务的社区服务中心，2011年8月正式投入运营，与专业的社会服务机构——深圳市阳光家庭综合服务中心签订合同，由其进驻服务。得益于这些成熟的条件，2012年4月，在运营社区服务中心的基础上，继续通过政府购买服务的方式，由社会组织阳光家庭综合服务中心承接原社区工作站承担的辅助社会管理及协同公共服务职能，实现了社区工作站到社区服务中心的转型升级。社区服务中心引入香港社工督导，配备5名专业社工，建立"社工+义工"的服务模式，为社区居民提供10多项专业化服务。

2012年7月，为了重塑社区居委会，发挥居委会枢纽职能，在培育和发展众多社区社会组织的基础上正式成立了社区社会组织联合会，发挥社会组织在参与社区建设、促进社区管理服务、提升社区自治水平等方面的作用。①

花果山的改革，从致力于构建"两委两平台"。所谓"两委两平台"是指社区综合党委、居委会与社区综合服务平台与社区多元活动平台的新型社区治理新架构。② 这主要针对和解决基层管理层级过多、

---

① 《实现社区可持续发展的必由之路——花果山社区社会组织联合会情况汇报》（2013年10月21日），南山政府在线：http://www.szns.gov.cn/zsjd/zsjdb/zfgg74/537291/index.html。

② 钟良、金城：《让社区回归社会 深圳花果山社区自治试验进行中》《21世纪经济报道》2013年1月25日。

行政成本大、效率低、社区工作站组织定位和人员编制问题突出、居委会"边缘化""空心化"等基层问题。到2015年1月26日部署和推进的"一核多元"社区治理模式,都是在尝试建设"党建区域化、服务专业化、管理网格化、自治实体化、运行制度化"的社区发展新格局。

"一核多元"社区治理模式(1+3+N),"1"即社区综合党委;"3"即社区居民委员会、社区工作站、社区服务中心;"N"即各类社区社会组织和驻辖区企事业单位。是以社区党委为核心,以社区居民委员会、社区工作站、社区服务中心三个主要主体为依托,社区社会组织、业主委员会、物业管理公司、驻辖区企事业单位等多元主体密切配合,多元互动、多方参与、共建共享,最大限度地增强社会发展活力。"一核多元"社区治理模式突出了社区党委的核心统领和协同各方作用,也充分发挥了不同的社区管理角色的功能。

"一核多元"社区治理模式图示如下:

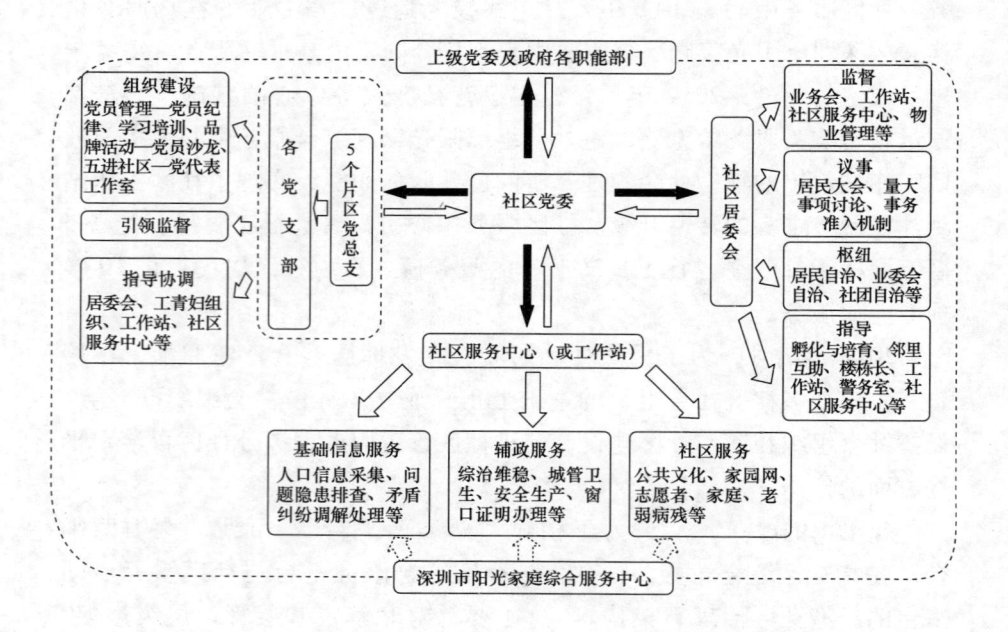

```
                          ┌─────────────────┐
                          │上级党委及政府各职能部门│
                          └─────────────────┘
                                   ↑↓
┌──────────┐    ┌──────┐ ┌──────┐         ┌──────┐  ┌──────────┐
│ 组织建设  │    │      │ │      │         │      │  │   监督   │
│党员管理—党│    │      │ │      │         │      │  │业务会、工作│
│员纪律、学习│    │各党支部│ │5个片│         │社区居委│  │站、社区服务│
│培训、品牌活│←──│      │ │区党总│         │会    │  │中心、物业│
│动—党员沙龙│    │      │ │支    │         │      │  │管理等   │
│五进社区—党│    │      │ │      │         │      │  ├──────────┤
│代表工作室 │    │      │ │      │         │      │  │   议事   │
├──────────┤    │      │ │      │         │      │  │居民大会、│
│  引领监督 │←──│      │ │      │←═══→社区党委←═══→│      │→ │重大事项讨│
├──────────┤    │      │ │      │         │      │  │论、事务准│
│ 指导协调  │    │      │ │      │         │      │  │入机制   │
│居委会、工青│    │      │ │      │         │      │  ├──────────┤
│妇组织、工作│←──│      │ │      │         │      │  │   枢纽   │
│站、社区服务│    │      │ │      │         │      │  │居民自治、│
│中心等    │    │      │ │      │         │      │  │业委会自治│
│          │    └──────┘ └──────┘         │      │  │社团自治等│
└──────────┘                ↓↑            │      │  ├──────────┤
                          ┌─────────────┐ │      │  │   指导   │
                          │社区服务中心 │ │      │  │孵化与培育│
                          │(或工作站)  │→│      │  │邻里互助、│
                          └─────────────┘ │      │  │楼栋长、工│
                             ↙  ↓  ↘     │      │  │作站、警务│
                                          └──────┘  │室、社区服│
┌────────┐ ┌────────┐ ┌────────┐                   │务中心等 │
│基础信息 │ │ 辅政服务│ │ 社区服务│                   └──────────┘
│服务    │ │综治维稳、│ │公共文化、│
│人口信息采│ │城管卫生、│ │家园网、志│
│集、问题隐│ │安全生产、│ │愿者、家庭│
│患排查、矛│ │窗口证明办│ │、老弱病残│
│盾纠纷调解│ │理等    │ │等      │
│处理等   │ │        │ │        │
└────────┘ └────────┘ └────────┘
                    ↓
          ┌──────────────────┐
          │深圳市阳光家庭综合服务中心│
          └──────────────────┘
```

(二)社区公共文化服务面貌

走进绿树成荫的花果山社区,依次可见各种健身器材、社区文化广场、花果山大舞台、篮球场、宣传栏等文化娱乐设施,一应俱全,井然有序。

　　436平方米的花果山阳光家庭综合服务中心无疑是社区生活和文化活动的心脏。服务中心有三个功能区："窗口服务区""特色服务区"和"综合服务区"。窗口服务区，主要提供7大项49小项的行政办理事项；"特色服务区"里面有棋牌室和书画室、图书室、文体活动室、多功能厅；"综合服务区"是为社区全体居民服务开设的场所，里面有党代表工作室、人大代表、政协委员联络站、心理健康工作室以及社区学校和爱心驿站。据介绍，心理健康室还配备一名专业心理咨询师，为妇女儿童及家庭成员提供心理健康咨询。

　　社区党委高度重视公共文化建设，并且带头开展文化活动。2012年8月在花果山社区服务中心多功能厅举办"党员风采书画展"。参展的100余幅书画作品均出自社区党员群众之手，展示出深厚的社区文化底蕴。此次书画展是花果山社区综合党委"五进社区"系列活动之一。

　　花果山社区将社区教育放在公共文化建设的突出位置。在市教育局的大力支持和指导下，建有社区学校，是全市首批26所试点社区学校之一，定期请专家授课，还可通过深圳电大远程教育系统，为社区居民提供学历教育，以及保健、书法等各种兴趣培训。

　　在文化信息资源共享中心服务点，各种文化活动的信息和办事指南类的小册子、招贴画等，摆放或粘贴在醒目的位置。在不远处的居民楼一层，还有一个"党群服务活动中心"，里面也有图书室等。特别针对外来工的服务，有流动图书馆、电影放映等。

　　社区文化建设少不了社区自媒体。2011年11月，花果山社区家园网正式开通运行，这是深圳市第一个社区家园网。社区家园网不仅是社区服务的平台，也是社区交流分享的平台。专业社工刘萌萌曾参与社区家园网的创办，她讲述过一个有趣的故事：2012年2月6日邻里节，社区举办百家宴，50多户居民带来了100多道菜肴，大家欢聚一堂，十分热闹。其中有一道潮汕风味菜很受欢迎，不少人就想知道这道菜的做法。立即就有人想到社区家园网，提议做这道菜的业主在家园网上的"家园论坛"发帖公布。于是，这道菜很快就被不少住户学会了[1]。

---

[1] 王椿：《创新管理升级服务——招商街道花果山社区建设二三事》，《深圳特区报》2012年5月26日。

（三）活跃的社区文化社团

政府退出社区、重塑社区居委会的同时，必然会激活社区社会组织。花果山社区先后主导成立了"四海情"老年大学、科技协会、残疾人协会、文艺社团、狮子会服务队等18个社区社会组织，覆盖了辖区居民的三分之一，这些社区组织的活动构成了社区文化生活的基本样态。比如"四海情"老年大学每年开展各类活动30余场，每场活动参加人数达千余人，丰富了社区居民文化生活。这些社区里的社团协会跟社区外级别更高的相关社团组织有往来交流，这样就能把更多的社区外文化资源带入社区。

2012年成立的社区社会组织联合会，更加促进社会组织在参与社区建设、促进社区管理服务、提升社区自治水平等方面的作用。在整合资源、协调配合方面也有利于开展社区文化活动。

花果山服务中心除了社区管理事务外，还协助社区举办数起大型文体活动，大型活动的组织离不开这些活跃的社区民间组织，参与这类大型文体活动时有有偿服务、低偿服务、无偿服务几种方式。

（四）适应文化需求，开展多样性文化活动

社区公共文化活动立足社区居民的文化需求，特别是少年儿童、老年人和社区外来青工等特定人群的文化需求，持续开展的既有常规性活动，也有特色性活动：

如2012年度"四点半课堂"于3月21日正式起航，这是花果山社区服务中心儿童项目组的一个常规活动。"四点半课堂"是在下午4：30小学生放学的时候，开展的丰富多彩的学习活动。经常邀请到的"四点半课堂"老师是深圳大学的大学生义工，他们为小朋友们辅导功课、进行心灵谈话、学习各类知识。这个课堂里大学生、小学生的互动气氛生动，深受社区小朋友们追捧热爱。

2014年3月20日，由深圳市关爱办、南山区民政局主办，深圳市龙光书画院承办，深圳画院支持，"四海情"老年大学协办的"春风送温暖——文化关爱蛇口工业区老人生活"的公益活动在招商街道花果山社区党群服务中心举行。深圳市龙光书画院邀请了国家级爱心书画家李文秀、孙昌钢、杨振涛、左奇志、冯文、韩广凯等现场为老人们挥毫泼墨，公益创作书画艺术佳作十余幅赠送给深圳最早的创业者、老干部、老战士、老专家、老教师等"拓荒牛"。活动当日，龙光书画院还转送

了一批由深圳画院、大鞠工作室、龙光书画院捐赠的书画艺术书刊给花果山党群服务中心图书室供老人们阅览,书画集一共三百多册。

由阳光家庭花果山社区服务中心与深圳大学义工联合会联合举办的"深大欢乐颂,幸福花果山"活动于2012年3月25日在花果山大舞台举行。这场活动以深大学生社团的文艺演出为主。深大义工联整合了深大魔术社、火柴天堂音乐协会、手语协会、Hip-Hop街头文化传播协会,设计排练节目,用青春活力的表演展现了学生们积极向上、勇于创新的精神,为社区居民带来了快乐,丰富了社区居民的精神文化生活。

2012年3月24日,阳光家庭花果山社区服务中心联合育才四小的学生家长举办了一场以"关爱地贫儿"为主题的义卖活动。为了扩大宣传效果,本次活动地点选在了阳光家庭负责运营的海上世界U站。活动现场,孩子们自发地做起了手语操,朴实的表演感染了周围许多市民,很多市民购买义卖品,捐出善款为地贫儿奉献一点爱心。活动得到了南山区义工联、招商地产的大力支持,海上世界U站的义工们也积极参与。

花果山社区的公共文化服务导向鲜明,丰富多彩,归根结底,得力于"一核多元"的社区治理模式和文化运作机制。社区党委对于社区公共文化服务的自觉理念,得力措施,有效组织,发挥了各方面的积极作用。这个社区除了有政府购买的专业社工服务外,妇联、义工联以及许多社区社会组织等多元力量在社区党委的带领下共同参与社区文化服务。社区的社会组织在文化活动中真正以主人和主角的身份出现,积极主动地承担起建设社区公共文化生活的责任,自然地生成新型社区的文化基因和文化风貌。

社区媒介参与社区治理的角色与机制研究

——以深圳海裕社区为个案

闻葵花

摘要 社区媒介作为一种新的媒体业态方兴未艾,是创新社区治理和城市公共文化服务体系建设的重要途径。本文以深圳海裕社区为个案,以翔实数据和生动事例分析了社区媒介的创办主体、居民的社区媒介生活方式,从中揭示社区媒介在社区公共服务中的角色和机制,提出了社区媒介在促进居民社交沟通、道德文化建设,以及在移民化社会里重建社会文化共同体的重要作用。

一 研究缘起

(一)社区建设的现实问题

社区是社会的细胞,是居民活动的场所,是联系居民之间情感的纽带。随着社会的转型和城市化进程的加快,我国城市问题不断凸显,社区治理和文化建设显得尤其重要。

我国的社区概念是从居民委员会发展而来的,也作为政府机构街道一级的服务职能派生机构,与西方国家所说的自然人居的社区有所不同。伴随着我国城市社区的建立,社区居民对社区服务的内容不仅限于社区卫生、环境、交通、安全和后勤保障服务等基本物质需求,还需要更多的教育、文化、体育、娱乐等精神需求。在社区中,一切社会、经济、文化活动,都是以信息的沟通和传播为基础,也正是由于社区生活的丰富以及社区建设的发展,社区媒介才应运而生。新媒体技术的发展,使我国社区媒介的形态日趋丰富,社区网站、社区微博、社区微信以及社区 QQ 群等纷纷涌现；社区媒介的创办主体也发生了变化，其中不仅包括传统的报业集团，也包括社区管理者、社区居民自发创办。这些社区媒介从社区居民需求的角度出发，报道和分享社区内容，建构着新型的城市文化共同体。目前，中国城市化的目标已经确定，即到 2050 年之前，要使城市化率提高到 70% 左右。① 城市化进程的推进，要求更加有序的社区建设，让城市的公共文化深入社区基层。党的十八大报告强调，全面推进社区建设，需要充分发挥群众广泛参与的基础作用，改变政府的管理方式，从增强城乡社区服务功能开始。社区建设在我国经历了从"街区制"到"单位制"再到"社区制"的转变。过去的社会管理模式已被冲击，许多"单位人"成为"社会人"，企业单位的社会职能、政府的服务职能也转移到社区管理当中。如此一来，社区管理的内容增多，服务职能增加。大量的农村人口进入城市，城市社区流动人口增加，"熟人社会"变成"生人世界"，社区的归属感和认同感难以形成；加之社区改制过程中，单一的社区管理主体、专业化不足的社工队伍以及参与不足的社区居民等因素都在不同程度上影响了和谐社区的建设。

社区媒介能否在居民参与社区事务、讨论社区公共生活、沟通社区信息、共建社区文化方面发挥积极的作用从而实现社区的有效治理？这是本文关注的问题。本文以深圳海裕社区为个案，研究城市社区媒介在参与社区公共服务中所担当的文化角色，并进一步探讨社区媒介参与社区治理的角色与机制。

（二）社区和社区媒介概念

关于"社区"一词，社会学家滕尼斯在《社区与社会》中提出，他认为社区是由共同价值人形成的关系友好、守望相助并富于人文关怀的社会共同体，这一概念强调社区居民之间的密切关系以及对社区的归属意识和文化认同感，而不是强调其居住的地域空间性。在社区里，人们住得临近，常有互动；彼此交往，建立熟悉、情感认同的邻里关系；更重要的是，他们之间有一套独特的行为规范、社区秩序以及参与模式，逐渐形成他们对社区的认同感和归属意识。社区媒介的产生和发展必然

---

① 郑杭生、黄家亮：《当前我国社会管理和社区治理的新趋势》，《甘肃社会科学》2012 年第 6 期。

与该社区内的问题、服务和信息密不可分，社区媒介的特性即区域性、本土化和认同感。社区媒介是以区域社区居民为传播对象的媒体，是一种小范围内传播和沟通资讯的媒介。目前常见的形式一般有社区电视台、社区报和社区杂志等传统媒体形式，以及在网络新技术的助推下产生的社区网站、社区微博、社区微信、社区QQ群等新媒体形式。本文所指的社区媒介的概念中并未包含不以地域为界限的网络虚拟社区。

澳大利亚学者Michael Meadows认为社区广播站为社区居民提供了一个重要的社区功能建构场所，不仅能够建立一个社区内不同部分之间的对话，还能够建立一个鼓励当地文化和政治议程的发展场所。社区广播有利于文化赋权或者文化公民权。社区媒介从地方的利益出发，提出和表达地方的议题，使地方的声音能够进入一个更广大的公共领域，从而形成由"微观参与到宏观参与"的转变，是构成"多重公共领域"的重要力量。[1] 他还认为社区媒介是服务社区的，并在社区生活中担任组织角色的作用。社区媒介的受众与其生产者之间有一种很自然的关系——受众即生产者。一方面，通过满足社区受众的需求来完善社区媒介，增强社区受众对社区的认同感，给他们一种舒服和信任的感觉；另一方面，社区媒介给予受众管理社区资源的权利，使他们在社区中可以自由讨论相关话题，连接社区中的个人和团体。[2] 我国学者李良荣认为社区媒介作为舆论的引导者和监督者，使得相关社区问题和矛盾得到有效的缓解。[3] 社区媒介通过动员广大社区群众积极参与社区活动，有效地促进信息流通、增强"我们"的意识。社区媒介可以增进邻里关系，提高社区居民生活质量，维护社区利益，促进社区共同体建立知情权与表达权。周敏在《北京城市社区媒介的发展现状及居民期待调查》一文[4]中对北京六个典型的社区进行了调查，研究了城市社区媒介的发展状况。发现社区媒介在处理包括教育、养老以及健康等社区问题时，具

---

[1] Forde S. K. Foxwell and M. Meadows（2002）. Creating a Community Public Sphere: Community Radio as Cultural Resource Media International Australia incorporating Culture & Policy, 2002（103）: 56—67.

[2] Michael Meadows（2009）. *Electronic Dreaming Tracks: Indigenous Community Broadcasting in Australia*. Development in Practice, 2009（6）: 514—524.

[3] 李良荣:《中国社区媒介：建构社会生活共同体》，《中国报业》2013年第11期。

[4] 周敏:《北京城市社区媒体的发展现状及居民期待调查》，《北京青年政治学院学报》2013年第1期。

有传统媒体所没有的优势和特色——密切与居民之间的联系，从而增强本社区居民归属感和凝聚社区力量。

归纳学者们的观点，社区媒介的角色功能突出表现在三个方面：一是传播渠道，满足社区受众独特的信息需求；二是作为社区居民之间、居民与政府、与社区管理者之间沟通的平台；三是作为赋权的手段，为居民提供一个在公共领域中发声的平台，维护自身合法权益，凝聚社区归属感。在中国的社区建设现实语境下，社区媒介是否承担了"参与渠道、沟通平台、赋权手段"三个角色？特别是在新媒体环境下，社区媒介的范围和内涵发生变化，社区网站、社区微信和微博的出现是否强化了自身功能？不同形式的社区媒介担任的角色是否相同？这都是本研究的关注点。

二 我国社区媒介的定位和发展

（一）早期的探索

西方国家的社区报纸是服务于地域清晰、人口稳定的小镇，发行量也有一个明确的指标，是一个小范围的社区资讯媒介，同时强调社区的归属意识和认同感。在我国，对社区报的定位一直没有明确的认识，早期的社区报纸也并不都是由社区创办。2001年8月，深圳诞生了我国首家城市试点的社区报纸《南山日报》。《南山日报》本身是党报，要做城市社区报，但是两者在属性和职能等方面都是不能兼容的。两年后，《南山日报》在报业整改中停办。2004年创刊的《巷报》《东方新报》《华夏时报》等都号称"社区媒介"，准确地说，它们都是一家以报道社区新闻、民生新闻为主的都市媒体。我国早期的社区报基本上是由机关报或者都市报转型而来的，他们都是希望用社区报的牌子改变自身的定位，试图打造全新的报业形象。然而在实际过程中，社区报的贴近性以及新闻社区化并没有做到位，渐渐走上了机关报与社区报、都市报与社区报相结合的道路。

在经历短暂挫折之后，随着城市社区的建设和媒体竞争的加剧，我国社区报等社区媒介的尝试又拉开了新一轮的序幕。网络新媒体的层出不穷，促使社区媒介开始探索新的发展之路。

（二）我国社区媒介的分类

目前，我国社区媒介出现的类型多样，分类标准也不尽相同。按照社区媒介主办者的不同，将其分为三类：一是具有媒体属性的社区媒介，包括传媒集团所办、都市媒体、区县媒体转型而来的社区媒介；二是由街道、社区管理者创建的社区媒介；三是由社区居民自发成立的社区媒介。

1. 大众媒体社区版

有代表性的是《新民晚报·社区版》。2007年正式创刊，致力于打造上海"社区资讯管家"，按照分众化市场的规律办报，进行多次版面的调整，寻找社区细分市场。目前有更多的都市媒体选择了开设"社区版"，试图开发这片富饶的新闻矿产。

2. 都市媒体与街道社区合作创办社区媒介

随着社区建设的不断完善，同街道、社区工作站合作创建社区媒介也渐渐成为一种趋势，深圳《鹏城通》系列社区免费增值读本便是这一方面的典型。

2012年8月，《南方都市报》全媒体与福田、龙岗、坪山、南山、龙华、宝安、罗湖等区的区委区政府联手，陆续推出《福田通》《龙岗通》《坪山通》《光明通》《宝安通》《龙华通》《南山通》以及《罗湖社区家园》等，根据各区管辖社区，提供贴切的社区实用和服务信息。在此基础上，又推出覆盖全市的社区媒介《鹏城通》。《鹏城通》通过随党报发行、便利店领取以及居民派送等方式进入居民的视野；还创建了网络版《鹏城通》，与各个街道社区家园网合作，形成全面覆盖社区的全媒体资讯平台。

3. 社区居民创建的社区网站、社区微博、社区微信和QQ群

最近几年间，社区网络媒介方兴未艾。在北京，社区网站多达几十个。"回龙观社区网"开设资讯中心、社区论坛、交易市场、生活指南等12个栏目，如今的用户已经超过50万，平均每天的访问人次达到100多万。① 在北京还有"天通苑社区网""望京社区网"以及"八通社区网"等。与此同时，伴随QQ、微博、微信等社交工具的出现，一些大城市社区中开始出现社区官方的微博、微信和QQ群；同时，社区

---

① 《京华时报》报道：《回龙观社区网注册用户超50万》（作者：张淑玲）2013年3月15日，http：//news.163.com/13/0315/02/8PVMK9ER00014AED.html。

居民自身也开始关注所在小区楼盘的社区论坛和 QQ 群。例如，在深圳，已经有 65 家社区开通社区官方微博，其中，6 家社区的官方微博粉丝和微博数均在 500 以上。而且，这些社区还创建了社区服务中心微信公众号，像"深圳宝安海裕社区服务中心微信""深圳龙岗龙城街道盛平社区微信"等。

三 社区媒介的案例研究——深圳宝安区海裕社区

本文将采用定性和定量研究相结合的方法，通过文献研究、案例分析、问卷调查以及深度访谈法对社区媒介个案进行研究。

（一）深圳宝安区海裕社区媒介的典型性

深圳城市社区发展迅速，社区建设步伐走在全国前列。目前，深圳市共设福田、罗湖、南山、盐田、宝安和龙岗等 10 个区；下辖 51 个街道、612 个社区以及 350 家社区服务中心。2011 年开始社区服务平台的创建，刺激了区域服务信息市场的需求，使社区媒介有了独特的生存与发展空间。

据笔者初步统计，一共有 65 家社区开通社区官方微博。其中，6 家社区的官方微博粉丝和微博数均在 500 以上。具体情况如表 1 所示（数据是截止到 2014 年 6 月 17 日）：

表 1　　　　　　深圳社区官方微博、微信统计表

名称	微博			微信		
	创建时间	粉丝数（人）	更新数（次）	公众号名	创立时间	更新数（次）
盐田区沙头角社区生活圈	2013 年 1 月 4 日	905	198	无微信	—	—
坪山新区江岭社区服务中心	2011 年 4 月 28 日	799	516	无微信	—	—
坪山新区汤坑社区服务中心	2011 年 7 月 1 日	637	642	无微信	—	—

续表

微博				微信		
名　　称	创建时间	粉丝数（人）	更新数（次）	公众号名	创立时间	更新数（次）
龙岗区龙城街道盛平社区	2012年8月7日	1421	541	盛平社区服务中心、盛平社区工作站	2014年3月3日	共15条信息，一直在更新
宝安区新安街道海裕社区服务中心	2011年5月20日	912	1550	海裕社区服务中心	2013年5月16日	共286条信息，关注人数为478人，一直在更新
宝安区塘尾社区服务中心	2012年11月19日	514	778	塘尾社区服务中心	2013年3月18日	共3条信息，无更新

　　通过对以上社区的微博和微信粉丝以及更新情况来看，海裕社区的微博、微信是目前深圳社区中做得比较好的，影响力也比较大。因此，笔者选择深圳海裕社区媒介作为本研究的对象。

　　深圳海裕社区在2004年7月成立，是深圳市宝安区新安街道22个社区之一，位于宝安中心区地带，辖区面积4.5平方千米，人口82558人。其中，原籍居民只有623人，占总人口的0.9%；新移民有71935人，占总人口数的99.1%，属于典型的新移民社区。海裕社区下辖深业新岸线、第五大道、假日名居、幸福海岸、金成时代等16个高层住宅小区、4个大型商业园区、11所中小学及幼儿园；社区居委会设14个办事窗口、7个职能部门、5个服务中心、16个居民小组和116个楼栋长。

　　海裕社区服务中心是应深圳市社区建设的要求，于2011年成立的一个社区组织，由12名全职工作人员负责中心的各项工作。该服务中心是由政府出资购买，向海裕社区居民提供免费公益性服务。可以说，海裕社区也算是小有名气的"明星社区"。近年来，海裕社区获得了"全国文明社区""全国社会建设明星社区"以及"全国人居环境范例奖"等100多项荣誉称号。2015年，海裕社区启动了"微社区，零距离"的社区服务模式，不仅政务服务搬进了小区，而且还设置了居务服务区和商务服务区，目的是为居民提供更加专业和个性的便民利民服务。

(二) 海裕社区的媒介生态

目前，海裕社区媒介形式多样，按照主办者的不同可以分为：新安街道办主办的《新安简报》；海裕社区管理者建立的社区家园网、社区微信、微博、QQ群等网上"e家亲"平台；海裕社区居民自发成立的所在小区的业主论坛、业主QQ群等沟通互动方式；同时还有《宝安日报》驻海裕社区记者站。

在海裕社区8万多居民当中，近6万人使用手机，同时还拥有3万多台电脑。为此，海裕社区全力建设一个以电脑和手机为终端的"e家亲"网上工作站，其中涵盖社区家园网、QQ群、微信、微博等社区媒介平台①。

海裕社区管理者建设的"e家亲"网上操作平台，其中涵盖社区家园网、社区官方微信、官方微博、社区QQ群等社区媒介形式。社区服务中心微博、微信分别于2011年和2013年开通，主要内容有三个方面：一是报道与社区居民息息相关的社区生活常识、技能和资讯，如登革热相关知识和防范技能的传播、社区安全知识的宣传等；二是发布社区政务信息通知、社区活动预告、报名等信息内容；三是分享社区好人好事、社区活动经验并接受居民意见的反馈。

社区管理者办的QQ群共有5个，分别为海裕社区服务中心QQ1、QQ2、QQ3群、海裕社区亲子跳蚤市场群以及海裕社区义工群。通过社区QQ群发布社区里的各种资讯、消息通知；更重要的是用于居民互动讨论、表达诉求、共享信息和提供点对点服务。

为赢得居民的认可，以及更好地进行社区建设，海裕社区于2012年创建社区家园网并开设家园资讯、家园互动、家园服务等栏目。家园资讯是广大社区居民获取信息的重要平台，这个平台主要包括便民服务、社区资讯中心、办事指南、周边设施、小区管理处等方面的内容；家园互动开设社区论坛、意见投诉、邻里互动、家园调查等版块，为居民参与社区治理提供一个方便的渠道。

海裕社区服务中心12名全职工作人员，他们生活在海裕，工作在

---

① 与海裕社区服务中心主任访谈资料，2014年6月13日。

海裕，既是海裕的社工，又是海裕社区媒介的记者和编辑，他们秉承助人自助的社会工作理念，整合社区的各项资源、运用个案、小组、社区三大专业方法，通过社区媒介，向居民报道社区内的大小事务，为居民策划安排便利多样的社区活动，帮助解决社区生活各种疑难杂症。考虑到社区人口的庞大，12名社区工作人员难以满足大量的社区居民需求，就招募大量义工并建立义工群、义工微信公众平台。到2014年12月，社区各类QQ群已经超过30个，加入QQ群和关注微信、微博账号居民也达到8000人。

社区居民自发成立的社区网站不在少数。就海裕社区而言，在房网论坛、业主论坛中搜索，就会有"幸福海岸""深业新岸线""假日名居""金成时代""西城雅筑"等16个小区业主论坛。这些业主论坛版块基本是在2002年设立的，为的是方便大家交流买房和装修等信息。对于不健全的社区规划和基础设施，社区居民讨论问题会更加活跃。不仅是个人每日的柴米油盐酱醋茶，更有关乎小区集体利益的社区垃圾、噪声等一系列问题。

（三）海裕个案调查研究方法

1. 个案调查设计

本次调查于2014年12月进行，调查方法为问卷调查。该问卷包括四个部分的内容，包括调查对象基本资料、社区媒介使用情况、社区媒介担任的角色以及对社区媒介评价。

问卷内容主要包括三个方面：第一，社区居民对社区媒介的使用情况，包括"使用过哪些社区媒介""使用的频率如何"以及"如未使用社区媒介，从哪里获取社区消息"等；第二，考察社区居民使用社区媒介的目的，从而分析社区媒介在社区建设中担任的角色（问卷将使用目的分为获取信息、培养技能、经验交流、连接纽带、发声和认同六个要素）；第三，了解社区媒介发挥的功能。

问卷以社区参与、社区组织、社区关系、社区信任度、社区满意度、社区认同和社区价值七个指标，分别进行问题的设计，包括"社区媒介带给您哪些收获""社区人际关系如何""通过社区媒介反映问题效果如何""愿意参与哪类社区活动"以及"对社区媒介总体评价"等问题，试图从这些问题中了解社区媒介发挥的功能。

此外，调查对象基本资料部分包括性别、年龄、婚姻、户口、所住小区、居住时长、文化程度、职业和收入等内容。

本次问卷发放分两部分进行，一部分通过海裕社区官方QQ群、深业小区业主QQ群发放，另一部分由经过简单培训的10名成员在海裕社区深业新岸线、第五大道、君逸世家、幸福海岸、花样年华人口密集的五个小区进行现场发放、填写并回收，同时辅以随机的访谈。该问卷总共发放600份，共回收544份，其中有效问卷为503份，有效率达到92.5%。

2. 调查对象描述

在本次调查的有效问卷中，男性占44.62%，女性占55.38%。调查对象的年龄分布为：19岁以下占3.79%、20—29岁占26.69%、30—39岁占32.67%、40—49岁占23.11%、50—59岁占11.16%、60岁以上占3.59%。从各个年龄段来看，20—49岁所占比例最高，由于参与调查的海裕社区属于新型社区，体现出社区居民的年轻化状况。

从户口所在地来看，深户和非深户的比例分别为51.79%和48.21%。虽然海裕社区是一个新移民社区，但是深业新岸线、第五大道、假日名居、幸福海岸等新小区的业主基本上会买房并办理深圳户口，因而相对于裕丰、裕和等政府改居小区的流动人口比例更小。

关于受访者在海裕社区居住时间方面，一年以下的流动人口比例为17.13%，居住了1—6年的达到68.13%，基本与海裕社区常住人口以及流动人口比例相符。

在婚姻状况方面，未婚和已婚已育的比例分别为25.1%和72.11%。这也是社区经常举办亲子类、家庭类活动的基础。

关于受访者的受教育程度方面，大专、本科和研究生学历占到总数的86.85%，其中以大学本科的39.04%最高。这也为海裕社区的文化建设提供了受众基础，直接影响到海裕社区媒介的传播和诉求。

从职业分布来看，政府部门、企事业单位、个体、技工、家庭主妇、学生、离退休人均有涉及。其中，以企事业单位和个体从业者居多，分别占到26.29%和21.12%。特别引起注意的是，受访者当中，有19.92%的人为家庭主妇。另外，调查对象的收入在5001—11000元之间的比例较大，占到33.07%；无稳定收入的占到36.65%。

四 调查分析——海裕社区媒介生活

(一) 海裕社区媒介使用的基本情况

针对"以下哪种社区媒介最常用"的问题,使用传统社区媒介《宝安日报》的仅占5.17%,选择业主自办的社区媒介有31.81%,选择社区管理者创办的社区媒介有31.41%。可见,不同形式的社区媒介都存在一定的受众基础。如果从新旧社区媒介形式来看,对新型社区媒介的使用占到63.22%,其中主要使用群体年龄为20—49岁。说明新型社区媒介的使用将是未来社区媒介的发展方向,青年群体为主要使用人员。另外,仍有31.61%的居民没有使用过这些社区媒介,以50—59岁的老人居多,说明海裕社区媒介并没有在社区中完全覆盖,尤其是离退休老年群体。使用海裕社区媒介的居民当中,针对使用的频率问题,有一半的居民根据个人需要进行浏览;12.79%和23.84%的居民时时关注以及平均每天一次,说明对社区媒介的使用还有一定的频率。

(二) 社区居民使用社区媒介的目的

调查显示,72.09%的居民表示使用社区媒介可以获取实用、地道的生活资讯和社区资讯;还有超过一半的居民认为通过社区媒介可以与他人交流社区生活感受、反映社区问题以及参与多样、有趣的社区活动;28.49%的居民使用社区媒介来结交邻里;然而,仅有11.63%的居民使用社区媒介参与社区民主政治事务。

对于不同主办者的社区媒介,居民使用的主要目的不同。84.62%的居民选择《宝安日报》获取社区新闻、资讯;对于居民自发成立的社区媒介,76.92%的居民用来交流社区生活和反映问题;相对于以上两种形式的社区媒介,社区管理者主办的QQ群、微信等平台,居民主要用来参与社区多样、有趣的活动,达到85.71%。这说明在一个社区的建设当中,各种形式的社区媒介都有存在的必要,只是每种形式的社区媒介对不同的居民来说,选择和使用的价值不同。

(三) 社区媒介发挥的功能作用

针对"社区媒介给居民带来哪些收获"的问题,最大的收获是增加与社区邻里之间的沟通与往来,达到62.79%;其次是参与到更多的社区组织和活动中，丰富业余生活，增强家庭和睦的占55.81%；其他依次是：帮助解决社区公共利益问题的占45.93%；获得教育、文化方面的知识以及一些日常生活技能的占45.35%；加深对社区各个方面信息的了解的占40.12%。

对于社区媒介是否可以帮助他们解决社区事务问题，59.89%的居民认为通过社区媒介，可以快速、有效地帮助他们解决问题；与此同时，仍有25.58%的居民表示大家对问题的回应比较慢，甚至还会直接被忽略，不能解决问题。另外，14.53%的人从来没有通过社区媒介反映过问题，其中主要指社区管理者主办的社区媒介。

值得注意的是，选择不同的社区媒介帮助他们解决社区事务所达到的效果也是不同。46.15%的受访者认为通过《宝安日报》可以帮助他们快速地找到主管部门并解决问题；52.14%的受访者认为通过社区管理者主办的社区媒介处理问题，可以让居民参与讨论，容易找到解决问题的办法；而34.06%的受访者认为通过居民自发创办的社区媒介，可以让社区管理部门倾听社区民众的声音。

这些数据说明对于社区媒介的处理社区事务问题，一半以上的居民还是持肯定和满意的态度，认为社区媒介可以帮助他们解决问题，他们当中的受访者认为不同社区媒介处理问题所达到的效果是不同的。与此同时，仍有一部分居民对社区媒介保持不信任的状态，特别是社区管理者主办的社区媒介。

当问及"通过社区媒介，您觉得社区里的人际关系有什么变化"时，64.53%的受访者认为社区人际关系发生改变，邻里之间相互信任、互相照顾，社区成员之间关系更加友善；同时，仍然有35.47%的受访者觉得人际关系没有什么变化。对于社区媒介举办社区活动项目，最受居民欢迎的还是外出游玩和亲子活动，分别达到58.96%和54.18%；38.25%的人选择春节、中秋等节日庆典活动。这表明海裕社区居民对社区里举办的亲子、外出游玩等活动表示了参与的兴趣和意愿，同时也为以后海裕社区媒介活动的举办提供了参考依据。

居民通过社区管理者主办的社区媒介渠道，参与到多样的社区活动当中，参与调查人员中85.71%的人认为他们使用社区媒介的主要目的是参与社区多样、有趣活动。尤其是对于不少家庭主妇和老年人来说，他们是生活在社区当中的稳定人群，与外界的接触和联系较少，对社区的依赖性较大，也会更加关注社区生活问题。因此，在社区活动当中，他们也最积极。通过社区活动，让他们不断学习新的知识和技能，提高自身的修养。同时，扩大自身生活圈子，结识更多社区邻里。

大多数居民选择社区管理者主办的微博、微信、QQ群等获取社区实用信息。一是发布有关社区文体活动、社区治安、劳动就业、医疗保健、教育科普、社会保障、社会福利等方面的公共信息；二是针对社区中的老人、小孩、妇女以及轻度残障人士的需求，提供的以家庭为核心的生活资讯服务，包括生活窍门、家教、养生、养老、婚恋、家庭娱乐等方面的资讯。这些信息资讯主要是通过官方社区微博、微信和家园网发布。从这个层面来说，社区管理者创办的社区媒介不仅为居民提供了丰富实用的生活资讯，还极大地方便了居民的生活。

社区QQ群成为居民参与活动、获取资讯并自由对话的窗口。在社区QQ群中，群成员以"××小区+××姓名"形式进行实名备注，增强了居民之间的熟悉度和信任感，特别是对于新进入的居民来说，不会感到陌生。在社交媒体时代，这类群体已经习惯每天登录QQ群聊，分享日常生活所需的各个方面的信息，衣食住行、吃喝玩乐，无所不有。同时，居民还可以寻找有类似需求和经验的社区居民进行讨论和交流。在互动和沟通中，增进了居民之间的了解，为密切的社区关系网络的建立奠定基础。另外，社区QQ群实名制也在某种程度上增强了社区管理者的责任感，他们都以"××部门+××姓名"的方式进行备注。居民有什么问题，可以知道找什么人，同时知道到哪里去找，特别是居民办理户籍、房产、保险等方面的证件的时候。实名制对于群成员来说，也成为一个共识。社区媒介不仅培养了社区管理者在居民心中的信任感，而且也培养了社区居民对社区规范制度的认同。

但是，对于社区中涉及居民利益的问题，包括学校治安、小区环境、公共设施、物业管理、房屋损坏等涉及开发商、物业、居委会以及社区学校等单位的矛盾争执问题，特别是社区民主选举问题，社区管理者主办的社区媒介功能却没能很好地体现出来。这是不是由于网管的作用尚不得而知。

五　社区媒介参与公共文化建设

随着未来社区媒介的发展和城市社区的建设，社区媒介将成为城市公共文化服务体系建设中不可或缺的协同力量。基于此，笔者以深圳海裕社区的实践为例，可以看到社区媒介在建立促进居民社交沟通、建设融合社区、公共文化价值认同方面发挥了重要作用。

（一）社区媒介搭建社区关系网络

海裕社区是一个新型移民社区，社区邻里关系淡薄、疏离是不可避免的现象。如今，随着社区媒介的创立，给重建社区关系网络提供了有效途径。

社区是居民的活动中心，一些志同道合的居民通过社区媒介结识新的邻居和朋友，通过社区活动丰富业余时间。海裕社区媒介通过组织各类文化娱乐项目，吸引广大居民参与。这几年，海裕社区"亲子跳蚤市场""家庭影院""赴港直通车""四点半学堂""分享爱分享阅读""示范英语角""手工作坊"等服务活动，都是通过社区QQ群、微信和微博平台组织并发展起来的。其中，"亲子跳蚤市场"活动举办的规模最大、影响也是最广的。尤其是"亲子跳蚤市场"群的建立，不仅为有闲置物品买卖需求的居民服务，而且还给大家提供一个互帮互助、共建家园的参与渠道。在小市场内，孩子们摆地摊、家长们做"助手"，通过以物易物或现金购买的形式处理家庭旧玩具、旧桌椅等闲置物品。该活动是从2012年初开始策划，到2014年6月已经成功举办20多期了；从最初的20对亲子家庭报名参加，发展到现在的64对积极参与。现场参与交易和互动的居民平均每场达500人次左右。据笔者对"亲子跳蚤市场"群的观察，群成员不仅是海裕社区的居民，而且有周边的翻身、宝民、海华社区的居民，他们都是想通过这个"亲子跳蚤"群获得信息，让自己和家人能够参与其中。俨然"亲子跳蚤市场"活动已成为"品牌"，名声在外。"许多闲置、过时的玩具、看过的书被搁置，非常可惜，跳蚤市场让这些东西重新利用。卖了多少钱不重要，重要的是孩子得到锻炼。"（居民王小姐）通过活动，让小孩在活动中锻炼了说话、沟通的能力，认识了社区里的其他小朋友。

社区管理者创办的社区媒介是居民生活的实用手册,为居民提供丰富资讯的同时,还通过各种形式引导和动员社区居民共同参与到社区各种文化活动、文化建设中,唤起居民对社区的归属感和认同感,从而形成和扩大社区内的邻里关系网络。

(二)社区媒介培育社区规范

社区规范是社区公共文化在制度上和行为上的体现。社区媒介作为社区居民沟通互动的平台,必然有助于在居民日常生活中建立起共同的社区制度和行为规范,有助于社区文明道德的建设。

"要是你,你能做到吗?十年如一日地照顾一个全身瘫痪的老婆婆,而且还是没有一点亲戚关系的两个人。我表示很佩服……"[①] 这是海裕社区家园网一个帖子的部分内容。也正是因为这个帖子,引起了社区工作站《海裕简报》主编古清明的注意。出于编辑的敏感性,他觉得这应该是一个值得报道的典型。于是,他主动联系发帖者,询问事件的详细情况。原来,帖子中提到的那个人叫欧阳婉露。帖子中的那个老婆婆是她的邻居莫阿婆。莫阿婆身体一直不好,走路的时候经常心跳加速、头晕,不敢随便出远门。她有一个儿子,但儿子不仅要供两个孩子读书,还要负担整个家庭的生活,时常不在家,因此生活得十分拮据。作为邻居的欧阳婉露,看着莫阿婆一个人实在可怜,自己在家也只是负责照顾老公跟孩子的生活,过去帮点忙也是尽自己一点点心意。谁知,这一帮就帮了十年,除"坐月子"那段时间外,每到周末,她都会去莫阿婆家,悉心照顾她。

古清明将这样一个好人好事编辑整理好,发表在《海裕简报》和社区家园网上,一方面是对欧阳婉露的行为提出赞扬,另一方面是想号召社区其他人也能去帮一帮莫阿婆,希望社区出现越来越多的"欧阳婉露"。以此为契机,社区里还开设了道德讲堂课程,以"身边的人讲身边的事、身边的事教身边的人"的方式,开展社区个人、社会美德的教育。

身边人是谁?身边事又从哪里来?起初,是从海裕社区的老师、机关干部以及义务人员中选择讲师。讲述的故事集中从社区家园网、社区QQ群中征集。每一次道德讲堂开课前,工作人员会将备选的故事发布

[①] 与海裕社区服务中心主任访谈资料,2014年6月13日。

在社区家园网，让居民投票选择，得票高的故事会在道德讲堂讲述。荣获"省百名好婆婆"称号的周娥容也是道德讲堂中的教材。她视儿媳如己出，勤于持家，乐于助人。

更为重要的是，每期的道德讲堂课程会录制成视频并上传到家园网、QQ群以及微博中，让更多没能参加讲堂的人都能看一看、听一听。随着道德讲堂线下的宣讲，线上的传播，海裕社区居民对社区里的道德典型有了一个更加清晰的认识。之后，正赶上广东省"好婆婆"的评比活动。海裕社区又积极参与报名，将道德讲堂中的社区典型人物作为参选项目，同时通过社区QQ群号召大家积极参与投票，选出自己心中的道德典型。

59岁的刘彬阿姨是海裕社区深业新岸线的居民，是道德讲堂的忠实粉丝。她是这样评价道德讲堂的："我是从农村来的，前年搬过来跟儿子媳妇一起住，没什么文化，又不会讲话，有时邻居见到我跟我打招呼，我也不知道怎么回应！但随着听了这个课堂后，我比以前好多了，至少我可以向别人问好和道谢了。偶尔也会跟我年龄差不多的人打招呼……"①

由此可见，海裕社区线上线下道德讲堂通过"我践行、我参与"的方式积极有效地带动了居民共同讲道德故事、做道德公民、建道德社区，达到了"居民参与、居民推动、居民受益"的教育目的，而这也逐渐成为海裕社区居民建设社区的共识。

在社区居民的眼中，社区媒介扮演着一个很重要的教育和沟通的角色，比如，跳舞、讲故事、表演、手工、出游等文娱活动，特别是一些公益志愿活动为社区居民提供各种帮助和便利的同时，让居民相互了解、熟悉，建立感情和信任，获得情感上的认同，逐渐形成以情感认同为基础的社区规范。另外，居民在为他人提供服务的同时，自己也得到了满足，并形成在未来某个时刻可以得到他人帮助的意识，接受帮助的人也形成了回报他人的社会责任感和义务感，从而促进了互惠规范的形成。社区媒介还通过参与社区文化活动、倡导社区公益志愿活动、参与社区公共事务管理等途径，培养社区网络、增强社区规范和社区信任，从而达到参与社区治理的目的。

---

① 与海裕社区服务中心主任访谈资料，2014年6月13日。

"红马甲"风景线：文化义工现象探究

叶 蕊 丰 玮 吴予敏

摘要 文化义工是城市公共文化服务体系的重要组成部分和生力军。本文选取深圳市义工联文化组、南山区义工联文化组及其下属各街道办和社区文化义工为主要调研对象，通过文献研究、深度访谈、实地参与式观察，对文化义工现象进行深入探究：分析文化义工的组织体制和活动机制，从具体案例分析文化义工如何实施公共文化服务，分析文化义工的组成结构、社会特征、行为动机、伦理价值观和文化认同。同时，也从实践中总结了文化义工现象背后的矛盾和问题，提出解决问题的对策和文化义工事业发展的前景。

一 探寻"红马甲"风景的来龙去脉

在如今美丽的深圳，街头巷尾、社区商圈、校园厂区到处活跃着身穿鲜艳的红马甲的义工服务队。在遍布各区的众多的文化场馆、图书馆、博物馆、音乐厅、美术馆和群众文化艺术馆中，他们尽心尽力地为市民们提供各种服务。文化义工成为城市公共文化服务的一道亮丽的风景。

1990年4月注册成立的深圳市义工联合会是由共青团深圳市委发起、由志愿为青少年和社会提供义工服务的社会各界人士（主要是青少年）组成的社会团体，是中国内地第一个义工法人社团。成立以来，市义工联秉承"服务社会，传播文明"的宗旨，倡导"参与、互助、奉献、进步"的服务精神，传播"助人自助""赠人玫瑰、手有余香"的互助理念，走出了一条具有深圳特色的义工发展之路。2011年，借助深圳举行世界大学生运动会的东风，义工运动发展到一个新阶段。社会各界人士纷纷加入义工队伍，遍及全市的"U"站（以世界大学生运动会标志和吉祥物命名的服务站点）转化为常设的义工服务网点。义工形象被人们交口称誉，在全国树立了典范形象，深圳也因此成为闻名世界的"志愿者之城"。

在"来了就是深圳人，来了就做志愿者"的热潮背后到底存在什么样的组织机制和动因？文化义工如何成为城市公共文化服务体系的有机组成部分，发挥了什么样的作用？文化义工们来自哪些社会阶层？出于何种动机参与义工活动，并通过这一参与实现了什么样的文化认同？本课题组选取深圳市义工联文化组、南山区义工联文化组及其下属各街道办和社区文化义工为主要调研对象，通过文献研究、深度访谈、实地参与式观察，对文化义工现象进行深入探究。

二　文化义工概况

（一）深圳市义工联文化组

深圳市义工联文化组直属于深圳市义工联，是义工联直接管理的20个小组之一，成立于2002年7月20日，目前有义工6000多人（另据《深圳特区报》记者马璇在2015年2月12日报道，深圳现有文化志愿者18000名，在这里"文化志愿者"和"文化义工"的概念有一些区别：文化义工是深圳市一直沿用的概念，在国内比较独特；文化志愿者的概念比文化义工要大一些。在深圳，文化义工是要求正式注册登记的志愿者，被组织起来进行服务的志愿人员，不包括临时参加志愿活动的人员），服务范围是市公益文化活动及公益文化场馆，主要服务内容是为读者、参观者和观众提供方便快捷的服务。市义工联服务组有自己的官方微博和微信公众号，平时活动招募会通过网站、QQ群或短信通知，通知内容为活动内容、时间和地点，以及需要人数。感兴趣的义工在自己时间允许的情况下，就会报名，主要活动时间以周末为主。

义工联文化组分场内和场外四个部分的服务——场馆、读书会、U站、户外活动。组成四个组分别是培训、后勤、宣传和执行组。参加义工选择组别后都要进行培训。常规服务地点主要集中于深圳市图书馆、音乐厅、群众艺术馆、金光华U站等场所。一般服务前后都会有签到机制，以记录服务时长。具体服务时间和服务内容见表1：

表1　　　　　　　　深圳市义工联文化组常规服务项目

服务项目	服务地点	服务时间	服务内容
观众服务	深圳博物馆	每周六、日 14：00—17：30	做好人员指引和咨询服务，并劝导不文明行为，维持馆内秩序
日常读者服务	深圳图书馆	每周六、日 13：30—17：30	读者自助借还书、办使用指引、报刊阅览室整理、上架、还回图书分类、读者阅览室行为文明劝导服务，协助图书上架、查验凭证、读者行为指导等
U站服务	罗湖区金光华广场	每周7天；每天3班；每班至少2人；每班4小时服务的模式	文化主题活动，日常接待、指路、咨询、发放宣传单等
群众艺术活动服务	深圳市群众艺术馆	每周五19：00—21：30	协助维持剧场秩序，在开场前协助工作人员检票
公益性音乐演出现场服务	深圳音乐厅	周六14：00—16：00 音乐下午茶	维持现场秩序，组织发票和检票
		周日13：00—16：00 美丽星期天	
深圳读书会	中心书城南区多功能厅	每周二 19：30—21：00	活动主持、文案策划、宣传设计、活动摄影、微博直播、秩序维护等
	市图书馆一楼读者教室	每周日 15：00—17：00	

（二）南山区义工联文化组

南山区义工联文化组成立于2011年3月26日，以南山图书馆为主要活动阵地。截至2015年3月15日，文化义工人数达2747人，多数是年龄平均在30—40岁的外来务工人员，也有一部分是退休人员。

南山区义工联下有8个街道办义工协会点（见图1），主要包括西丽、粤海、南头、蛇口等义工协会。街道办义工协会的主管部门为各街道办团委，开展活动一般由政府主导，街道义工协会、社区义工、南山区义工联等合作协调完成。其开展的活动一般都是针对妇女儿童的。以南头街道办为例，开展的活动有社区"三八"妇女讲座、妇女维权法律宣传活动、小学生学雷锋、青少年志愿者环保协会等活动。社区方面开展的活动一般由社区工作站负责，越到基层，义工活动越是综合覆盖，一般不设专职的文化义工。以粤桂深大联合社区服务中心为例，在2015年1月开展的活动就有"日行一善"口腔义诊、"市容环境提升日"活动、"除四害"宣传、消防安全知识培训等。

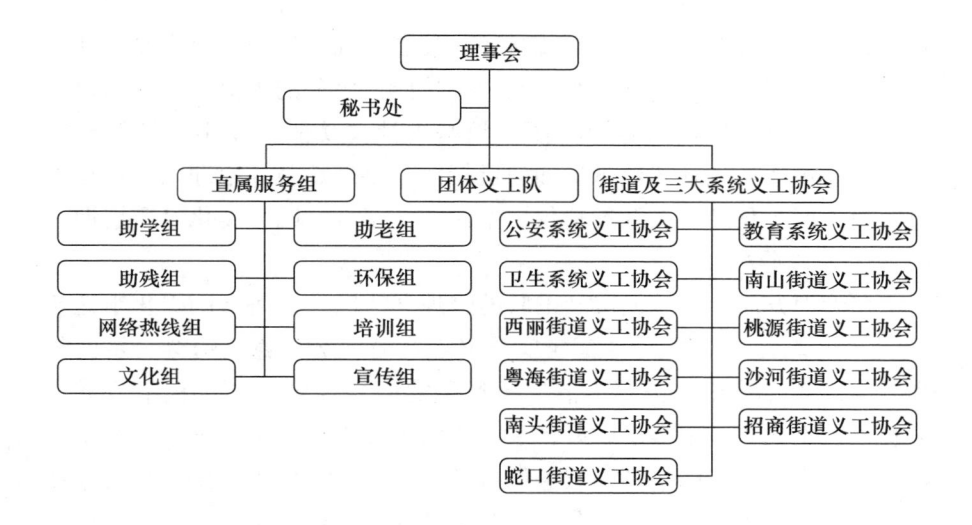

图1 南山区义工联组织结构

资料来源：http：//yigong.org/structure.aspx? tp = structure。

（三）义工招募、培训和管理

1. 义工招募

以南山区文化组义工招募为例，招募流程大致分为：申请/注册—区义工联培训—选择组别—文化组培训等环节。义工申请实行自愿原则，年龄需满10周岁以上，申请或者注册流程包括线上和线下两种方式。

线上注册需登录深圳志愿服务信息平台（http：//v.sva.org.cn/），按照相关步骤要求进行申请。线下注册需要到区义工联秘书处填写注册表（分个人与团体）并提供相关资料。参与新义工培训之后选择加入的区义工联下的直属服务组，如文化组。现场报名注册成功之后会有相关义工编号，以便以后记录服务时间，后期也会发放义工证。近年来深圳市推行电子义工证。电子义工证具有更多的功能，比如证件加载深圳通功能，免收押金费用等。但是由于深圳的电子义工号还没有那么完善，网络资料库、公共场合的 POS 机设备不足，现在义工编号与电子号是同步使用的。

2. 义工培训

新义工大致要经过区义工联培训和各组别专业培训。区义工联的培训大致每月一次，各组别专业培训根据各组别需求自行确定。南山区文化组每个季度都会开展一次文化义工的技能培训，培训内容主要包括文化组的基本服务情况、基本服务知识和技能、服务的规范和要求。以图书馆培训为例，培训内容包含图书馆基本社会功能与作用的了解与掌握、图书馆业务流程的熟悉、如何进行图书整理、服务伦理和职业道德等。南山区文化组还会开展礼仪、书法、古筝、合唱等文化素质培训。

3. 义工管理

在管理方面，除遵循市义工联的管理办法以外，南山区文化组还执行《文化义工管理办法》，规定文化义工享有入会自愿，退会自由的权利，履行"无偿、守信、热情、周到"的服务要求。区文化组成立了大管家、小喇叭、金点子、好帮手、聚活力和文艺 6 个小分队。大管家队负责新文化义工的培训、服务岗位的义工招募、排班、出勤、服务技能监督；小喇叭分队负责文化义工各项活动的宣传、摄影、报道及义工小报的编辑出版等；金点子分队负责策划文化义工的常规服务活动以及开展适合本组的具有创新性的服务内容；聚活力分队负责文化义工的内部成员的交流等活动，比如健身、篮球比赛等；文艺分队负责文艺活动的策划、组织以及实施，如舞蹈、合唱、礼仪队、书画小组等文艺活动；好帮手分队负责文化义工开展活动的统计、报表、资料的整理与保管等。

（四）文化义工的服务、激励和评估

1. 南山区文化义工的服务可谓丰富多彩

比如"星星点灯"项目，从 2012 年开始启动，至 2015 年 6 月 5 日已经举办了 28 次。在活动过程中，文化义工会和自闭症儿童一起做游戏、讲故事。

2. 激励、评估和宣传

南山区文化组除了可以申请市义工联的表彰以外，还自行规定了激励和评估措施。义工服务时长满 500 小时，注册义工时间超过 2 年，综合表现优异者可申报深圳市义工联的五星级义工或优秀义工、百优义工。服务50至200小时,由区义工联授予"爱心贡献奖""爱心鼓励奖"或"爱心奉献奖"。对于表现不合格的义工,也有一些纪律约束。

表2　　　　　　　　　南山区文化组服务项目

服务项目	服务地点	服务时间	服务内容	服务人数(人)
图书馆日常读者服务	南山区图书馆	周末或假期	查询书籍、还书分类整理、整理书架、搬运图书、指导读者使用自助终端机	10—20
公园文明劝导服务	南山荔香公园	每月第一、三周周六 9:00—12:00	劝导市民不乱丢垃圾、不躺在凳子上、谨防小偷、不燃放烟火、自行车不进入园区、禁止遛狗、不采摘花朵和绿化植物	6
U站值班服务	南头欢乐颂U站	周日 9:00—18:00	U站便民服务、社会治安	6
换书活动	南山图书馆天棚下	每月第一周周日 14:00—17:00	开展"以书易书,换醒低碳"的环保主题的换书服务	10
帮助自闭症儿童	南山图书馆亲子阅览室	每月第一周周五 9:00—12:00	以"星星点灯"为题,在星光特殊康复中心的自闭症儿童在亲子阅览室快乐阅读,做游戏等	20
法律咨询	南山图书馆附一楼	每周日 10:00—17:00	为市民解答法律问题,提供法律援助服务	随机
心理咨询	南山图书馆附一楼	每周五 15:00—21:00	为市民解答心理问题,疏导心理压力	随机
文化活动现场服务	根据活动招募贴确定	根据活动随机确定	南山流行音乐节、文博会、非物质文化遗产展演等	随机

树立良好形象,建立文化认同是区义工联的宣传导向。他们创办了自己的内刊《玫瑰朵朵开》,后更名为《南山文化义工》,每季度出版1期,刊载文化义工的成长足迹、服务情况、服务心得,还开通了南山区义工在线(http://yigong.org/)和微信公众号。

3. 社会协作机制

南山区文化义工得到了政府和社会各界的支持。来自区团委资助义工联的专项经费每年约20万元。区文体局每年也资助区文化义工的部分活动经费。文化义工和社会各界的协作都是通过专项活动或社会团体合作。如2015年开展的垃圾分类宣传活动，主办单位为南山区城市管理局、南山区生活垃圾减量分类领导小组办公室，协办单位为南山区图书馆、南山区义工联环保组，南山区文化志愿者协会（即南山区文化义工组）。一些金融机构也赞助了文化义工的服装等用品。

三 文化义工的行为动机和身份认同

（一）文化义工们的行为动机

在深圳这样一座市场经济发达的城市里，难免有些人表现出自私浮躁、追名逐利、以金钱为上的价值观。关怀社会，崇尚奉献的义工精神就更显出其珍贵。文化义工又将这种精神和文化传播活动结合，进一步孕育出城市文明的新生态。我们调查小组希望深入文化义工们的内心世界，了解他们是出于什么动机参与志愿者行动，又通过这种参与获得了什么，实现了什么。

我们在文化义工们的服务现场经常可以看到一个很有趣的现象，就是有父子一起或者夫妻一起都在做义工。周末本该是陪伴家人或者出外游玩，他们却拿出自己宝贵的时间用在为他人服务。这是一种什么样的道德行为呢？我们通过访谈，发现投身义工服务的主要动机有两种。

第一种：利他主义动机。

根据人的需求层次理论，人的基本物质需求得到满足后会去追寻更高层次的精神需求和自我实现，通过为他人服务，奉献社会使自身得到极大的满足感，从为他人服务中获取快乐和幸福。很多人都是出于利他主义动机来加入文化义工的。

南山义工联文化组的陈善生，外号"肥佬伯伯"是其中的典型。他年近70岁，老家在广东肇庆，退休后于2010年来到深圳，现在同时在南山义工联文化组和深圳无偿献血志愿者服务队担任义工，还是南山义工联文化组骨干之一，累计服务时间超过6000小时。他乐观开朗、十分健谈，获奖无数，是南山区的五星级义工，他幽默地和我们说："我该拿的奖都拿了，不该拿的也拿了。"可见老人家对奖项看得比较淡薄。他一周服务四到五天，有时甚至七天都去。我们在南山图书馆访问他时，恰好有人问他问题，他给人指引的动作十分规范，态度和蔼可亲，对于一个将近70岁的老人来说，颇为不易，也让我们十分感动。尤其是老人家给我们透露他脊椎不太好时，更令我们敬佩。以他为代表的退休人员就是把文化义工当成了他们的全职工作，全身心投入进来，以助人为乐。

也有的人在原来的事业成功以后，转而全身心投入做文化义工。深圳市义工联文化组副大组长洪文前及南山义工联副理事长、文化组组长谌缨是这方面的代表。洪文前原来是做外贸工作的，于2012年6月加入文化义工组，从普通文化义工一直干到现在的副大组长，他是看到大运会时义工树立了很好的形象，受到感染吸引而加入进来的。谌缨原来是南山区图书馆副馆长，1988年来深圳拓荒，1997年加入深圳义工，已经坚持了将近20年，是深圳市优秀义工和五星级义工。他先后参与创建了义工心理热线电话、义工在线网站、义工环保活动等。本着利他主义的道德伦理观念，成为文化义工的中坚力量。这些人通常有比较坚定的信念和责任意识，能够克服义工组织活动中的种种困难，坚韧地推广义工服务。他们说："第一，坚持，你要知道自己在坚持什么。梦想与现实还是有区别的，我们首先要在深圳生存下来。第二，责任，要负责任，要清楚自身的位置以及如何更好地运行这个团队。"

一位40多岁的工厂普工苏鸣奇从事文化义工已经4年，他告诉我们："我参加义工大约4年了。当初参加义工源于大运会期间的志愿者服务。从来没有想过要退出义工组织。义工服务不会和工作冲突，毕竟是先工作后服务，生存是第一。我家里人很支持。最大的收获就是理解了助人是快乐的根本。"（2015年4月23日的访谈）

有的老义工在访谈中回答"您当时是为什么参加义工"这个问题时，告诉我们："梦想吧，从小时候就特别想去帮助别人。同时我觉得为人父母的应该给孩子留下一笔财富，总要树立起榜样。我女儿现在八九岁，在五六岁之前其实很大程度上也并不理解我为什么一直坚持做义工，她也会抱怨，总是说我太过于执着，但是我觉得能够潜移默化地影响到孩子总是好的。因为她现在比较理解我了，现在在班里，也是个十分热心肠的人，而且是十分懂得节俭的人，我觉得通过这种方式的教育，可能比金钱或者其他方面的更好！"可见社会公益行动足以改变人的世界观和伦理观，也会潜移默化地将这种社会正能量一代一代传承下去。

第二种：合理的利己主义动机。

这其中又分几种情况：

第一种情况是，2005年深圳市出台了《义工服务条例》，其中规定"鼓励有关单位在招工、招生时，在同等条件下优先录用、录取有义工服务经历者"。深圳户籍的入户标准比较高，很多外来务工人员或许在深圳工作多年，却无法达到深圳入户要求，这给子女上学和日常生活都带来诸多不便。对于低学历人群来说，想要入户必须交多年社保才有资格。而按照深圳入户条件，如果他们加入义工后，服务积累到一定时间，在申请入户时就会有加分。

第二种情况是不少人的工作和生活压力非常大，节奏快，在工作之余和周末也没有很好的活动来打发时光。看电影、逛街等娱乐休闲方式成本又太高，不少打工阶层难以承受这样的开销。部分打工者，尤其是年轻人，就愿意加入文化义工队伍中，这样，周末就有事可做，参与文化活动又不需要花费太多钱。

第三种情况是一些人觉得自己文化素质不高，想通过文化义工这个平台来提升和锻炼自己，增进文化修养，提高表达和沟通能力，培育自信自强。那些在图书馆、博物馆和音乐厅等文化场馆服务的义工，经过长期熏陶，加上自己主动学习，都能够丰富自己的文化知识。有的人还以参加文化义工有机会见到明星、名人为时尚。

第四种情况是由于单身群体在深圳占比很大，许多人因为工作场所封闭和交际圈较小，没有时间和机会去接触异性。这些人希望能通过参加文化义工，结交到志同道合的朋友。在南山区义工联，就有好多对因为义工结缘而结婚的年轻人。在义工大家庭里，交到知心朋友的更是数不胜数。

第五种情况是一些人出于自己工作需要，尤其是像做保险、证券和商业促销一类工作的，都想通过做文化义工给自己积累人脉或客户。但是这种情况只是一种潜在的人际交往的效应。义工联严格规定在义工活动中决不允许任何商业行为，一经发现，会重罚，严重者会从义工联除名。

(二) 文化义工的社会身份认同

文化义工中，除了少数管理层负责人及骨干以外，大部分都是外来务工人员（或外地户籍务工人员）。很多人平时住在原深圳二线关外地区。每次到市中心的福田区、南山区来进行义工服务，往返交通费都要他们自己来出，这对于本来工资收入不高的他们而言，也是一笔开支。他们为什么愿意接受这种既出钱又出力的状况？这是和他们的社会文化认同有关的。

1. 社会归属感

在文化义工这一群体里，无论是什么社会身份，什么社会阶层，都从公益行动出发进入一个新的社会群体。这种平等感和获得感是可以暂时突破现实障碍的。对于很多原来处于社会较低位置的外来劳务工人员来说，他们加入文化义工，可以暂时抛掉原来的工作和社会身份，穿上红马甲就代表着城市的义工形象，在这一刻，文化义工就是他们的形象身份。他们在各种光鲜亮丽、充满文化气息的文化场馆里服务，也会得到他人的尊重和感激，这是他们在机械而单调乏味的流水线上不能得到的体验，从而可以得到心灵的慰藉和社会尊严感；也正是在文化义工的时空中，他们可以感到自己属于这个城市，这个城市也包容、尊重和感激他们的存在。

我们和一些文化义工交流，他们当中有参与义工活动长达一二十年的，也有参加时间不长的；有中老年人，也有年轻的甚至年幼的。且看看他们自己的亲身感受：

"做义工一方面当然要付出一些时间，精力，金钱，包括助学，但同时你做义工可以结交朋友嘛，会很开心，在奉献的时候，大家通过做义工认识，同时也可以通过义工这个平台去展示你的才能，你的组织能力，策划能力，其他方面各种协调能力，实际上你在奉献的同时也在成长、提高。"

"像我个人感受，就是结识了一帮有爱心的人，大家在一起，一方面做贡献，另一方面也很开心，服务完了以后，大家愿意一起吃个饭啊，像晚上有时候打打球，或者一起聚一聚，唱歌啊，或者有些喜欢户外活动的，去徒步，参加活动。就把他们个人的交际圈扩大了，义工里面各种各样的人都有，有打工的，也有管理层的，有不同层级的，反正

你自己去结交,自己的生活也丰富了。"(2015年6月6日对南山区义工联文化服务组组长谌缨的访谈)

"我今年25岁,自己在做装饰材料生意。加入义工联有两年时间了。参加义工能交上很多来自社会各界的同伴,有不同的背景、性格、社会阅历。我们能互相学到很多。我觉得收获最大的是快乐,所有义工伙伴都有共同目标,把服务做好,我们一起努力。简单的整理书籍,为每位读者回答一个疑问,这些都能给我带来快乐。这些是工作上找不到的。我有跟身边的朋友讲解过何为义工,义工联是个什么性质,鼓励他们参与义工事业,我是觉得年轻人应该多做一些公益事业,这样会得到意外的收获。"(2015年6月10日对义工吴剑峰的访谈)

2. 文化的认同感

公共文化服务的价值内涵是要促进全社会凝聚一种文化的认同感。文化义工行动本身就是在践行和创造新的文化认同。服务的内容和服务的载体高度一致。

文化义工谭春丽跟我们说:"我是做销售工作的。大概2014年4月正式加入深圳义工联文化组,来参加义工服务最主要是受到外界广告的影响——'来了就是深圳人,来了就做志愿者',而且经常看到有穿红马甲的义工朋友,很羡慕很想加入,觉得做义工服务他人有利于自身素质的提高和结交更多的朋友,还丰富了自己的业余生活。还有就是'让城市因热爱读书而受人尊重'是深圳十大观念之一,我每周只要没事就会去图书馆,所以很自然就选择做了文化义工。目前虽然有时候工作会比较忙,但是没有想过退出义工组织。义工活动都是自愿的,没有强迫性,只要有时间还是会去做义工服务,也不存在冲突,家人朋友都很支持我们,而且自己做义工还带动了一些朋友一起加入义工大家庭。加入义工收获很大,朋友多了,生活充实了,存在感价值感得到增强了,更深刻地理解了施比受更有福的含义。"(2015年4月23日的访谈)

"徐悠游小朋友是我们此次调查中碰到的最小的文化义工,他只有12岁,还在上小学六年级,但他现在服务时间已经达到150小时。他之前是在宝安区的图书馆里做文化义工,后来就去深圳图书馆做义工。因为按规定年龄小于14岁的文化义工必须由家长陪同,所以他每次都是由他父亲送过来。现在小学生的学习任务也日渐繁重,悠游小朋友还热情地服务他人。他父亲提到这孩子曾经出国一两个月，了解到西方国家的义工的服务奉献精神，深感认同，回到国内后就开始加入文化义工队伍了。他的父母都非常支持他。他的父亲说，看到小孩从小就这么懂事，懂得为他人提供帮助，奉献社会，感到很欣慰。在自己和小孩一起做义工的过程中，也是对之前因为工作而不能陪伴小孩的一种补偿，周末虽然牺牲一些时间，但和小孩在一起共同奉献社会，觉得挺值得的。在和小孩一起做义工后，明显觉得与小孩的关系更加亲密了。"

在图书馆服务的一位年轻的义工还说起一件令他印象最深的事情："有次在少儿馆服务，一个五岁左右的小女孩走到我跟前说她想看《查理九世》这本书，我就说你得去电脑查一下分区在哪里。她就拉我手说她不会（我忽略了她那么小不会操作电脑），然后我就给她找，最后她很开心，露出天真的满足表情。我忘不了她的笑脸，同样我也得到心灵回报。"

义工们的社会服务有时候也会受到一些误解。"有一次是法治宣传，我们在街上派发安全知识传单还是有人误解的，他们看见我们会远远躲开，不接我们的传单，各种的情况都有。遇到这种情况我们也只能跟他们讲解是在做法治宣传，传单上都是一些日常法律知识，不是推销。""有的人也会误解说你参加义工是不是想出名啊？对于这些误解不好解释，只能坚持做好自己应该做的，社会总会理解的。我们并不是为了得奖才去做这些事。""在少儿馆服务时有家长指着我们义工对她的孩子说：你不好好读书将来长大了周末也要出来干活。和这种观念的人没法沟通，我觉得初衷是让孩子们好好学习，作为义工本身就是和名利无关的，包容各种眼光比解释更重要。"真诚的行动胜过千言万语的表白。

一位来自私企管理层的文化义工回答我们提出的问题"参加文化义工比较大的收获是什么？对你的社会文化认同感有什么影响？"她说："我对于休闲有了新的认识，为社会奉献只要愿意方法是多样的。我也更爱家人，越是参加的服务多，越觉得既然可以对陌生人付出，为什么不更珍惜和爱护家人？令我印象最深的是很多中小学生参与义工服务，这让我觉得下一代不是网上的各类熊孩子，生活中还有那么多阳光的乐于付出的孩子。少年强则国家强，这也是这个国家的希望！"

3. 社会资本的转换

谌缨的本职工作是南山区图书馆副馆长，又担任南山区义工联副理事长和文化组组长。同时，南山图书馆又是南山区义工联的主要活动场所，平时开会、培训之类的也可以借用图书馆的场地。在我们去谌缨图书馆办公室调研时，他的办公场所也摆放着南山区义工联文化组的一些物料和宣传资料。因为有着这样的双重身份，他可以很好地起到沟通义工联文化组和南山图书馆的作用，利用职务之便为南山区义工联文化组提供各方面支持。谌先生提到正是因为工作相对比较稳定，当初刚做义工时抱着试一试的心态，就这样坚持了18年，他也能在双重身份间很自然地转换。

与之形成鲜明对比的是，市义工联文化组的洪文前就坦言，因自己从事贸易工作，应酬和交际都比较多，周末常常因为义工联的事需要去各大场馆看一看，就会影响到自己的本职工作。但是害怕不去各场馆看，又会让新加入的义工感觉受到冷落，所以每到周末，就纠结要不要去。市义工联是没有要求他必须要去的。这令他时常感到心累，偶尔会萌生退出的想法。他本身作为生意人，自有的资源有限，市义工联文化组这么多人，却经常为培训和活动场地发愁，团委给义工联的经费本来就很有限，分到文化组的就更少了，所以还得几个组长想方设法去筹集活动资金。即使很多时候上面有拨款，但因为申请审批周期长，款项批下来，可能活动时间已经过去很久了。或者有时拨的经费远远不能维持活动正常开支，这就需要组长和骨干贴钱进去，大部分情况下这贴出去的钱都是收不回来的，也就意味着他们花自己的钱去为社会做公益。

可见，文化义工里，能做到管理层和骨干的人，必须要有较高的社会资本，可以动用许多资源，才能自如地游走于双重身份间，来为文化义工的发展提供更多的帮助。而在社会资本比较缺乏的情况下，就很难处理好二者间的关系，会陷入困境和迷茫，一方面确实有心为社会多做贡献，服务更多人，但另一方面个人可利用资源有限，无法为文化义工团体提供更多支持。长此以往，也会动摇坚持下去的决心。

文化义工也有可能产生连带的社会作用。比如一位老义工告诉我们，自己的服务对象中曾经有一位受过工伤的工友，是从外墙上摔下来的，就瘫痪了，公司没有履行赔偿责任，家里还有个老妈。后来其他义工知道了，就经常把他推出来，晒晒太阳，去看望他，还帮他聘请律师去打官司，经过五六年的马拉松式的诉讼，最后获得了几十万的赔偿。

四 文化义工现状背后的矛盾和问题

我们发现，文化义工的队伍虽然在不断发展壮大，社会对文化义工也有诸多赞许，但是在这一道亮丽的风景线的背后，还是存在着一些矛盾和问题，是需要我们正视的。

（一）通适性和独特性

文化义工的身份和作用，具备通适性和独特性的双重特点。我们去询问文化义工们：你们和其他的义工有什么区别吗？他们对此概念都是很模糊的。很多文化义工表示和一般义工没有区别，如果定义区别的话就是服务的地方性的问题，即服务场馆和文化有关，比如图书馆、博物馆、群众艺术馆等。"天下义工一家亲，大家没什么区别，都是奉献自己服务他人，只是大家做的服务形式及对象不一样，我们义工联文化组服务的常规场馆是图书馆、博物馆、音乐厅、群艺馆、金光华U站等，其他组别的义工会根据不同的分组到不同的场馆进行服务。"实际上，从义工联的管理层看来，文化义工不同于一般的或其他各功能组的义工，文化义工是有独特性的。这种独特性不仅来自他的服务内容、场所，更来自他的内在的文化特质。这和专业技能、知识水平、文化兴趣都有很大的关系。文化义工由于其文化的熏染、积淀、涵养过程，对义工本身的吸引力有很大的作用。如果有关方面忽略了文化义工的独特性，将他看成通适性的义工，就容易将文化义工简单地看成劳动工具和服务手段，未能注重文化义工的主体培育，将他培养成文化的新生力量。

（二）自愿性与组织性

《深圳市义工服务条例》中明确对义工做出定义，是指出于奉献、友爱、互助和社会责任，经过登记，自愿、无偿地以自己的时间、技能等资源开展社会服务和公益活动的人员。从本质上说，义工是自愿参与活动的。自愿行为在实践过程中会带来主动性和积极性，也会带来一种自由散漫的习气。为了提高文化服务的效率与保持良好的义工形象，义工在服务过程中一般都有签到、培训、服从分工等组织管理制度与行为规范条例。这样就存在自愿性与组织性的矛盾。有的义工管理者说道，"做义工的前提是自愿原则。所以当我们作为一个团队，提到管理与控制，建立制度有一定制约性和组织性的时候，很多人就会觉得不合理，他以为自愿的前提是你没有办法去强迫我做事情，这存在矛盾之处"。

（三）传承性与流失性

总体而言，深圳在举办世界大学生运动会之后，已建立起"志愿者之城"的形象，"来了就是深圳人，来了就做志愿者"的口号也耳熟能详，受广告等宣传鼓动，政策激励以及亲朋好友影响参与文化义工的人数也有所增加。从统计数字看，文化义工的队伍人数每年呈增长趋势。但是有关部门仅仅统计注册的文化义工人数，只做加法，不做减法。到底每年还有多少人在坚持做义工呢？却没有办法统计。我们在调查中发现，每年实际坚持下来服务的义工人数是在持续下降的。整体呈现传承性与流失性并存的局面。第一线的义工联负责人告诉我们，"市义工联下文化组注册的有6000多人，真正能够长期坚持下来做义工的只有300多人。比如星期六和星期日在图书馆或者博物馆、音乐厅等服务的可能只有100多人。文化义工的行为状态大概分为几个阶段：热情高涨的阶段只有半年，从前可能有一年"。"（南山区文化组）一年实际参加一次服务以上的义工在700人左右，有一半多义工连一次服务都没有做到。也有的人因为工作变动，或者离开深圳了，接到活动通知的短信后就明确给我们说，不在深圳，不要再给他发信息。对于明确回复这样信息的人，我们就会在系统上给他除名。"义工的流失和缺席，原因是很复杂多样的。但是这也给我们提出了一个管理上要解决的问题，如何统计实际服务义工状况？如何评估义工服务的绩效？如何增强义工的社会责任意识、承诺意识和团队的凝聚力？有关部门不能仅仅满足表面数字的好看，而要注重实际服务效果。

（四）特殊性与普惠性

文化义工的服务通常是要体现出普惠性。主要的服务地点、服务项目，都是来自公共文化的管理部门、政府主管部门或官方社团。普惠性是通过非营利的供给渠道，向社会大众公平地输送服务。因此，文化义工的服务就非常需要公共财政的支持。对于一些群众反映良好，需求又比较稳定的项目，还需要公共财政给予持续性的支持。但是这并不排除有一些部门系统的特定宣传活动，一些私营机构所开展的活动，对于活动场馆的使用安排、人员的使用等，可能产生特殊性的要求。特殊性的要求的活动能否占用公共资源？文化义工除了完成计划内的活动以外，可否适应社会的其他要求开展活动以满足一些特殊性的文化活动需要？能否通过特定的服务获得新的公益资助的渠道？能否处理好众筹经费的开发、管理？这些问题都反映出特殊性和普惠性的矛盾，也是需要协调解决的。通过协调解决，保证在普惠性和公益性大原则的基础上，激活基层文化义工组织的活力和独创性。

（五）**大众化与专业化**

文化义工一般分为两种，一种是有文艺等特长的专业性义工，另一种是对文化服务感兴趣的一般性义工。大众化的一般义工的加入保障了文化义工组织的人力资源供应的充足，也容易拉近义工和公众的关系使之显得亲和。但是对于文化义工这个服务门类来说，专业性义工更是稀缺。专业性义工不仅仅是指文艺特长的义工，还有具有管理、策划以及组织等才能的义工。怎样将社会上专业人才吸引进来，决定了文化义工的服务水准。文化义工队伍是具有内在的成长要求的。大多数年轻的文化义工，都很看重在公益服务过程中的学习、熏陶效果。

文化义工的管理，不只是要求他们为社会付出，也需要由政府和管理机构长远考虑，如何为义工的学习成长而付出。今天的文化义工，有可能就是明天的艺术家、文学家、传播专家或各种文化高级人才。文化义工队伍应当建设成扎根在社会土壤里的生机勃勃的大学校，一个脚踏实地，回报社会也得到社会广泛支持的文化人才培育的摇篮。我们认为，这才是文化义工事业发展的理想新境界。

"文化春雨行动"中的社会行动者

罗雅莉　吴予敏

摘要　本文将广东省公共文化示范项目——深圳宝安区"文化春雨行动"中的一线志愿者作为研究对象。他们是政府为解决体制内文化服务人才缺乏而召集的民间文艺爱好者,被冠以"文化钟点工""文化义工"的称谓。本文分析了公共文化服务中的组织运作机制;聚焦公共文化服务行动者,重点分析其如何改变了自我认知,通过人际互动拓展了文化资本,对于整个公共文化服务系统而言,"溢出"政府科层制以外的行动者们为社会文化自组织的形成提供了机遇。

一　公共文化服务:从政策到行动

2016年3月11日,刚进入农历二月的深圳迎来了气温"大跳水",前一天还穿着单衣短裙的人们,一转眼又披上了厚实的大衣。这天晚上,助教徐娟早早地来到宝安群众文化艺术馆前的广场,打开灯,摆好音响,为即将进行的广场舞教学做好准备。七点,音乐准时响起,原本散布在广场各处的一百来个人聚到音响前方,排成整齐的队伍,开始跟着台上的两位领舞跳起"佳木斯快乐舞步健身操"。领舞不时走下台阶,纠正台下人们的动作。九点,舞蹈结束,人们简短聊天,相继离去。

这样的场景每天同一时间都在同一个地点重演,寒来暑往,已经持续了近四年。文化钟点工陈燕华每隔一天就要到这里领舞,她的"学生"里有80岁的老人、附近小区的保姆、智力障碍人士……陈燕华和助教交替着,为台下的市民领跳两个小时,不收取参与者任何费用。而相距此地不到一千米的新安公园的"民间"广场舞队,收费是每人每月50元。

从2012年开始,在宝安区的各处,只要不是刮风下雨的天气,政府"采购"的文化钟点工都会带着两三名助教,按时出现在自己所负责的活动点,带着台下的民众,跳两个小时的广场舞。这些广场舞队大多原本就存在,已经运营了一定的时间,经过与政府的协商,它们被纳入"文化春雨行动"。以广场舞为起点,迄今为止已有360个由政府"冠名"的"文化春雨公益活动点"在宝安区各处设立(活动点数量由宝安区文体旅游局提供的各街道活动统计表汇总得到,与媒体报道的370个略有出入)。随着行动的推进,这些公益点的活动类型也有所拓展,既有吸引中老年人的广场舞、太极、柔力球、戏剧教学项目,也有偏向年轻受众的Cosplay、室内汽车漂移、航模项目。每个活动点由1—2名文化钟点工负责,政府按月向他们支付"钟点费",购买其固定的服务时间,还辅助为部分活动点置办、维护活动设备。以文化钟点工为主要力量,配合从社会招募的文化义工队伍,政府的公共文化服务资源向广大社会公众输送。在文化钟点工和文化义工的协助下,党政文化管理机构得以扩大实施公共文化服务的范围,也更加贴近民众真实的需求。

"文化春雨行动"是深圳市宝安区开展公共文化服务的一个重大项目。在该项目中,行政者将扩大公共文化服务对象为目标,建构了3支文化队伍。政府招聘少量(每个社区2—3名)专业院校和具有较高专业艺术水平的文体工作者,纳其为体制内的文化专干,成为"文化辅导员",驻扎到各社区,开展专业的文体辅导和培训;收编"文化钟点工",使他们组织下的兴趣共同体从游离的社会组织,变成公共文化的服务对象;面向社会大规模招募文艺爱好者,组建"文化义工"队伍,为文化活动提供大规模、辅助性的人力支持。通过这三支队伍,政府将文化资金和资源输送给基础民众。这个过程中,宝安区政府制定了"文化辅导员""文化钟点工""文化义工"的征集和管理章程,并将一系列文化事业单位、文化团体纳入了行动的成员单位,制定了执行部门的管理规则,邀请第三方组织对执行部门和成员单位进行年度的绩效评估。文化钟点工和文化义工既运行着政府的服务职能,又身处科层制之外,既实现了政府功能范围的扩大,又具备自身的灵活性和能动性。

宝安区政府推行"文化春雨行动"的初衷是解决体制内文化人才

不足和文化服务成本过高的难题。"行动"之初,管理部门调查已有的广场舞活动点,将符合条件的领舞收编为"文化钟点工",向他们支付"钟点费",协议活动点向社会公众免费开放。这种政府为文化活动"掏腰包"的举动得到了受益市民的推崇,因此得以持续并推广到其他项目。此外,管理部门为满足图书馆、博物馆、文艺表演、公益讲座等文化活动的人力,招募"文化义工",让他们参与书籍整理、场馆讲解、活动秩序维护等辅助性工作。为了提升文化钟点工和文化义工的服务质量,宝安区文化主管部门招聘专职的"文化辅导员"对他们展开专业培训。将"文化钟点工""文化义工"和"文化辅导员"组建成三支文化服务队伍,这成为"文化春雨行动"的主打内容,既扩充了服务的人力,扩大了服务范围,又提高了政府文化资金的使用效率。

在我国目前的社会条件下,一个大规模的公共文化服务项目的开展离不开行政系统的政策支持、财政资助和组织优势,然而,长期以来形成的自上而下科层制的某种程度上僵化、呆板、缺乏创造性的特点却与人民群众更多样化的文化需求相悖。因此,如何突破科层制社会结构的限制,将公共文化服务与文化需求对接,实现公共文化服务体系供给侧的改革是一个值得研究的课题。

政府购买公共服务最初、最常见的形式是聘请演出团队到基层演出,比如全国各地的"送文化下乡"演出活动。2003年前后,北京、上海等地开始兴起向社团、NGO购买公共文化服务的热潮[①]。2015年,国务院批准了由文化部、财政部、新闻出版广电总局、体育总局起草的《关于做好政府向社会力量购买公共文化服务工作的意见》,对采购社会力量进行公共文化服务做了规定,要求"采用公开招标、邀请招标、竞争性谈判、竞争性磋商、单一来源等方式确定承接主体"[②],并对目标任务、绩效评估、购买机制提出了要求。

文化类的志愿者在各地公共文化服务活动中起到了巨大的人力补充作用,特别受图书馆场馆维护、博物馆讲解、文艺演出这类需要大量人力的活动的青睐。深圳市宝安区图书馆在2003年3月,与深圳市宝安

---

① 乐园:《公共服务购买:政府与民间组织的契约合作模式——以上海打浦桥社区文化服务中心为例》,《中国非营利评论》2008年第1期。

② 国务院办公厅:《国务院办公厅转发文化部等部〈关于做好政府向社会力量购买公共文化服务工作意见〉的通知》,《国务院公报》2015年第15期,第55—59页。

区义务工作者联合会建立起长期合作关系。由区义工联下属的社区文化组负责义工的招募与组织管理工作，图书馆对义工进行短期培训后上岗提供服务①，这些图书馆义工发展到今天，也被纳入了"文化义工"的队伍。2012年年初，成都启动实施了公共文化"百千万工程"，计划组建1万名以上的文化义工队伍，用于扩充公共文化服务网络②。在辽宁，2.3万人组成的200多支文化志愿者队伍，深入村屯、社区、企业、部队，进行文艺演出，举办知识讲座，提供各类技能培训，协助政府组织各类展览活动。③

对于两种扩充公共文化服务文化人力的方法，学界进行过讨论。乐园对上海打浦桥社区文化服务中心的案例研究就发现，政府和NGO合作，要保持民间组织在服务购买中的独立性，并建立公开的竞争程序机制。④ 王春婷对深圳和南京两地政府购买公共服务的绩效影响因素展开研究，认为政府信息不公开，增加了政府购买服务的信息成本，合同条款不明确，承办方自主权过大，增加了政府的监控成本。

我国的研究者对征集文化类志愿者的模式也进行过一些探索。陈长平基于对浙江省邱隘镇文化站的调查发现，征集文化义工能够缓解供需矛盾、减少社会成本、增进社会和谐、培育社会资本等社会影响⑤。陈长平认为，公共文化服务中文化义工的溢出效应，能够减少国家与社会之间的沟通张力，增进相互间的良性互动⑥。

总体而言，目前学界对于公共文化服务借助社会人力的研究大多从管理学的角度出发，从宏观的、功能完善的策略上对公共文化服务展开研究，较少从微观的"人的角度"出发探寻公共文化服务的体系，也

---

① 麦敏华：《公共图书馆与义工组织合作运作模式的探索》，《图书馆论坛》2004年第24期。
② 梁娜：《成都：文化志愿者服务活动走向常态化、机制化》，《中国文化报》2012年11月21日。
③ 袁艳：《辽宁：2.3万文化志愿者助推基层文化建设》，《中国文化报》2012年11月21日。
④ 乐园：《公共服务购买：政府与民间组织的契约合作模式——以上海打浦桥社区文化服务中心为例》，《中国非营利评论》2008年第1期。
⑤ 陈长平：《"文化义工"在公共文化服务中的运作及其功能性分析——基于浙江省邱隘镇文化站的调查》，《理论与改革》2012年第2期。
⑥ 陈长平：《公共文化服务中的文化义工——政治社会学的分析》，博士学位论文，华中师范大学，2013年。

较少关注个体在服务过程中心理的变化及与城市中他人互动的情况。

如何发掘人民群众中蕴藏的文化潜力,将公共文化服务与城市沟通、文化融合一体,建构城市文化共同体,更是具有重大意义的事情。"文化春雨行动"为在现阶段解决文化需求和公共文化供给的矛盾进行了可贵的探索,尤其是"文化钟点工""文化义工"的出现,为发掘民间力量,促进城市沟通提供了可能的范本。本文界定研究对象"文化钟点工"和"文化志愿者"为公共文化服务中的一线行动者。所谓"行动者",是指处于一定的社会结构中,具有主体能动作用,以社会行动适应、延续、改变社会结构的行动主体。

本文所研究的公共文化服务中的行动者们,利用自己的业余时间,自愿地组织或辅助文化活动,同时获得政府提供的培训机会。他们的基本构成是来自不同职业、不同阶层的专业的或业余的文化、艺术爱好者。"文化钟点工"是兴趣团体的组织者,他们在兴趣同好中具有一定威望,能够聚集一大批文艺爱好者,政府每月按照他们的服务钟点向他们支付一定量薪酬。而"文化义工"是"文化春雨行动"中文化活动的主要人力,他们的技能不如文化钟点工突出,但对文化类活动怀有热情,义务承担起活动场馆维护、助教、活动记录等辅助性工作。

需要指出的是,"文化春雨行动"中的钟点工和志愿者以自身的文化资本和社会资源,为活动点的形成贡献了基础性的力量。"文化春雨"这一由政府发起的公共文化服务项目,在改善体制内文化人才不足的困境的同时,也让这些散落在社会各处的文化、艺术爱好者获得了施展才华、发挥能量的平台。在这个案例中,我们可以看到公共权力与社会行动者的良性互动,这种互动,对多元形态的社会而言十分可贵。

二 行动者对公共文化服务系统的影响

行动者对公共文化服务系统的影响及对城市沟通系统的影响,是本文致力探索的核心问题。

近年来,由于国家大政方针的指向,全国各地方政府推出的公共文化服务项目如雨后春笋般出现①,公共文化馆、公共图书馆、公共电子阅览室成为政府实践公共文化服务的均等化的标准配置,各地、各级政府都在努力结合当地特色对服务的内容与形式展开创新。当前学术界大多从公共管理学的视角出发,对相对宏观的公共文化服务体系的结构、功能和政策角度进行探讨,鲜有研究关注公共文化服务的微观层面的个体,多少忽略了"毛细血管的输送过程"和"文化细胞的活跃程度及效能发挥"。应当看到,今天的城市公共文化服务已经不再是制定政策、提出规划、划拨经费、设计指标、发出号召、部署工作的阶段了,任何好的决策规划,都必须真正落地。放眼看去,遍及全国各大中城市的公共文化服务,之所以还不尽如人意,关键一点就是政府不仅管文化,而且还办文化。科层化的行政体制惯于眼光向上,注重政绩效果、形象展示,而不是眼光向下,切实面向民众的多样态多类型的文化需求。在各级政府治理庸政、懒政的过程中,行政体制中人力资源的有限性又从另一方面限制了公共文化服务的有效实施。因此,如何突破科层制的行政束缚,有效释放社会文化资源就成为优化公共文化服务的一个现实问题。

本文不只是从文化管理学的视野提出上述问题。我们还进一步站在传播学的角度,关注人的文化活动如何影响人与他者的交流、人的自我沟通,以及这些交流、沟通如何在科层化的社会结构中培育出新的社会关系和社会行动结构。在这里,我们对于传播或交流的理解是"泛媒介化"的。在我们看来,"文化春雨行动"中的行动者角色、行动场景、行动过程,都是文化交流的"媒介"。这符合我们对于"可沟通城市"的本质上的理解——行动的人在交流、信息与观念传递的过程中,能够对自我、他者甚至体制产生影响。

不可否认,"文化春雨行动"是由政府主导、组织、资助、管控的行动,这是由当今中国社会结构的现实所决定的基本状况。但是,我们同时清楚地看到,"文化春雨行动"毕竟是通过数以千百的个体行动者自愿在科层化体制之外实施的。这样一种文化行动的自愿性、自觉性和

---

① 2013年10月,国家文化部和财政部联合发布了"第一批创建国家公共文化服务体系示范区名单"(囊括了28个城市)以及"第一批国家公共文化服务体系示范项目名单"(45项)。

自得性，不同于被动员和被组织的"工具化"形态。他们发挥的能动作用不仅深深影响着"文化春雨"这一公共文化服务项目的诞生、发展和规范化，也在广大民众中造就了一批稳定的兴趣共同体，促进了不同人群之间的交流和文化认同。在一定程度上这反映了公共文化服务的落地有助于社会的再建设，社会文化细胞的再激活和民间积淀的文化资源的再利用，由此构成文化传播对于社会结构"横向外溢"式的改造作用。

1. 文化钟点工

"文化春雨行动"中的文化钟点工总共有360人，他们是具备文化资本和社会资源，是公益活动点形成的基础。文化钟点工由各街道公共文化机构根据当地情况自主选拔，主要从已有的、自发形成的群众活动点中挖掘。公共文化机构通过和活动点负责人的沟通，将活动点纳入"文化春雨行动"公益活动点，赋予负责人"文化钟点工"的身份。文化钟点工不再向参与活动的市民收取任何费用，政府则负责支付"钟点费"并保障活动设备和场地的供给。

行政系统对广场舞领舞的收编，形成了多方共赢的态势。在行政者介入之前，广场舞活动原本就存在，参与活动的民众通过"凑份子钱"的方式，聘请领舞者。然而原生态的广场舞活动衍生了诸多问题，比如城市噪声，公共空间的争夺，这些问题经过媒体的放大，让原本由于健身需求出现的广场舞蒙上了一层不甚光彩的外衣。公共文化机构本该出面对这一在公共空间中开展的活动进行管理，却一直没有出台有效的解决措施，平衡广场舞人群的需求和广场舞活动衍生问题之间的矛盾。作为领舞的文化人才也是原本就存在的，他们向参与者收取少量的费用，主要也是为了设备的维护。从金额上看，他们自身并没有营利的意图。将广场舞活动点变成"文化春雨行动"的公益点，对公共文化机构、文化人才、民众而言都是有益的。公共文化机构可以发挥职能，通过规范跳舞的时间、地点和音响分贝，控制原本混乱无序的活动，还能实现文化资源、资金的有效输送，更解决了体制内文化人才不足的困境。对于参与者和文艺人才而言，行政者的控制也是保障，毕竟由政府出面建立"公益点"，可以避免不同舞队对同一块活动场地的争议，也能接受由政府提供的专业培训。最直接来讲，这项收编为参与者省去了一笔开支，也为领舞解决了音响设备的后顾之忧。

随着"文化春雨行动"的发展，"文化钟点工"所属的活动类型已不再局限于广场舞一种。政府一方面继续收编、扶持乐器、戏曲、体育等各类原有的兴趣社团，另一方面也从各街道情况出发，创立有特色的文化项目，建立社团，并在社团中挖掘有潜力的参与者，使其成为文化钟点工。因为每月接受政府提供的薪资，文化钟点工不能算严格意义上的志愿者，但同时也与体制内文化工作者不同。他们是介乎二者之间的又具备自身特点的一种计时、临聘、低酬的文化服务用工。他们利用自己闲暇的时间，按照自己的文艺特长和兴趣，借助政府组织的公共文化服务平台，施展对周边群众的文化服务。这既是政府文化服务的触角网络，又是群众参与自享的文化示范过程。

2. 文化义工

志愿活动是一种由个人或团体提供的无私的，不以经济报酬为目的的服务，它提供了技能增长的机会，因此对义工和其服务的社区和个人来讲都可能是有益的①。本文中的义工在本质上与其他义工没有差别，对义务活动都抱有积极的态度，在活动中都得到技能的提升和内心的丰富。

从政策层面来讲，"文化义工"是宝安区行政系统对参与"文化春雨行动"义务工作个人的称呼，官方为他们分配的主要任务是"协助做好各类大型文体活动的服务工作，协助做好基层文体活动的召集和组织工作，协助做好各项文体工作的开展和推广工作"②。他们一方面为文化活动服务，另一方面也可以参与到宝安区文体旅游局和各街道文体中心为他们举办的职业技能培训和文艺培训。文化义工通常以团体义工或个人义工两种形式存在，主要根据不同活动需求划分。简而言之，不以经济收益为目的参与到了文化活动中，付出时间和精力，是本文界定的文化义工。他们在各类文化活动中付出了自己的人力资本，一定程度上也得到了文化资本和文艺技能。

文化义工和文化钟点工虽然都是"文化春雨行动"中的一线服务者，但他们之间存在着一些差别。文化钟点工相对而言在所服务的领域中具有较高的技术水平，也能依靠自身文化资本为活动点聚集一定的人气，他们的服务范围基本上限定在与政府签约的活动点，与政府的直接

---

① 引自 Wikipedia，volunteering 词条．https：//en.wikipedia.org/wiki/Volunteering．2016年3月30日。

② 深圳市宝安区文体旅游局：《宝安区2013年度"文化春雨行动"绩效评估报告》。

交流比较多；文化义工的技艺水平通常不及文化钟点工，但他们可以任意选择自己感兴趣的各种文化活动进行服务，服务范围更加灵活，普通义工基本上没有什么机会与政府直接互动。目前宝安区文化义工的数量是3856人。

3. 行政系统

宝安区委宣传部在"文化春雨行动"中负责部署目标任务，扩大宣传影响。2013年，区委宣传部"将'文化春雨行动'经费纳入区宣传文化发展专项资金，资助'文化春雨行动'及调研费、市基层文化工作现场会及制作录播费共410万元"[①]。这项"资助"的数额在宝安区宣传文化体育发展专项资金2013年对"文化春雨行动"的220万元拨款上又增加了190万。除了为项目开展提供有力的经费支持外，区委宣传部还担负了"积极协调中央、省、市、区媒体，为'文化春雨行动'营造良好舆论氛围"[②]的任务。

宝安区政府是"文化春雨行动"的直接领导部门，负责财政拨款。这项拨款的数额逐年在增加，从2013年的220万元涨到了2016年的530万元，用途主要在于支付"文化春雨行动"中的一线服务者的薪酬（见图1）。

单位：万元

	2013年	2014年	2015年	2016年
区财政拨款	220	500	500	533

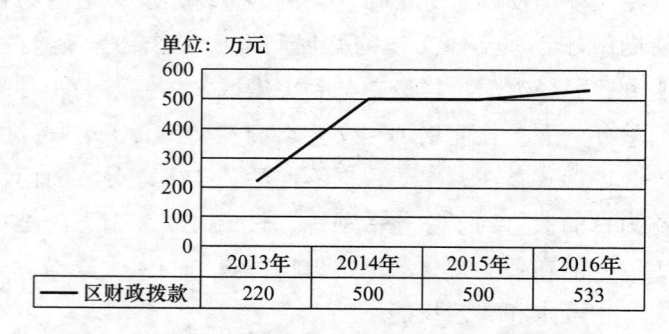

图1　宝安区财政对"文化春雨行动"的专项拨款

宝安区文体旅游局及下属的区群众文化艺术馆是"文化春雨行动"的主导单位。其中文体旅游局负责制度建设和绩效考核，群艺馆负责具体实施。目前区直属的19个示范公益点由群艺馆负责管理，其余的公益

---

① 深圳市宝安区文体旅游局：《宝安区2013年度"文化春雨行动"绩效评估报告》。
② 深圳市宝安区文体旅游局：《宝安区2014年度"文化春雨行动"绩效评估报告》。

点由6个街道各自管理。文体旅游局负责制定规则章程，保障各部门的重视和项目的可持续性，并将"文化春雨行动"开展情况直接向副区长汇报。

各街道的宣传文化部门负责发掘当地的公益活动点，采购"文化钟点工"，招募街道所属的"文化义工"，组织街道的各种"文化春雨行动"相关活动。此外，街道财政要负担"文化钟点工"的60%的薪资，其余40%由区财政拨款。

街道文体部门中还有一股重要的服务力量，那就是由文体旅游局选拔、指派的"文化辅导员"。"文化辅导员"在官方语境中被称为开展文化活动的"能手"。他们由区文体旅游局选拔并签订聘用合同，下派到各街道和区直属的文体中心，主要职责是对"文化钟点工""文化义工"以及社区民众进行专业技术指导，策划街道文体活动。

还有8个部门作为合作者在"文化春雨行动"中发挥作用，配合文体旅游局的工作。区团委系统的义工联在项目中主要负责组织文化义工参加新义工培训，将文化义工信息电子化，并组织义工参加"文化春雨"主题活动。区总工会、区教育局、区妇联、区工商联、区文联几个部门主要负责依据自身资源，开展面向企业、学校、妇女儿童、劳务工的文化活动，为"文化春雨行动"造势。

4. 传媒

传媒在"文化春雨行动"中扮演重要角色，在2013年、2014年的绩效评估报告中，《宝安日报》和区广电中心的综合得分都排在合作单位的最前端。《宝安日报》、区广电中心负责对文化春雨行动进行宣传报道，制造良好的舆论氛围。《宝安日报》是深圳报业集团旗下唯一一份社区报，日均发行量10万份，日均出版四开32版，是宝安区、光明新区、龙华新区的机关报[①]。2014年，《宝安日报》围绕"文化春雨行动"刊发了30多篇报道，20多个专题版面[②]。也就是这一年中，每十天左右，三个区的党政机关和当地看报民众就会读到"文化春雨行动"的相关报道，其中60%以上还是专版。

"文化春雨行动"的媒体报道还被《深圳特区报》选入了"2013

---

① 百度百科，"宝安日报"词条．http：//baike.baidu.com/link?url＝l－KFLUFUZ－iGd53　FcCk3X　－axJXmg5u9is3　－HtDb0OOBrlNzDzaMr06DE76TZyvDrpk2EOB0ZtRrgnt　_　Cfqi-JWq. 2016年3月30日。

② 深圳市宝安区文体旅游局：《宝安区2014年度"文化春雨行动"绩效评估报告》。

年深圳宣传文化建设十件大事"。2013年到2015年,"文化春雨行动"共获得了各级纸媒129次报道,这无疑为该项目拓展了知名度,也为参与评优构建了良好的舆论氛围。

三 "文化春雨行动"的时空结构

1. 时空中的文化政治

从图2可以看出,行政系统发挥了强大的号召作用,造成了全区联动的格局。

图2 宝安区"文化春雨行动"布点

在这里我们列举部分活动点的统计信息,对文化春雨行动的时空安排进行说明。表1为宝安区福永街道的部分"文化春雨行动"公益点的布点情况。

表 1　　宝安区福永街道的部分文化春雨公益点布点情况

活动时间	活动地点	活动内容	参与人数（人）	钟点工	参与对象
每天 6：30—8：00	万福广场（U站处）	太极系列、健身球、腰鼓、健身舞、秧歌	40	×××	老体协
每周六日 9：30—19：00	桥头羽毛球馆二楼（桥头道馆）	跆拳道	80	×××	5—15岁孩子
每天 19：30—21：00	文化艺术中心一楼	拉丁舞、交谊舞	30	×××	周边中青年、周边企业员工
每天 20：30—21：00	万福广场	民族舞、广场舞、排舞、佳木斯第五套有氧健身操等	200	×××	周边中老年人
每天 7：00—8：30 和 20：00—21：30	和平村委一楼及篮球场	广场舞、交谊舞、民族舞、扇舞、太极、太极扇	50	×××	本地居民
每天 7：30—9：00	福永中心小学与计生大楼间的阶梯上	广场舞、民族舞、排舞	30	×××	附近劳务工
周六 19：30—21：30	音乐沙龙	百姓大舞台	50以上	×××	企业员工

"文化春雨行动"改变了原本空间的意义，将它们从普通的广场、活动室改造成、创造成了"文化春雨行动"公益点，这种空间的改造实现了政治和文化的双重意义。从时间上看，各公益点的活动时间根据主要参与人群的活动规律制定，比如广场舞多安排在清晨或夜晚的固定两个小时，跆拳道等培训类活动则安排方便学生的周末某个时段，针对青年工人的活动安排在晚上。通过对活动点时间的安排，"文化春雨行动"制造了"可逆的制度时间"。制度时间，也称为惯例，它反复在社会中出现，既是日常实践的条件，也是其结果，因实践而具有社会性[①]。

[①] ［英］吉登斯：《社会的构成：结构化理论大纲》，李康、李猛译，三联书店1998年版，第93—99页。

"文化春雨行动"的制度化时间，使得文化活动由普通的日常体验变为了社会性更强的互动交往。在活动的时空安排上变得规范化、制度化时，更方便政府出面协调文化活动与周边其他社会活动的矛盾和冲突，一定程度上实现了对文化活动的管理。规范的时间安排也更贴近服务对象的作息，保障他们能够参与规律性的文化活动，只要他们有休闲娱乐的想法，就可以在规定的时间到规定的地点参与活动。

从"文化春雨行动"总体的地点分布来看，除了方便普通社区居民的广场、小区外，有些公益点还直接设在了工厂里，方便青年工人参与，比如沙井的欧达可合唱团、石岩的创维舞蹈队、松岗的燕川北部工业区阅读中心。

2. 文化活动类型

根据宝安区文体旅游局文化科提供的各街道"文化春雨行动"活动点信息统计表，绘制了图3（其他类包括数量小于5的类型和部分街道标记为"社区"的活动类型）。从"文化春雨行动"的类型上讲，目前广场舞类别在数量上占绝对优势。近年来广场舞、排舞的兴起成为"文化春雨行动"开展的契机。2015年3月，国家体育总局经过三年的调研和制作，发布了包括《小苹果》《最炫民族风》在内的12套官方编排作品，可见广场舞的势不可当。全国各地的广场舞既给中老年人提供了健身的契机，但也带来了噪声污染，公共空间纠纷等一系列问题。国家和地方政府都曾出台规范广场舞的政策。

在"文化春雨行动"开始的2012年，宝安区的做法是具有探索性的，通过对广场舞领舞的收编，政府既能规划舞蹈的场地，还能控制活动的时间，一定程度上实现了这类活动的规范化。而因为民众对广场舞的巨大需求，这项公共文化服务活动相对容易培植。然而行动开展几年后，单一的项目已经很难再出成绩，行政者也意识到需要将精力转向新的类型，因此渐渐有了对其他类型公益点的收编和扶植。声乐、乐器、书法美术、摄影等新类型的文化活动，开始在各街道有所分布。

除了购买文化钟点工开展公益点的活动外，"文化春雨行动"还逐渐发展了新的输送文化资源的形式。比如由企业预定讲座内容，政府安排老师讲课的"劳务工大讲堂"，以及与社会培训机构合作推出的"宝安区体验中心青少年公益培训班"等。

单位：个

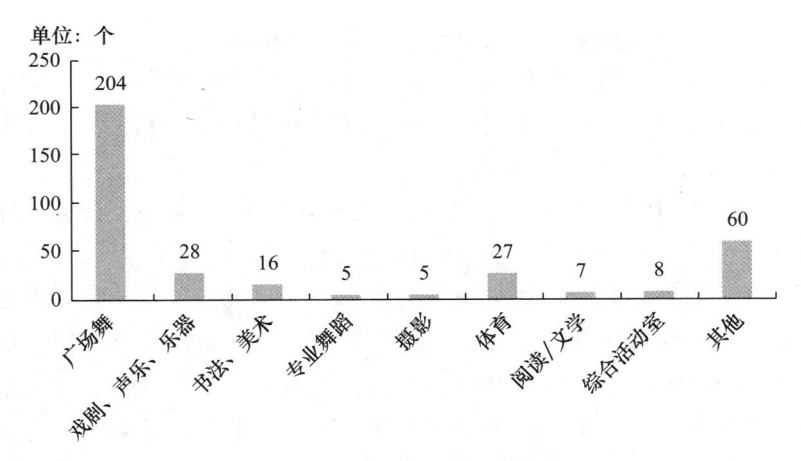

图中各项数据：
- 广场舞：204
- 戏剧、声乐、乐器：28
- 书法、美术：16
- 专业舞蹈：5
- 摄影：5
- 体育：27
- 阅读/文学：7
- 综合活动室：8
- 其他：60

图3 "文化春雨行动"各类公益点数量

四 行动者的文化资本

文化钟点工所具备的文化资本是公共文化服务管理者将其纳入"文化春雨行动"的依据，而他们自身也经由自主选择，"占领"了活动所需的公共空间。文化钟点工担任了活动中意识传播，观念传递的核心角色，他们将自身的生活经历融入活动中，感染着身边的活动参与者。在加入文化春雨行动后，文化钟点工所处的微观环境产生变化，他们需要经历自我认同的调整与平衡，重新确立自己的价值和角色。同时，借助行政体系的力量和文化共同体的资本，他们获得了比原本更多的机会、知识和资源。

1. 文化资本和行动的主导性

文化钟点工的选拔主要是根据她（他）在公益性文化活动点表现出的组织水平和影响力。

从保障政府的公共文化服务绩效角度看，判断一个活动的参与人数是一个最直观的标准，这也是"文化春雨行动"早期选定广场舞公益点的标准。

活动点的人群活跃度高是判断一个活动点组织者能否成为文化钟点工的必要条件。政府希望选择的文化钟点工不是三天打鱼两天晒网的，要能做到稳定地、周期性地提供服务，因此这对文化钟点工的自发性和状态的稳定性都有较高的要求。将公益活动点的组织和教学工作交给群众中的活跃分子。"从民众中选拔—在体制内培训—再回到群众中服务"就成为文化钟点工的选拔流程。

"每次从我住的地方打电摩过来，来回就要花30块……设备有什么问题我也很少找政府帮忙，能自己修的就自己搞定。"在福永文化艺术中心运营"百姓大舞台"的窦云杰这样说。从2008年起，窦云杰便开始在万福广场附近运营音乐沙龙，当时只有一个音响，一个话筒，他担任主持，周围的民众可以过来免费唱歌，表演节目。那时活动场地是流动的，晴天在露天广场，雨天就得搬到文体中心里面，但有时候文体中心的公共场地还可能被其他活动占用，窦云杰就得带着设备去别处"开场"。这项活动原本就是他多年来所坚守的，只是到了2012年，"文化春雨行动"开展，福永街道办文化艺术中心才将他的"百姓大舞台"编入公益点名录，聘他为"文化钟点工"，每周六晚上的7点到9点在文体中心一楼开展活动，不再受天气的制约。

固定的活动空间对于那些相对小众的文化活动尤其重要，兴趣团体的热情需要借助稳定的空间凝聚。李建亭运营的遥控汽车漂移队Team DC就是如此。虽然他们稳定的活动人数只有二三十人，但在过去要找一个合适的场地开展活动并不容易。笔者采访到李建亭是在3月13日，一个下雨的周日。

"我清楚地记得那是2013年，也是这个时候，三四月份的梅雨季，连着好长时间都在下雨。我们车队到处找场地，还去过深大的体育场，就是北门旁边那个，那个场地也是半开放式的，也会飘一些雨进来……我们当时有个队友在群艺馆上班，就给我牵线，向馆长要来了这个场子。"

目前，已经成为"文化钟点工"的李建亭领着车队每周日在宝安群众文化艺术馆一楼一个约200平方米的活动室玩遥控汽车漂移。活动地点固定后，不断有新的队员加入，来自香港、澳门、珠海等地的遥控漂移爱好者都慕名而来。在深圳这个房价骇人的城市，政府提供场地为Team DC这样的兴趣团体节省了一大笔开支。

活动空间的固定，是对民间文化活动最大的"资助"。由政府出面解决活动场地，使活动找到了空间上的归宿。而文化钟点工以"文化春雨行动"的名义正大光明地进入公共空间,实现了公共空间向文化服务的功能转化。

2. 文化观念传播

在"文化春雨行动"的各个活动点,文化钟点工不仅在传播文化技能和知识,更重要的是将他们的意识和观念传播给市民,这对群体文化认同的形成大有裨益。

群艺馆文化广场的领舞陈燕华曾被媒体描述为"身材姣好的女子"①,她本人充满青春活力的外在形象也让人不敢相信这是一个19岁孩子的母亲。陈燕华毕业于体育艺术类学校,现在是一名专业的舞蹈老师,白天教完课,晚上还要到广场领舞,两处奔波之际,常常来不及吃饭。这天晚上,她又是空着肚子在广场上领跳了一个多小时。领舞时,她的笑容自然、自信,很有感染力,没有显露一丝疲态。这种健康积极的状态深切地感染着前来参加跳舞的群众,人们像追星一样推崇她。专业舞蹈、健身老师培训领舞,提高他们的技术水准,教授科学健身的方法,再使他们回归民间,定时、定点地将技术和科学健身的知识和意识言传身教给更多人。除了广场舞,其他的公益点的行动者同样也能担负起类似的意识传播功能。

成为"文化钟点工"的每个人,都将自身的经历和人生感悟带入文化活动中,传递着自己的价值观念。

(1)平等的观念

"每个人都应该有展示自我的舞台。"这句话是窦云杰运营"百姓大舞台"秉持的理念。窦云杰在舞台上自称"窦号",来参与活动的人都称呼他"窦老师",三十多岁的他经历过事业的变故和人生的转折。"我出生在淮河岸边一个贫困的小村庄。从小就有一个梦想,喜欢舞台、热爱表演。后来是亲戚朋友、街坊邻居的资助,我才就读了艺术院校。毕业后以优异的成绩,考入了胜利油田文工团,终于当上了一名演员。但是万万没想到,在2006年的一场车祸彻底摧毁了所有的梦想,一切都变为空空……"原本是一名歌手的他,在事业上升时期遭遇了交通事故,虽然死里逃生,却不得不离开舞台。2007年,不愿放弃梦想的他独自来到深圳谋求发展,去酒吧、夜总会和演出团体找工作,却

---

① 王志钰:《文化钟点工"领舞"广场文化》,《羊城晚报》2012年10月26日。

都没有成功，只能在一所民办学校做音乐课的临时代课老师。在某次教育系统组织的教师才艺大赛中，他获得了"教育系统十佳演员"的称号，才被福永街道文化艺术中心发掘出来。随后，他参加下乡公益演出，创办"和平小捣蛋公益艺术团"，甚至还组织过商业剧团。而加入"文化春雨行动"的"百姓大舞台"只是他一系列"舞台"中的一个。

窦云杰很看重劳务工对"百姓大舞台"的参与，他在主持时反复说"这是劳务工的舞台"。据他透露，下一步"百姓大舞台"将通过街道主管部门开展与企业的合作，举办"企业专场"，定期举行综艺晚会，让劳务工获得更多展示才华的机会。

（2）关怀弱势群体

陈燕华在讲起加入"文化钟点工"的经过时，表达了自己对老年人健身场地匮乏的感慨。"不知道你有没有感觉，老年人其实是最容易被忽视的，他们没什么专业的人指导，也没有活动点，除了党政机关，比如老干中心，但普通人不可能进入老干中心。你说要健身吧，见过哪个健身房有很多老人在里面？没有适合他们的器械……我父亲以前就很爱跳广场舞，但是过去活动的都不固定，时常因为设备、人员的各种问题就取消了，老人家就很失落。"因为对此事的挂怀，2012年，她通过考试加入"文化春雨行动"中。然而她免费教学的广场，不只吸引了附近的老年人，还有一些特殊人士。老年人有了强身健体的场所，游离在城市中的特殊人群也可以加入普通的群体活动，这不失为社会关怀和包容性增强的体现。

（3）分享新生事物

在"文化春雨行动"中我们看到一些相对新潮、小众的项目，将新生的文化带到人们的视野中。每周日在宝安群艺馆免费开放的"遥控汽车漂移"便是一个对普罗大众来讲比较新的项目。遥控汽车模型，简称 RC Car，是各种真实赛车的缩小版本，拥有跟真车一样的机械原理及类似的结构和操控特性。遥控模型之所以被认为是"爱好"（hobby），而不是"玩具"（toys），是由于遥控模型需要玩家具备一定的知识和技术，这和买回来就能玩的玩具有着根本的区别。遥控漂移车是一种适合各个年龄段的真车漂移替代品，因为它既可以让人体验漂移的"速度与激情"，又避免了真车的安全隐患。通过车队成员我了解到，漂移文化最早起源于日本，后来慢慢传到美国乃至全世界，目前全球80%

的模型产品产自中国,而中国80%的模型产品产自深圳及周边地区。

"文化钟点工"李建亭和他的助手小庄会在每周日的场馆开放时间,带着一大堆配件和工具到场馆里为来参加活动的漂移爱好者服务。深圳的竞速车场,通常的票价是100—150元,周末还会涨价,但这里是完全免费的。参与的人年龄段跨越"70后"和"00后",有来自公务员体系的,有银行职员、企业白领,也有普通打工族,客服人员。

2013年,CCTV-5《体育人间》栏目组专程到场馆拍摄,随后山东电视台、宝安电视台、深圳各大报纸等都对车队做了专题报道。车队在2015年还拍摄了自导自演的微电影《漂移中国》,放到互联网传播。

3. 文化资本付出与重获

文化钟点工在文化服务过程中,除了经历自身主观层面的调整,客观上,也会与他人产生互动,在文化活动的场域里,这种互动表现为文化钟点工自身技能、知识、观念的输出,也表现为社会对文化钟点工的回馈。

文化资本是"文化钟点工"这一角色的核心资源。他们在文化活动中,获得了兴趣共同体在技术和组织能力上的认可。不管是广场上的领舞还是漂移车场上的技术顾问,不管是下乡演出的二胡专业老师还是舞蹈教室里的教练,他们都依靠自己的文化资本成为兴趣团体里的技术核心。

在这里,我们将文化钟点工的服务活动看成其"文化资本"的输出。所谓文化资本,是文化钟点工的一种个人资源,是他们的文化地位身份及文化教育、文化创造和传播能力、文化声誉,也通过他们在兴趣爱好中的影响力、沟通能力等展现。这些文化资本,是一个民间文艺爱好者成为文化钟点工的条件,也是与他人和社会进行文化分享的基础。

社会对文化钟点工的回馈表现为,文化钟点工可以在社会中建立关系,分享文化活动中的参与者、政府手中的资源。社会学教授林南认为,由于社会的联系的延伸性和多样性,每个人有不同的社会资源。对个人的潜在功用而言,社会资源无论在量上还是质上都要超过个人资源[①]。文化钟点工凭借自身被认可的文艺才能,进入公共文化服务的体

---

① 林南:《社会资本——关于社会结构与行动的理论》,上海人民出版社2005年版,第20页。

系中,在体制的保障下,有意无意地获得了新的社会资源。这些资源为文化钟点工拓展社会关系网、获得实现自身价值都有潜在的推动力。"文化钟点工"们拥有无形的文化资产,而这种资产的价值不是以每月1000元人民币的薪资衡量的。对于行政者而言,文化钟点工的文化资本价值在于扩大服务对象范围,丰富服务内容,提高政府绩效,同时还可以加强政府与民间的需求沟通。文化钟点工从中获得了参与专业培训的机会,也得到了参加比赛,获得媒体曝光的机会。2012年9月,宝安区的文化钟点工队伍,参与了江苏卫视举办的"最炫民族风全国广场舞比赛",并进入决赛。还在深圳市第十一届鹏程金秋艺术节广场舞大赛、音乐大赛,深圳市第九届外来青工文体节器乐大赛等各种文艺比赛中获得诸多奖项。参加微电影《梦想在深圳》的拍摄并担任主演,这部电影后来获得了中央共青团2014年举办的"青春影像全国大学生微电影大赛"优秀作品奖。

五　结论与反思

经过调查研究,笔者认为:

第一,在"文化春雨行动"中,文化义工和文化钟点工身体力行地传播着平等、开放、关怀弱势、互相帮助的观念。在"文化春雨行动"的场域中,弱势群体得到接纳,原住民和新移民的交往得到加强,影响着城市文化共同体的建构。

第二,"文化春雨行动"的介入,重构了城市的公共文化系统。这种重构借助文化义工和文化钟点工的实践实现。行动者在文化服务中,获得政府公共文化服务的制度保障,用自身技能服务于社会,同时接受社会的资源回馈与滋养,再返回去壮大公共文化服务体系。公共文化的生态系统因此改变,并在公共文化服务的支持下持续运转。

第三,"文化春雨行动"中行动者的存在,为政府科层制管理文化向社会文化自组织转型提供了可能。"文化春雨行动"借助行动者的实践,改变了其所覆盖范围内公共文化的系统结构,影响了行动个体与他人、社会的互动模式,也为社会自组织文化的转型提供了可能。

同时,有些问题也引起我们的反思:

首先，公共文化服务一定要贴近公众需求才有生命力。现阶段要扬长避短地开展公共文化服务，一方面须搭建完善的体制系统和评估体系，保证资源的有效输送，另一方面需要多与民间资源合作，拓展文化活动的类型，在社会中聚集人力。"文化春雨行动"这个项目，结合了人力资源购买的市场化方式和社会动员的组织化方式。在此基础上，公共文化服务管理部门还可以尝试引入市场竞争机制，用招标的形式向社会专业机构购买服务，促进社会文化组织能力的成长，或者与企业开展合作，扩大资金和其他资源的来源等。单一的政府专项资金来源无法满足不断增长的庞大的公共服务需求。

其次，"文化春雨行动"还具有泛娱乐化的特点。应当看到，社会公众的文化需求还存在更高层次、更丰富的类型，需要通过公共文化服务满足。泛娱乐化所指向的，是亟待转型的文化政绩观，是整个公共文化服务的科层制系统中，需要改进的绩效评估模式。

公共文化服务 NGO 传播机制研究
——以深圳市三叶草故事家族为例

张 萍 吴予敏

摘要 公共文化服务 NGO 是提供公共文化服务的民间公益组织，是公共文化服务体系的主体之一，在公共文化服务产品的生产、分配与流通中起着重要的作用。三叶草故事家族是深圳市本土生长起来的 NGO，致力于推进亲子阅读进入家庭和社区。成立 7 年来，三叶草故事家族的社区阅读加油站已遍布全国 11 个城市，发展到 57 个站点，累计影响全国 3 万多家庭。本文以三叶草故事家族为例，通过分析其在新媒体背景下的组织传播机制和文化传播模式，探究公共文化服务 NGO 的传播实践在构建新型公共传播过程中的重要意义，以及对构建城市文化共同体的社会价值。

一　新媒体技术背景下的公益组织传播

截至 2015 年 12 月，我国手机网民规模达 6.20 亿，网民中使用手机上网的人群占比由 2014 年的 85.8% 提升至 90.1%。移动互联网塑造了全新的社会生活形态，潜移默化地改变着移动网民的日常生活。[1] 不仅如此，新媒体技术的普及也在不同程度上改变了包括公共文化服务 NGO 在内的各种组织类型的传播方式。

三叶草故事家族发展至今，其组织内传播主要包括线上传播与线下

---

[1] CNNIC：《第 37 次中国互联网发展状况统计报告》，2015 年。中文互联网数据资讯中心网站：http://www.199it.com/archives/432640.html。

传播两种方式。以传播目的为标准,线上传播可分为三种类型。第一,用于组织管理运营的信息交流群(微信群、QQ群);第二,以文化服务主题活动关联的社会分享交流群(微信群);第三,组织化成长的人际交流群(微信群)。同样以传播目的为标准,线下传播亦可分为三种类型。第一,组织活动中的人际传播;第二,培训活动中的群体传播;第三,交流活动中的群体传播。

(一)从现实需求到虚拟社区

新媒体在现代组织的生存发展中扮演着重要角色,三叶草故事家族正是脱胎于一个源于个人爱好和需要而建立的儿童阅读交流QQ群。三叶草故事家族的创始人李迪说:"三叶草的一个特点就是根据孩子的需要去成立组织或项目,所有的活动、部门的设立,几乎都是根据需要才产生的。"三叶草故事家族只有一个专职人员,绝大多数成员是以义工身份参与实际服务工作。微信、QQ的建群功能使相关工作人员能够超越没有固定办公地点的局限,通过微信群组或QQ群组的全连接沟通模式实现即时的一对一、一对多、多对一的沟通,通过多中心化的群体协作形成一个扁平化、高效率的沟通模式。

谈起三叶草故事家族成立的缘起,创始人李迪回忆说:"我曾经给我们家的小朋友读杨绛的《我们仨》,杨绛写那本书的时候已经九十多岁了,文字非常洗练,(似)被炉火萃取过的,特别平淡的表述,一点都不煽情。我在给小孩读(那本书)的时候,一岁多的小孩听得号啕大哭,她能够体会到文字背后的深切情意。从那个时候我意识到儿童阅读不是一个想当然的东西,不是一个我认为好就是对她好的东西,我还有很多(问题)需要去理解,儿童到底是怎么一回事,儿童读物是怎么一回事。那件事情之后,我请教过很多人,但是一直都没有答案。"2007年,李迪参加了一个国际儿童阅读文化论坛,在这个论坛上李迪结识了很多同样关注儿童阅读的朋友。三叶草故事家族的另一位创始人周其星就是其中一位。"在此(论坛)之前我给自己的孩子读书基本上是一个人的行为,在身边想要找一个人和你聊一聊这方面的事情,是一件很困难的事,你遇到一些问题的时候,没有人可以和你商量。"李迪说,"参加了这个论坛之后,我突然发现原来有很多人都在关注这个事情(儿童阅读),一下子就有了找到组织的感觉"。

2008年,儿童文学博士王林给李迪打电话,表达了在深圳市读书月的活动中展览画家蔡高与绘本创作者松居直合作完成的绘本《桃花源记》原画的愿望,希望李迪可以帮助。《桃花源记》是中国的经典故事之一,绘本《桃花源记》首版在日本出版后,不仅入选了日本的小学语文教材,而且日本还建立了专门的美术馆用以陈放这些作品。李迪听到王林这个想法之后觉得很好,"我说行,我试试看"。李迪做了一个蔡高老师原画展的方案,并给当时的深圳市文化局副局长写了一封长信。在信中,李迪详细论述了儿童阅读的重要性,以及儿童阅读对城市未来发展的促进作用。深圳是一个重视阅读的城市,早在2000年,深圳市委市政府就创立并举办了大型的综合性群众读书文化活动——读书月,但是儿童阅读这一领域在当时还处于空白状态。"这个展览算是填补(儿童阅读)这一空白,我把(蔡高老师原画展的)方案配上后就给他发过去了。"不久,李迪就接到了读书月组委会副主任的来电,"他们觉得这个活动很好,经考虑决定把这个活动纳入读书月活动的体系中"。遗憾的是,由于读书月活动的申请者需要是正式注册的单位和机构,"因为我们是个人身份,(蔡高老师原画展的)事情就被搁置了,没有做成"。事后,周其星的一句话点醒了李迪,"他说这件事只靠自己是很难的,不如就建一个群吧"。于是,在临出差之前,李迪又返回书房,打开电脑建立了一个QQ群。"那时也就十几个人,但是那十几个人很热闹。"群内成员不断将QQ群介绍给身边同样热爱童书阅读的朋友,群内的人数像滚雪球一样不断增长。从现实的个人需求到以童书阅读为主题的QQ群的建立的过程是个人行为到团体行为转变的过程。三叶草故事家族,由此萌芽。

(二)从虚拟社区到实体组织

2008年,李迪在深圳市读书月进行蔡高的《桃花源记》原画展的计划未能如愿;但在原有的网络虚拟社区——QQ群的基础上注册正式的社会服务机构已经提上日程。历经几年的筹备和探索,2011年5月11日,三叶草阅读文化发展中心正式获准注册成立。在身份方面,从一个会聚相同兴趣爱好者的网络虚拟社区到一个正式注册的民营非企业,三叶草故事家族实现了从网络虚拟社区到社会实体组织的转变。在运作方面,相比较于一个私人化的网络虚拟社区——QQ群,正式注册的社会组织无疑具备更强的行动性、实践性,而且对社会变革、政策制定具有较强的影响力和干预力。

网络虚拟社区是一个集有形与无形于一体的人际交往平台，技术特征是其有形之面，跨越时空的特性是其无形之面。正是网络虚拟社区的无形使其在人际交往中起到了超乎想象的作用。① 以QQ群为代表的网络虚拟社区为志同道合者的自由会聚提供了技术支撑，解决了分散的个人进行自组织的冷启动问题，即相同志趣者在法律范围内实现最便捷的自由会聚。

从会聚同道中人的冷启动到团队的可持续发展，李迪面对的是如何将QQ群中单纯的热爱童书阅读的激情聚合转化为有组织、有系统的组织成长体系。三叶草故事家族成立7年来，已经形成了一套相对完善的组织运作架构。李迪说："理事会是主要的决策单位，主要承担的是战略规划、远景预测、监督执行的任务。几乎每一个理事都有自己的项目组，每一个项目组的负责人下面又带有一个团队，这个团队是执行层，执行部门是平行的。每一个项目组都有自己的骨干队伍，骨干队伍下面还有各种义工。"具体来说，三叶草故事家族的组织架构分为三个层级：第一个层级是理事会，主要执行的是决策职能，负责明确组织的发展方向，制定和规划组织发展的决策战略；第二个层级是核心管理层，主要执行的是各部门的管理职能，负责理事会与执行层之间的讯息传达，以及各部门的实际管理操作；第三个层级是决策执行层，由6个平行的执行部门构成，分别是推广部、人力资源部、行政部、项目部、事业发展部与研发中心。

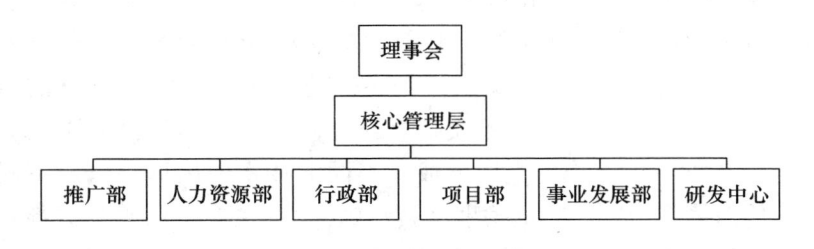

图1 三叶草故事家族组织结构

就具体职能而言，推广部主要执行的是组织推广的职能，负责组织

---

① 屈勇:《网络人际交往对中国人际关系模式的影响》,《社会心理科学》2008年第5期。

机构形象、组织发展观念的对外宣传，以及包括观察搜索、倾听反馈在内信息处理活动，承担的项目主要有官方网站、QQ 群、微博、微信的日常维护和运营；人力资源部主要执行的是凝聚团队力量的职能，负责组织机构的团队力量成长、具体项目的落地执行以及义工团队的管理，承担的项目主要有义工的成长体系、志愿者服务体系以及会员管理体系的正常运行；行政部主要执行的是组织的协调职能，负责机构的日常行政管理、具体的项目服务以及大型活动的统筹协调等事宜，承担的项目主要有组织的日常事务管理、组织物资管理以及协调小组活动等；研发中心主要执行的是研发、培育组织核心竞争力的职能，负责机构的知识力量培育，发掘本组织与其他组织之间的差异化优势，树立优质儿童阅读的行业标杆，承担的项目主要有阅读推广研究、阅读课程研发、衍生产品研发以及出版计划的设定。

（三）组织内的线上传播模式

2015 年，三叶草故事家族在全国 11 个城市、57 个站点举办了 1589 场活动，累计参与人数达 164289 人次。李迪说："我们经常有一天之内做几场活动的情况。"不同地方不同主题、不同地方相同主题的活动同时进行。每一处线下的城市空间、每一个网络虚拟社区都有相关负责人负责，明确活动方案、制定活动规则、完善前期准备、记录活动全程。如果没有新媒体技术介入三叶草故事家族的组织传播过程，实现机动性与系统性的高频运作是难以想象的。

新媒体时代，公共文化服务 NGO 自身的组织架构结合新媒体技术形成了组织管理和传播体系的新形态。以 QQ、微信等 SNS 为代表的新媒体技术为以机动志愿者（义工）为主体的公共文化服务 NGO 的组织管理和传播提供了必要的技术支撑。与此同时，不同的公共文化服务 NGO 有不同的组织运作特点，形成了不同的技术使用形态以及不同的组织与传播体系。以三叶草故事家族为例，"（三叶草的）站点都是通过网络进行管理，每周一都会有一次网上例会。我们有一个三叶草总部的工作群，由各个站点和项目组的组长、负责人、核心义工构成，每一个站点还有自己独立的分群，比如三叶草罗湖群、三叶草福田群等，（这些群是按照深圳市的各行政区地理概念划分的，和将来协调线下活动相配合——作者注）各个群还包括了各站点的义工团队。他们就会通过工作群、义工群，将他们在例会接收的信息传递给他们的执行者，然后再按照原路径反馈给总部工作群"。

具体来说，三叶草故事家族组织内传播所依凭的技术工具主要分为 QQ 群和微信群。QQ 群主要按照组织结构级别分为一级群、二级群与三级群。一级群是三叶草总部的工作群，二级群是站点群的总部群，三级群是隶属于站点群下面的活动群或者主题群。

微信群主要按照功能分为功能群、交流群与生态圈群。功能群即工作群，主要用于三叶草故事家族的日常工作。工作群根据项目内容分有不同的群组，每个项目在工作群之下都根据工作职责设立了自己项目的二级、三级分群，与 QQ 群的层级模式类似。与此同时，除了固定的工作群组，三叶草故事家族在大型活动中还会建立临时微信群，活动结束后临时微信群自行解散。交流群包括学习群和教师群，主要用于不同群体在群中讨论和阅读有关的话题以及接受专业的线上培训等。生态圈群即定向的交流群，主要用于群成员在群中讨论某一具体主题，譬如三叶草票友群、三叶草戏剧群、三叶草科学群等。微信群、QQ 群的结构和数量随着三叶草故事家族的成长变化而变化，固定群和临时群实现了组织的固定性与机动性协作的有效结合，这一功能对以志愿者（义工）为主体的公共文化服务 NGO 的正常运转起着举足轻重的作用。

二　全息的群体传播与成长机制

媒介技术的迭代发展催生了组织内线上传播的生态新图景，但是这并不意味着技术就此取代了人在整个传播过程中的主体地位。三叶草故事家族的组织内传播体系不仅包括新媒体技术支撑的注重功能性的线上传播，还包括超越媒介技术桎梏的注重体验的线下传播。

（一）多形式的线下交往

三叶草故事家族拥有多种形式的线下交往，例如社区阅读、专家讲座、新书品读会、文化沙龙、专题研讨会、主题培训等。线上交往注重功能，线下交往注重体验。换言之，线上交往注重信息传达效率；线下交往注重个人成长，即信息传达效果。专家阅读讲座、社区阅读故事会、主题文化沙龙、主题研讨会、新书试读会、新书巡展会、年度讲述大赛等不同方式的阅读活动都伴随着参与者的阅读实践，包括认知训练——感觉、知觉、记忆、思维、想象、言语等训练在内的阅读感受以及包括认知调整——读书报告的撰写与交流、绘本剧创作、表演情景的设计、肢体训练、情景练习等的实践分享。每一场活动的参与者要根据自己的理解发出自己的声音，在活动中充分发挥自己的主观能动性，这个环节是产生高度交往黏性的传播内容的二次生产活动，即立足于首次传入的信息（优秀绘本作品、专家讲座内容等）生产更为个性化、原创性、与参与者之间黏性更强的信息。

所谓的传播内容的二次生产即新的信息文本（信息的首次生产）传入三叶草故事家族（信息的首次传播）之后，三叶草故事家族根据不同类型的活动原则进行阅读实践（信息的二次生产）。三叶草不仅注重传播优秀的绘本作品、先进的亲子阅读理念与方式，更注重传播在推广亲子阅读的过程中二次生产出的原创信息文本。或者说，三叶草故事家族是在传播二次生产出的原创信息文本中传播优秀绘本作品和先进的亲子阅读理念与方式的。

（二）"他者"介入自我发展

韦伯认为社会行动与自然行动的不同之处在于社会行动指向他人，是针对他人的期待并对他人有所期待的行动，社会实质上是人们进行社会行动的体系。每一个社会行动都是对他人社会行动的一个回应。由此，社会行动构成了一个互动的体系。[①] 社会行动不是"独白"而是"对话"。"对话"以承认异于"自我"的"他者"的存在为前提，两个异质的言说主体不仅在传播的实践中具有对等的地位，而且在沟通的意义上具有同等的效用。否则，对话将变成独白。[②]

这是一个通过观望他人进行自我观望的过程，打破了自我发展的封闭结构。在三叶草故事家族具体的传播实践中，无论是线下培训、专家主题讲座，还是年度绘本剧表演大赛，都建构了一种"我"与他者共存的交往条件。每一位活动的参与者能够观望并感受到其他参与者的思想、观念、态度和情感，活动参与者不仅可以修正或深化自己对环境的初次感知，还会与其他参与者产生共鸣，从而提高传播组织间的凝聚力与认同感。

---

① 顾晓鸣：《作为社会行动的"传播"》，《新闻大学》1985 年第 11 期。
② 石永军：《论新兴媒体的公共传播》，博士学位论文，华中科技大学，2009 年。

（三）培养成员的专业性

三叶草故事家族的义工具有较强的专业性，他们差不多每天都泡在群里，群里每天都有关于阅读的信息，每周一次的例会不但包括近期组织的重要事项，还包括一些最新的阅读理念，以及通过各种方式组织的群内分享、精读和讨论等。这些都使他们浸泡在这种环境里，他们也因此与那些没有这些信息渠道的妈妈们不一样。李迪说，在亲子阅读推广之路上，"要孩子成长必须首先完成家长的成长，我们更多的还是考虑成年人的成长"。

三叶草故事家族的重要特点是服务对象本身也是服务者。讲述者首先要做阅读者。亲子阅读的培养对象是孩子，而"家族"首先要对家长进行阅读培训。三叶草故事家族给自己取的名字，就包含着一种野生的旺盛的生命的含义。每个进入家族的成员，是这一株植物的种子，他也会成为分散开的新的活跃生命本体。这就好像一粒草籽最终成长为一株植物的过程一样。初来者被称为"草籽"。"家族"为初期进入这个阅读组织的"草籽"们规划了一套完整的成长路径。初级班，即个人阅读阶段。学员主要学习亲子阅读的基本理念，通过用 APP "种子习惯"进行阅读行为打卡，培养阅读习惯，最后提交初级班的毕业论文。进阶班，即群体阅读阶段。学员主要进行群体阅读的实操演练，参加主题讲座、工作坊、方案讨论会以及社区阅读。高级班，即素质提升班。学员主要参加行业领军人物、专家的专业讲座。讲师班，即成长路径的最后一站。学员主要学习培训别人的能力，能够独立承担讲课任务。与此同时，学员在三叶草故事家族组织内部的身份演变与学员的能力提升相伴而行。普通的社区群容纳的是初级班的零基础学员，进阶班的学员拥有群体阅读经验可以进入义工群，高级班的学员可以进入核心义工群，讲师级别的学员可以进入核心管理层。（学员）进阶的途径和路线都有相应的课程匹配，目标是将零基础的家长先培养成一个亲子阅读的实践者，然后成为一个儿童阅读的爱好者，接着成为一个儿童阅读的推广者，最后成为儿童阅读的组织者和管理者。这一成长过程伴随着线下高密度的群体传播、人际传播，注重培养学员的"信息的二次生产"能力，在学员成长性的现实体验中提高信息的传播效果和组织成员间的交往黏性。

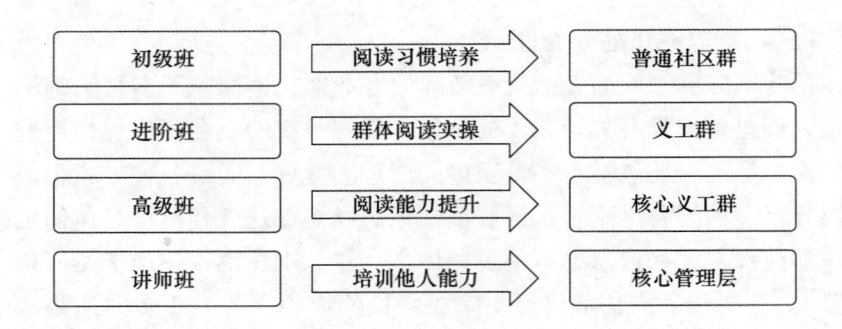

```
初级班  →  阅读习惯培养  →  普通社区群
进阶班  →  群体阅读实操  →  义工群
高级班  →  阅读能力提升  →  核心义工群
讲师班  →  培训他人能力  →  核心管理层
```

图 2　三叶草故事家族的学员成长模式

（四）组织外传播

三叶草故事家族的组织外传播主要包括线上和线下的自有品牌宣传和亲子阅读主题的知识分享，以及线上和线下的强调组织间协作的行动传播和资源整合活动。

1. 品牌宣传与知识分享

三叶草故事家族的徽章是一棵三叶草，从视觉形象上看，三叶草由三个心形叶片构成，三叶草故事家族分别赋予它们"童心""爱心""慧心"的核心价值。"童心"意为"守护童年，永怀赤子之心"；"爱心"意为"爱人如己，生命充满激情"；"慧心"意为"喜阅善思，尽享智慧人生"。[①] 三叶草故事家族线下的自有品牌宣传和亲子阅读主题的知识分享主要依托于公共空间的阅读推广活动。活动伊始，活动主办者会介绍三叶草故事家族的核心价值观（"童心""爱心""慧心"）、宗旨（让童年溢满书香，让阅读丰盈童年）、立场（根植民间）等组织简介。活动主要围绕亲子阅读相关主题展开，由分享亲子阅读理念、真实经历以及现场观众与专家间的互动问答构成。活动期间，三叶草故事家族的成员会携带三叶草故事家族旗帜，佩戴家族统一标识——绿领巾，并发放附有组织微信公众平台二维码的活动宣传页。活动结束时，讲座演示PPT展示微信公众平台二维码并赠送附有微信公众号二维码的活动礼物。

三叶草故事家族线上的自有品牌宣传和亲子阅读主题的知识分享主

---

① 三叶草故事家族网站，http://www.3yecao.org。

要依托 4 个自有媒体——三叶草故事家族官方网站、新浪微博、官方微信公众平台、喜马拉雅电台,以及一家固定合作媒体——武汉电台品味936 新月读书会。三叶草故事家族官方网站发挥着"样板库"的作用,集信息收集、网络共享、集中展示于一体。新浪微博发挥着"广播站"的作用,集信息发布、对外传播、联盟交流于一体。微信公众平台发挥着"后花园"的作用,集信息发布、精细展示、形象传播、刊登读物于一体的作用。我们发现,三叶草故事家族的官方微博的活跃度和利用率较低,官方网站与官方微信公众平台的活跃度和利用率都保持在较高的水平。三叶草故事家族自媒体上的内容多为基于组织活动进行的知识生产上的原创信息,即对初始信息的二次传播。

以三叶草故事家族官方微信公众平台为例,新的信息文本(信息的首次生产)传入三叶草故事家族(信息的首次传播)之后,三叶草故事家族根据不同类型的活动原则进行阅读实践(信息的二次生产),然后二次生产后的信息经过文本编排发布在三叶草故事家族官方公众号上(信息的二次传播)。信息发布频率保持在一日一次,每日主推栏目分为"周一年度好书""周二童书讲堂""周三童书评论""周四午后悦读""周末活动预告""周末草籽手作"等。每次发布的信息根据组织近期活动情况安排成 3 至 4 个主题版块,主体类型包括"草籽的1001夜""抢鲜读·好书榜""三叶草读家报道""活动进行时""草籽乱翻书"等。相比较于官方网站,三叶草故事家族微信公众平台的发布内容更具动态性,内容主要以分享亲子阅读相关读物、播报亲子阅读相关活动详情为主,其栏目稳定性依托组织的日常活动内容的类型。除此之外,三叶草故事家族还会参与固定合作媒体——武汉电台品味 936 新月读书会的节目,分享优秀的儿童读物以及先进阅读理念等。

2. 行动传播与资源整合

"(组织的发展)和个人的特质有很大的关系,任何事情和人都有很大的关系",三叶草故事家族成员对亲子阅读的热爱和积极推广对三叶草故事家族的组织成长具有重要作用。以三叶草故事妈妈进学校为例,"以前(我们)是单兵作战,完全靠个人的感染力,你的魅力有多大,你能不能搞定老师……果妈是一个非常好的例子,最初她要去幼儿园讲故事,老师是不同意的,因为学校的教学环节安排得很紧凑,每一天、每一个时段都有相应任务。果妈没有死心,她继续公关,她说我看

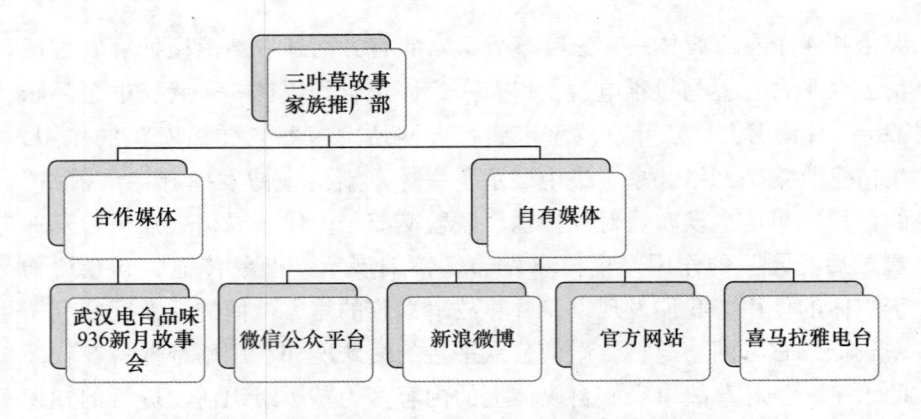

```
                    ┌─────────────┐
                    │ 三叶草故事  │
                    │ 家族推广部  │
                    └──────┬──────┘
              ┌────────────┴────────────┐
         ┌────┴────┐              ┌─────┴────┐
         │ 合作媒体│              │ 自有媒体 │
         └────┬────┘              └─────┬────┘
              │              ┌──────┬───┴──┬──────┐
     ┌────────┴─┐         ┌──┴──┐┌──┴──┐┌──┴──┐┌──┴──┐
     │武汉电台品味│       │微信 ││新浪 ││官方 ││喜马 │
     │936新月故事│       │公众 ││微博 ││网站 ││拉雅 │
     │会         │       │平台 ││     ││     ││电台 │
     └──────────┘       └─────┘└─────┘└─────┘└─────┘
```

图 3 三叶草故事家族媒体使用结构

你们每天有一个给孩子铺床的时间，20 分钟，我帮你看孩子可以吗？果妈去的时候就带一本书，开始给孩子们讲故事，老师一看效果非常好，孩子们很安静，不像以前总是在走廊上大吵大闹，就决定把果妈请到教室里去讲。……最后变成园长出面说这个讲故事的活动很好，我们幼儿园给你们开辟一个地方、时间段，你们专门过来讲"。一个人改变了一所幼儿园，这样的故事在三叶草非常多。通过成员的行动传播，三叶草故事家族打开了家校合作、社区合作等的组织协作局面，在行动和认同层面扩大了自己的影响力。

曼纽尔·卡斯特描述的"流动空间"[①] 中资本的流动（分配、合作）、信息流动（传播、共享）、技术流动（培训、实践）、组织间联动（联合、互动）等主要现象体现在三叶草故事家族具体的资源整合活动中，不仅在组织交往层面的尺度上符合"流动空间"的相关概念，而且在个人交往层面的尺度上也与"流动空间"的运转程序保持着极高的吻合性。

首先，保持多组织、多平台间的合作。多组织、多平台间的合作"不仅在于提供一个平台交流经验和提高传播能力，更在于这同时也是一个集体建构知识和生产知识的过程"。[②] 三叶草故事家族除了系统地

---

① ［美］曼纽尔·卡斯特:《网络社会的崛起》，社会科学文献出版社 2006 年版。
② 卜卫:《"认识世界"与"改造世界"——探讨行动传播研究的概念、方法论与研究策略》，《新闻与传播研究》2014 年第 12 期。

举办本组织的实践活动,还会与政府、团体、企业进行合作。"目前与我们合作的学校已经有很多了,合作机构也都是和儿童阅读相关的群体,都是孩子、孩子的教育者、孩子的父母、孩子的服务者、提供儿童阅读内容者。同时,我们也希望能够做一些跨界的事情。"其次,坚持组织与个人的合作,建构专家人才储备库。三叶草故事家族曾邀请来自美国、英国、法国、德国、日本等国家和地区的著名绘本大师、儿童文学作家、优秀画家、资深儿童出版人与业界专家为三叶草授课,领域横跨阅读、教育、音乐、艺术、戏剧、自然等多个儿童成长领域。最后,注重城市阅读空间的拓展。截至2016年5月,三叶草故事家族的阅读加油站已遍布全国11个省市,共计57个站点。深圳市的阅读加油站包括福田图书馆及10家社区馆、南山图书馆、罗湖图书馆、横岗图书馆、布吉图书馆、龙岗图书馆、深圳南山第二实验学校、福田外国语侨香学校、南山实验学校、福强小学、育才一小、百花小学、深圳实验小学、鹏兴二幼、童晖幼儿园、银鹰第二幼儿园、银鹰龙岗幼儿园、首地蓓蕾幼儿园、南园幼儿园、翠茵小学、深圳市计生中心、宝安福中社区、宝安万科生活广场、福田福莲社区、后海阳光家庭服务站、首地荣御、蛇口兰溪谷、孵爱园;其他省市的阅读加油站包括珠海、杭州、广州、长春、上海、重庆、广西、无锡、宁波、沈阳、中山等;其中珠海的社区加油站包括华平、吉大、香洲、新香洲、斗门、百合等。组织、人才与区域的协同拓展,是三叶草故事家族进行资源整合的有效路径。

(五) 组织内传播与组织外传播交叠

三叶草故事家族是一个公益组织,它的多数活动都是面向社会面向公众的,组织存在的宗旨包含了开放性的前提。由于新媒体技术以及智能手机的普及,在三叶草故事家族具体的传播实践活动中,组织内传播与组织外传播并不是绝对的,二者往往呈现出你中有我、我中有你的交织状态。三叶草故事家族的成员通过使用智能手机以及网络新媒体技术,将自己在组织内进行的阅读实践与感受转换为可与非组织内成员分享的图片、视频和语言叙述。新媒体技术使人们在日常生活中可以通过"增添了超越实体场所、登录虚拟空间的渠道"(例如:QQ、微信等社交媒体),进行不同身份、不同角色之间的转换,或者建构新的身份或角色。①

在三叶草故事家族的组织内培训、讲座、研讨会或故事会现场，每一个活动的在场者都可以通过新媒体技术，以个性化、日常化的方式在微博主页、微信朋友圈、QQ个人空间等发布关于组织内活动现场的信息。组织内传播与组织外传播的交织、互构形成一个由组织活动主题统摄的多向度传播空间，这一空间的出现肢解了传统组织传播中垂直的、封闭的话语坚固性（服务于组织活动的宗旨），使每一个参与者个人都能够根据活动主题进行贴合自身感受的话语表达，主题话语结构的边缘由封闭、光滑的转向开放、发散的。由于社交媒体使用具有日常性的特征，组织内外交叠的传播模式使组织外传播更具个性和渗透性，传播内容更加具象、有趣，具备可读性。与此同时，由于社交媒体具备人际交往"强关系"的基础，组织外传播内容也具备更强的定向人际吸引力。

三　从一元化到多元化的公共传播

公共传播，即各类社会组织或公民个人利用各种媒介进行的以社会公众为对象的公共信息的公开传播活动。随着新媒体技术的发展，传统媒体的庞大受众被新媒体转移，既往由传统媒体承担、由政府主导的公共传播受到了极大的冲击。由于文化、媒介等议题广泛地渗透于人们的社会生活中，公共传播作为促进社会改良的主要途径并没有改变。因此，我们需要通过典型的NGO传播案例探讨公共传播和公共文化服务结合的路径。

（一）新媒体时代中公共传播的优势和导向

公共传播（Public Communication）不同于大众传播（Mass Communication）。所谓大众的含义只是作为被动接受信息的受众而存在的。而在公共传播的概念中，传播的内容、方式、交流、价值、效果都是以公共性为根本尺度。公共性在本质上体现为公益性、公平性、公正性、公享性和公民性。网络新媒体时代的技术条件势必创造出新型的公共传播

---

① 潘忠党、於红梅：《阈限性与城市空间的潜能——一个重新想象传播的维度》，《开放时代》2015年第3期。

实践。

公共传播的主体正在由单一的政府机构、传统主流媒体发声转变为以主流媒体主导全社会团体、企业及个体社会成员共同发声的多元化传播主体。其中由公共资助的、非营利性的、受法律保护的公民媒体生态，是社会的公共服务模式必不可少的组成部分。① 新型的公共传播表现出这样的特征：第一，传播主体形成了主导和多元并存的形态；第二，传播内容由单向灌输的文本指涉转向双向互动的行动指涉；第三，传播方式由原来的大众媒介主渠道转向"互联网+跨媒介渠道+线下互动"；第四，传播结构由一对多的播放结构转向多对多的网状结构，分享交流代替了独断独白；第五，传播重新启迪了社会的能动性和反思性实践，从而改变了社会的分散无助状态，培育出新的社会责任主体和道德主体，并由此构建新的社会共同体意识和文化认同。

新媒体实现了公共传播的公众参与，但是也由于网络环境的开放性和平面化，缺乏稳定、权威的新媒体公共传播规范，容易出现新媒体技术平台上的公共传播鱼龙混杂。虚假消息、民粹思想、版权纠纷、商业主义、泛娱乐化，甚至色情暴力传播现象，不时出现，无一不考验着新媒体的公共传播及传播主体的理性能力。

（二）从人际传播向公共传播的转化

公共文化服务 NGO 的民间组织结构及其所具备的志愿者精神和公共参与模式，对构建社会共同体具有重要作用。② "城市不同社群、不同社区的多元文化既是城市存在的基元，也是文化创造和社会实验的动因"，公共传播的实践"有助于保存和孵化社会多元文化，承续或重振居民社区，并且引导社会成员超越不同文化背景达成社会共同体目标"。③ 新媒体技术为传统的传播生态注入了联结性（connectivity）和社区性（communality）④。以三叶草故事家族为例，从最初创始人的个人爱好到虚拟的兴趣团体——亲子阅读 QQ 群的建立，是个人到成长共

---

① ［美］约翰·基恩：《媒体与民主》，社会科学文献出版社 2003 年版。
② 汪火根：《中国社会共同体的演变与重构：以民间组织为视角》，《南昌航空大学学报（社会科学版）》，2009 年第 3 期。
③ 吴予敏：《从"媒介化都市生存"到"可沟通的城市"——关于城市传播研究及其公共性问题的思考》，《新闻与传播研究》2014 年第 3 期。
④ Fulk J, Flanagin A, Kalman M, Monge P, Ryan T. Connective and communal public goods in interactive communication systems. *Communication Theory*, 1996, (1).

同体的转变；从亲子阅读QQ群到在民政局正式注册的三叶草阅读文化发展中心，是私人虚拟社区式的成长共同体到社会组织式的协作共同体的转变；从三叶草阅读文化发展中心到全社会亲子阅读理念和行为的实践，是协作共同体到社会共同体的转变。由成长共同体、协作共同体以及社会共同体实施的新媒体公共传播实践，可以说创造了一个典范。

三叶草故事家族的信息传播内嵌于社会交往网络的多重身份交叠与重合，蕴含着信息的再生产与再传播，集传播活动与自我成长于一体。三叶草故事家族的传播对象从散质个体转变成了"共同体"的共筑者。无论是新书品读会、故事妈妈培训课堂、线上或线下专家主题讲堂、主题研讨会都包含着参与者的智力、情感与身体维度的深度参与，反过来参与者又将相关理念以逐渐专业化的程序、操作手段实践于个人的日常生活和现实交往。

（三）公共传播的仪式性

"公共性还表现在一种对于世俗生活的超越。它既是仪式，也是心理和精神生活。"[①] 三叶草故事家族的亲子阅读活动不仅具有日常性，还具有仪式性。舞台、表演、他者的凝视、自我的审视以及异质角色的共同参与构成了以团体或共同身份把人们吸引到一起的神圣典礼。三叶草故事家族的故事讲述不仅是信息和知识的再生产形式，还是分享故事和阅读的文化仪式，更是以阅读丰盈生活的存在方式。它来源于日常生活的存在需求，又具备对世俗生活的超越性，生成了一种融汇在日常生活中的文化氛围和精神气质。

现代社会的流动性、原子性增强，原有的熟人社会结构逐步瓦解，"基于血缘和地缘结构形成的社会'强关系'（strong-tie）不再能有效地转化为人们的社会资本"，只有弱关系才能成为异质信息彼此通达的桥（bridge）。[②] 公共文化服务活动应致力于创造市民交往的机会与渠道，使其从"原子群"走向"共同体"，深入开掘"弱关系"（weak-tie）的潜在价值，使之转化为社会协同的纽带，以填平过度依存"强关系"所造成的社会资本落差，形成相对公平的发展环境，实现社会资

---

① 吴予敏：《城市文化的公共性首先是公享性》，《社会科学报》2007年10月25日。
② Mark Granovetter, *The Strength of Weak Ties*, Social Science Electronic Publishing, 1973(2).

源的分享和广泛利用。① 三叶草故事家族的公共传播实践告诉我们，在中国特有的传统文化基础上的现代城市生活，还不能简单地套用西方社会网络分析的"强—弱"关系二元论的框架。所谓现代性的局限，在于过度信赖弱关系结构，过于简单地宣告强关系的终结。在三叶草故事家族的案例中，我们看到，所谓"家族"在这里是一个象征和隐喻，事实上，人们是由于某种教育孩子的需求，某种亲子情感心理的共同特征，才结合起来的，所以这是一种弱关系的结合体。但是，这种基于一定的契约承诺、组织结构、制度行为规范的弱关系网络，却具有很高的凝聚力，以至于超越出弱关系建构的功利性原理，孕育出某种"准强关系"网络。"强—弱"关系形成互为渗透、互为转化的模式。促成这种转化的有这样一些要素：第一，嵌入情感关注焦点的主题实践（儿童成长与教育），具有很强的主体带入性；第二，可引发持续意义的社交议题，具有很强的社会凝聚性；第三，由理想典范模式引导的崇高想象，具有价值的创造性。

在家庭尺度上，三叶草故事家族致力于打造优质的亲子阅读生态。通过亲子阅读的实践与发展，在空间和时间维度上推广亲子阅读，丰满儿童的年少时光。"在讲故事的时候，大人往往会抱着孩子坐在自己的腿上，听故事时，孩子是和一个温暖的怀抱在一起的。这（亲子阅读）就会成为一种非常美好的体验，留在孩子的生命记忆当中。"在社区尺度上，三叶草故事家族开展的亲子阅读推广活动促进了社区内成员的交往黏性，三叶草的一位资深草籽告诉作者"我们的故事会以小圈子，比如一个社区或者一个图书馆为单位。像我们横图这边就是从小学一年级到小学五年级都在一起做三叶草故事家族的故事会，五年了，那个圈子里的孩子们相互成为朋友、妈妈们相互成为朋友，家庭与家庭之间也建立了亲密的关系。除了故事会，我们还会一起出去吃饭，一起出去游玩，一起团购好玩的课程，大家都成为很好的朋友，这些共同经历的美好的事情，会成为我们和孩子最美好的回忆"。

（四）作为公共文化服务的渗透机制的公共传播

三叶草故事家族意识到，"现在很多市民对阅读这件事情并不如我

---

① 吴予敏：《从"媒介化都市生存"到"可沟通的城市"——关于城市传播研究及其公共性问题的思考》，《新闻与传播研究》2014年第3期。

们自以为的那样了解，单单通过政府的途径没有办法深入城市、社会的毛细血管中。政府是通过大渠道去施行（阅读推广），但是大渠道很难深入（个体）。民间组织恰恰就是来源于民间，就是在做自己关心的事情，所以说它反而会具有这种（对个人的）渗透性"。

三叶草故事家族的传播活动不仅存在于组织活动中，更存在于参与者的个人日常生活中。亲子阅读的主体涉及家庭的核心成员，故事妈妈们自觉地以三叶草故事家族的亲子阅读理念和方式规训构成一个人重要生命体验之一的家庭生活和亲子关系。在日常生活的共读中涌现出很多亲子相处的或温馨或有趣的故事，这也构成了三叶草故事家族的故事妈妈们在组织内的交流资源和修正、更新组织传播活动策略的依据。三叶草故事家族的原创性的文本生产在很大程度上依赖于其原创的、扎根三叶草故事家族成员、相关社区、线上或线下的组织活动的信息、知识生产。这种链条式的信息文本生产过程不仅使传播成本考量、原创生产力限制导致的大概率的复制性的传播内容让位给生产性的传播内容，而且使来源于城市居民日常生活的真实需求自然聚合、凸显，成为公共传播的议题内容。

新型的公共传播将传播对象身处的社会网络结构明朗化，把信息传播活动中相互隔离的传播对象变为相互联系的信息生产者。发掘传播对象的相互联系性，不仅为传播活动引入了社会网络结构以及社会网络结构固有的结构动力，还引入了对独立个体或组织的发展具有相当重要性的"他者"概念。正是立足于既往传播活动中被忽视的传播对象的主观能动性（生产性）、社会网络结构（黏性）以及"他者"对个人和组织发展起到的促进作用，三叶草故事家族才能够在亲子阅读的推广实践中进行多向度的信息传播活动，注重个人体验与个人生产力，将阅读活动变成多向度的成长共同体的培育过程。城市的社会结构因多元共同体的成长而丰满，城市因之成为可沟通的城市；文化的管理生态因多元共同体的参与而健康，文化因之成为有活力的文化。

公益NGO网络新媒体传播力的建设
——基于深圳市福田区的调查

李静怡　王文博　张　凯　张　萍

摘要　本文探讨网络新媒体技术给公益NGO的发展带来了何种机遇与挑战。作者立足于福田区的公益NGO样本，解析公益NGO运作模式中的网络新媒体技术因素，针对公益NGO的数据分析能力、利用互联网协作能力、互联网宣传能力、提高透明度与公信力、通过互联网获得资源的能力、进行知识与信息管理的能力以及通过互联网了解行业信息的能力七个方面进行深入调研，提出了公益NGO网络新媒体传播力建设中需要解决的关键问题和实施路径。

一　研究背景

根据民政部发布的 2014 年《社会服务发展统计公报》的数据，截至 2014 年年底，全国共有社会服务机构 166.8 万个，比 2013 年增加 6.8%。[①] 近年来，深圳各类社会组织蓬勃发展。截至 2015 年 12 月，深圳登记社会组织有 10100 家，公益慈善类（社会服务类）2199 家，占全市社会组织总量的 21.77%。深圳市福田区在培育社会组织方面成就尤为显著。区政府统计数据显示，目前在福田区民政局登记的各类社会组织达 575 家，跨越工商经济类、社会服务类、文化教育类、职业培训

---

① 民政部门户网站，http://www.mca.gov.cn/article/zwgk/mzyw/201506/20150600832371.shtml，发布时间：2015 年 6 月 10 日。

类、公益慈善类等众多领域。①

随着移动互联网和智能终端的普及，社会服务模式也发生了根本性的改变。各类公益组织如何利用互联网新媒体技术服务大众，这既是调整服务模式提升服务质量的需要，也是公益 NGO 生存和发展的需要。截至 2015 年 12 月底，深圳网民数量达到 897 万，网民渗透率高达 83.2%，与全国平均水平相比高出 30 个百分点以上；深圳市手机网民数量达到 851 万人，使用手机上网的比例为 94.8%，与全国平均水平相比高出近 5 个百分点。②"互联网+"成为提升整个经济和社会发展的重要手段。在公共文化服务领域，"互联网+"是必然的发展途径。

从事公共文化服务的公益 NGO 的服务特色定位和服务能力建设，与其如何更好地利用互联网和新媒体技术是关联在一起的。我们选择设在深圳市福田区的社会组织总部基地入驻的社会组织为样本，尝试探究公益 NGO 的互联网使用与传播现状以及公益 NGO 网络化建设的路径。调研内容和方式包括对（深圳市）社会组织发展概况与新媒体时代的传播特征的文献研究、对深圳社会组织总部基地负责人以及入驻基地的社会组织的半结构式访谈、对参与公益 NGO2.0 "2016 年深圳'互联网+'新媒体训练营"的社会组织进行的问卷调查。

二　福田区公益 NGO 的发展特色

在全国公益 NGO 进入发展的增速期时，深圳市福田区的公益 NGO 的发展有其典型性和独特性：福田区设置了社会建设专项资金，每年在区级财政资金中安排 2000 万元，用于支持各类社会组织在福田区实施的基本公共服务和社会公益服务，激励社会组织健康发展；福田区打造了全市第一个社会组织发展和社会创新的综合性服务平台——社会组织总部基地，以孵化器、全链条的形式打造社会组织发展的生态圈，

---

① 福田政府在线：《2015—2016 年度福田区社会组织系列评选结果出炉》，http://www.szft.gov.cn/zf/ftxx/xwdt/ftdt/201608/t20160831_517465.html，发布时间：2016 年 8 月 31 日。

② CNNIC：《2015 深圳市互联网发展状况研究报告》，http://www.199it.com/archives/432342.html，发布时间：2016 年 1 月 21 日。

形成比较完善的支持体系。福田区的公益 NGO 将政府服务职能转移后承担业务和独立自主开展特色业务结合起来，呈现出充满生机的多样性。

（一）区社会建设专项资金

社会组织的收入来源是其能否生存及可持续发展的基本条件。目前我国很多公益 NGO 还是以获得政府的财政支持为主要渠道之一。在接受我们调研的 27 家社会组织中，67% 的社会组织的收入来源是政府资金支持，依靠社会捐款的占 26%，个人捐款的占 11%，自营筹资的占 22%，其中通过线下公益活动筹资的占 11%，线上公益活动筹资的占 11%，依靠企业资金支持的 NGO 仅占 7%。政府扶持社会组织发展的途径主要有：财政预算专项扶持经费、转移政府职能专项购买公共服务等。福田区政府每年在区级财政资金中安排 2000 万元用作区社会建设专项资金，其中一部分用来支持社会组织的发展。

福田区社会建设专项资金设立于 2014 年。区政府将部分原来的权力下放，将部分职能转变为社会组织的专业化职能，从区财政经费里拨出专款来保障社会组织的运作。专项资金重点资助社会治理创新、基本公共服务、社会公益服务、社区便民服务、社会组织培育激励五个领域的非营利性项目。其中第五个项目是专门以社会组织为主要服务对象，进行引导、培育、能力建设、内部规范治理、人才队伍建设。

社会建设专项资金每年分两期评审下拨。2015 年共资助了 90 个项目，最高单项是由深圳市创新企业社会责任促进中心申请的"公益星火计划四期——中国公益金融人才培训计划"，单项资助金额为 856400 元。一般单项资助金额不超过 100 万元。笔者对 2016 年第一期的项目进行分类，发现有 13 项公益活动与社会公共文化服务相关，包括南都读书俱乐部的"社区精英激励计划"、怀南阅读推广中心的"阅读启迪心灵"、爱迪公益事业服务中心的"社区艺术+小创客活动"等。在受资助项目中，占比最多的是青少年相关项目，例如青少年犯罪、青少年教育、务工流动子女教育等。长期从事社会组织新媒体技能培训业务的 NGO2.0 的"2016 年深圳'互联网+'新媒体训练营"项目，也得到了约 266900 元资助。社会建设专项资金设立两年来，共资助社会组织项目 254 项，总资助额达到 4000 余万元。

为激励各社会组织的良性竞争，区政府还开展年度福田区优秀社会组织评选系列活动。评选出年度突出贡献社会组织、年度规范建设社会组织、社会组织领军人才、年度优秀社会服务项目和年度最具潜力社会创新项目5项，以资鼓励。

（二）深圳社会组织总部基地

深圳社会组织总部基地（福田）是效法产业园和孵化器的模式，由政府规划并提供用房、基础设备等基础条件，整合金融机构、基金会、社会组织联合会部分企业和媒体集团各方面的资源建立起来的。从总部基地提出的"联合创造价值、服务助推成长、公益凝聚力量、创新激发活力"的核心理念看，它是要形成公益服务的生态圈。在这个基地里，各类社会组织，经过评审都可以进驻基地，可以借助基地平等地建立与政府、企业、金融、媒体的合作关系，可以互相促进，实现培育、管理、服务的一体化。这个总部基地由区社工委牵头、多方参与建设而成。良好的空间设施加上配套优惠政策，很快吸引了壹基金公益基金会（总部）、恩派非营利组织发展中心、创意谷公益文化发展中心等20多家具有较强实力的社会组织入驻。

1. 基地建设的三个阶段

第一阶段，建设总部平台。通过"政府推动、社会运作、多元互动、合作共赢"的方式，打造社会组织发展和社会创新的综合性支持服务平台；开展社会问题研讨、创新项目策划、职能转移对接、人才培训实践等系列活动，同时还能提供便捷的政务服务、法律服务等各项综合服务以及对社会组织进行规范监管的功能。

第二阶段，建设总部集群。扩充体量，适度聚集，打造社会组织发展的生态圈和共同体，形成比较完善的创新和发展支持体系。

第三阶段，建设总部园区。实现总部基地"适度扶持、广泛合作、自我发展、良性互动"的运作机制，使之成为城市社会问题的"研究院"、社会组织的"大本营"、社会人才的"大家庭"、社会组织的"成长加油站"、社会创新的"梦工厂"和社会资源的"聚宝盆"，打造福田区社会发展的"CBD"。

2. 基地提供的优惠服务

社会组织总部基地（福田）是政府深化改革、放权激活社会建设的重点项目。

在空间布局和功能区域设计方面，基地以绿色为基调的空间格局，视野开阔，生机盎然。目前已有34家大型公益组织以"服务换免费"的方式，在超大运营空间里安家落户。总部基地设四大功能区域：综合服务区、会议交流区、组织办公区和配套服务区。总部基地负责人告诉我们，"总部基地采取'2+X'项服务，即免租金换服务。场地并不是无偿供应的，但也不是用资金来衡量的。办公场地的价值是通过'免租金换服务'的共享经济的模式实现的。也就是说，社会组织使用基地的场地不用交租金给基地，但是社会组织要和基地置换服务。社会组织的服务是整合在基地平台之上的，然后再输出给全市没有入驻基地的社会组织"。

入驻基地的社会组织可享受若干优惠政策：基地为入驻的社会组织提供免费的场地办公；为入驻的社会组织提供更加快捷的信息服务；为入驻的社会组织之间的协同合作搭桥；为入驻的社会组织提供课程培训和后勤保障服务等。

3. 入驻社会组织的优选机制

基地对于申请入驻的社会组织有资质的审核要求。除了一些基本信息外，主要关注它的服务领域、业务模式、执行团队核心成员以及过往服务的资历，以便全面掌握目前的基础和未来发展的潜力。

社会组织的业务模式对应着需要解决的社会问题。任何社会组织都是立足于对社会问题和社会需求的发现、科学分析的基础上，也是立足在已经找到解决问题的有效方法，有明晰的受益对象（明确了社会服务的直接受益人、间接受益人及总受益人数的评估）。社会组织所选择的业务模式，体现其创新性、可操作性和可持续性，也要体现出是否可以在其他社区进行推广和复制的实践前景。

入驻的社会组织可以向基地提出孵化需求，包括办公场地、会议和培训场地、办公设备、能力建设、管理咨询、注册辅导、人事托管、财税托管、成长评估、法务咨询、文档制作等。社会组织需要设计自我能力建设的菜单（内部治理、战略规划、人力资源管理、项目开发、非营利组织法律知识、志愿者管理、项目管理、公共关系管理、筹资等）。

入驻总部基地的社会组织大致上分为合作与孵化两个类型。自2014年5月以来，已经入驻各类型社会组织共计34家，其中属于基地和社会组织的合作类型29家，属于基地本身孵化的组织5家。（主要项目见表1，表2）

表1　　深圳社会组织总部基地入驻的主要社会组织（合作类型）

合作组织	服务内容	项目
深圳市播瑞歌应用心理学研究所	心理咨询、EAP服务、应用心理学研究	政府机构委托，其他机构心理咨询
深圳创意谷公益文化发展中心	公益活动孵化支持性平台（深圳报业集团举办，关爱办指导）	"中国公益映像节"展映及其他公益活动呈现的支持
深圳市马洪经济研究发展基金会	启动和发挥民间层面对政府工作进行常态性、系统性的监督和评价	城市发展战略规划、产业发展规划、行业管理规划
深圳市福田区维德法律服务中心	组织和协助法律专业人士，向社会贫困人群、弱势人群、边缘人群以及帮助这些人群的公益慈善组织提供免费志愿法律服务	法律诊所教育，劳工权益保护，未成年人保护
深圳市小鸭嘎嘎公益文化促进中心	合法公募资质的专项公益基金，关注儿童健康成长和环境保护领域	儿童水上安全教育、水环境保护
深圳市现代公益组织研究与评估中心	从事公益组织研究与评估的民办非企业单位	公共服务项目评估、社会工作服务机构评估、家庭综合服务中心评估、社区服务中心评估等
深圳市福田区社会组织总会/深圳市福田区企创非营利组织发展中心	支持民间组织工作的企事业单位和个人自愿组成的全区性、联合性、非营利性的社会组织	为会员提供培育、展示交流、创新研发、服务支持和社会组织统战工作平台
深圳市关爱行动公益基金会·中国留学生爱心助学基金	地方性公募基金会，业务主管单位为深圳市委宣传部	公益金百万行，爱心助学
深圳市英葵教育服务中心	教育服务类民办非企业单位，教育公益事业	教育专家（法律与心理）顾问、校园安全管理监理、特色课程开发、教育评估、合作办学推广

续表

合作组织	服务内容	项目
深圳市恩派非营利组织发展中心	全国性的"公益孵化器",至2016年,已孵化各类公益组织超过500家,涵盖扶贫、教育、环保、青少年发展、助残、社区服务、社会工作等诸多领域	为初创期公益组织提供资源平台、财务托管、公共空间、能力建设、种子基金、注册辅导等关键性支持
深圳市零点公益事业发展中心	扶持中国青年公益创业、培育青年公益人才、推动中国青年的社会化发展	青年公益创业、大学生实习联盟、大学生社会访问、高管一日助理、未来概念设计大赛
深圳市天使家园特殊儿童关爱中心	为生活在深圳的0—14岁脑瘫患儿(脑伤)及其家庭提供预防性、支援性、发展性社会公益服务	200位脑伤儿童在家中享受远程早教课程
深圳市福田区义工联	致力于社会化发展、专业化服务和项目化建设,组织区内10万名义工的中介服务组织	开展关爱特殊儿童、垃圾分类环保、口岸服务、敬老祝寿、助残服务等78个常规志愿服务项目
深圳市红树林湿地保护基金会	致力于以华南红树林为代表的滨海湿地的保护的环保基金会	自然保护活动,公益教育
深圳市绿源环保志愿者协会	致力于滨海湿地生态保护及水污染防治	湿地保护,绿地社区等
深圳公益救援志愿者联合会	公益救助	救灾,山地救援,水上救援等
深圳市福田区物业管理企业联合会	深圳首个区级物业行业协会	70家会员加盟,产生了由31家单位组成的理事会和5家单位组成的监事会
深圳壹基金	专注于灾害救助、儿童关怀、公益人才培养三大公益领域	紧急救灾计划、防灾减灾计划、灾后重建计划

表 2　　　　深圳社会组织总部基地入驻的孵化组织

孵化组织	服务内容	项目
深圳市福田区社会医疗机构行业协会	福田区的社会医疗机构自愿发起，具有学术性、专业性、非营利性的行业性协会组织	继续医学教育、人才培训、学术交流、专业咨询
深圳市蓝天救援促进中心	自然灾害救援，山地救援	地震、洪水救援、山地救援、环境保护、军事训练、科普教育、医疗培训
深圳市福田区生态文明促进会	环境监理、清洁生产、环保产品	三防宣传、零废弃社区宣讲、垃圾分类宣传、生态观察
深圳市福田区学前教育机构行业协会	争取社会对学前教育发展的支持，加强学前教育机构自我管理	幼师教育、幼儿园评估、新园丁岗前培训
深圳市福田区蔚蓝星空音乐与健康养护中心	青少年公益活动组织	动感音乐亲子活动

三　公益组织的新媒体生态

网络新媒体技术为公益 NGO 的发展带来了新的契机。我们主要考察新媒体在社会组织本身的运作中扮演何种角色、起到何种作用？新媒体是否协助社会组织增加它们的宣传效果和传播的影响力？

（一）新媒体改变公益 NGO 组织传播方式

1. 资料存储——从纸质存储到网络云存储

社会组织资料的存储方式有从原来的纸质存储为主到自有固态硬盘，再到使用网络云存储的趋势。云存储的特点是免费、存储空间大、多用户端随存随取、永久备份可供分享。对于公益组织来说，云存储方便上传下载、共享组织文件、协同组织内部办公，极大地提升办公效率。调研中发现近半数的 NGO 组织使用云存储进行组织资料存储和分享。

2. 沟通模式——从一对一到全连接式沟通

以微信群、QQ 群为代表的网络新媒体沟通手段使全连接式的沟通成为可能，使社会组织垂直结构走向高效率的偏平化结构。"平行的、网状的、叠加的、小团的，扁平化也有流程，协作就会有时间流与任务流，流程是固化与明确的。"（笔者与 NGO2.0 负责人的访谈）

组织沟通模式的变化包括组织间、组织内以及组织与志愿者群体之间沟通模式的变化，这三种类型的变化无一不是通过新媒体因素介入社会组织的日常传播、沟通情境而产生的，这种变化的产生从技术层面提升了组织沟通的效率，保证了组织内成员平等发言，可以适度超越职位的制约被所有群成员接收。这种全连接模式冲击的是权力的垂直化分布，沟通方式从一元走向多元，为组织内部成员参与决策提供了契机。

新媒体为社会组织与志愿者之间的沟通搭建了便捷的桥梁。入驻基地的合作组织"天使家园"利用微信组建临时群的功能开展活动，将志愿者社会行动和志愿者的日常生活适度区分，可聚可散很方便。从而在广泛的时空范围内构建出一种适应新都市生活方式的疏密适度的人际关系，在互动过程中培养起志愿者的认同感和信任感。

在公益传播中，传统媒体和新媒体哪个更有效力？偏重传统媒体的看法认为，报纸长期以来在本地区内积累了强大的覆盖力、公信力和影响力，对于动员公益活动有固有优势。偏重新媒体的看法则认为，新媒体操作简单、传播广泛、抵达迅速、成本低廉、精准到位。特别在项目宣传推广、线上募捐、信息公开三个方面尤为见效。如"天使家园"开设的微信公众号，2 至 4 天推送一篇文章，综合使用二维码扫描、400 电话、网站、邮箱、QQ 群、官方微博信息渠道。主要是线下募捐，也会采取线上募捐的形式，着重于提高公益的可参与性、趣味性和日常性。平时通过网站公开组织信息，内容涵盖项目进展情况、交流与培训计划、宣传筹款情况以及下阶段工作展望四个部分，还将电子版的通信以邮件的形式主动向志愿者推送。

（二）公益 NGO 业务活动中的新媒体因素

新媒体是否能有效提升社会组织的业务操作能力、业务拓展能力以及用户管理能力？公益 NGO 在业务活动中主要通过以下方式利用新媒体。

1. 业务操作——超越单一平台

新媒体给公益活动的传播提供了多种平台和参与模式，例如微博的开放性、互动性、草根性、实时性大大降低了公众参与公益的成本，为公益向"微公益"的转变提供了技术支持。在典型的微博公益传播机制中，以网络意见领袖或者草根个人、组织为首，发布公益信息，粉丝们通过关注、转发的形式参与筹集善款、征集志愿者、组织线下的公益项目、公布善款账目和明细等。社会组织在活动进展中可以及时进行交流对接，避免信息的延迟和阻滞。官方网站、门户网站阅读量大，因此可以播报一些组织的重要新闻。网络直播平台使很多原来只能在线下集中进行的培训课程转移为线上的、离散的收听状态。

2. 业务拓展——超越线性传播

受公益NGO自身的业务模式与市民的观念、习惯的影响，传统的线下业务拓展渠道目前还是各公益NGO重要的业务拓展模式。但是，以微信、QQ为主要代表的新媒体为发展和维护志愿者、合作者提供了新的可能。以募捐为例，对公益机构来说，筹款不能局限于固定的人，而是利用熟人的人脉扩大影响。这种社交媒体独有的像水中涟漪般的多层结构，为公益组织的业务拓展提供了超越线性传播的可能。

3. 用户管理——超越机械记录

随着公益观念普及，支持者以及匿名支持者大量增长，传统的用户管理方法已无法满足公益NGO的管理需求。例如扶贫基金会在2002年到2007年间，只需维护几千名捐赠人，当时采用一对一的沟通维护率高达六成。而当2009年开启"爱心包裹"项目后，捐赠人数暴增到80万，无法再使用原来一对一的方法进行管理。如果放弃维护，意味着续捐率下降，需投入大量精力开发新捐赠人。新媒体时代的各种工具手段，解决了诸如捐赠人信息如何保存、如何识别第二次捐赠、怎样对80万捐赠人进行分类、如何去做客户沟通等问题。

调研发现，社会组织多采用灵析软件进行联系人管理。灵析软件自开发以来为上千家NGO提供了技术产品支持，它是专门为非营利机构开发设计的联系人管理系统，集合了联系人管理、电子表单、筹款、邮件短信群发等功能，帮助机构提升信息化效率，解决联系人的数据管理问题。2013年1月，灵析1.0问世，其主要服务对象是"基金会"和社会团体，包括友成基金会、南都公益基金会等，其邮件、短信优势突出,在紧急事件的批量响应方面效果显著。2014年11月,正式发布4个版本(免费、小微、标准、专业)更广泛地服务NGO、媒体、自媒体、中小型企业、个人等。推动其降低沟通成本,最广泛地建立持续的利益相关方群体。社会组织"维德法律咨询服务中心"的负责人说:"灵析使用起来很方便,在数据收集、数据整合、数据使用三个维度上,解决了社会组织面对的独有的问题。"

在数据收集方面:通过灵析表单,可以进行活动报名、志愿者招募、投票调研、签名联署等多种信息的收集。生成的表单链接可以直接添加到微信菜单栏、朋友圈、网站、微博、QQ群进行发布和分享,方便传播;生成的二维码可以印刷在宣传物上进行线下收集,打通各种工具之间的连接通道。维德就是通过这样的方式进行在线宣传,进而实现线上、线下的紧密互动。

在数据整合方面:可以给所有人进行分类、添加标签、添加备注,进而可以为不同分类,设定一些独有的"属性",比如为志愿者律师增加"加入时间""专业技能"字段,为合作媒体增加"媒体名称""投稿方式"字段,等等。在分类之下,通过标签,可以很容易地对志愿者、捐助人、受助人进行数据分析。

在数据使用方面:可以通过邮件、短信,对特定分类、标签的人群进行精准的传播。与传统方式最大不同是效率的提升与反馈的追踪。效率方面,基于已经收集整理的数据——收件人列表可以通过分类标签自动筛选;姓名、捐赠金额等收集到的信息可进行智能替换。另外群发功能支持5万封邮件的群发,打破普通工作邮箱每日发送限额,节省大量重复操作时间。反馈追踪方面,可以让社会组织确切地了解邮件的发送情况,包括到达率、打开率、链接的点击率。还可以很精准地定位铁粉、长期联络人。

四 公益NGO的互联网使用与新媒体传播能力

为了深入了解公益NGO的互联网使用与传播能力状况,笔者对在深圳市福田区注册,或者业务覆盖深圳市福田区的27家社会组织进行了问卷调查和半结构式访谈。我们参照公益NGO2.0官网《中国公益组织互联网使用年度调研》框架,选择"通过大数据分析组织""利用互联网进行协作"、通过互联网新媒体"宣传组织机构与理念""提高透明度与公信力""获得合作渠道与资源""进行知识与信息管理"以及"了解行业的发展信息"7个面向及若干具体测量指标对入驻福田社会组织总部基地的社会组织进行了问卷调查。①

(一)通过大数据分析组织

为了具体了解社会组织,通过互联网大数据分析组织的现状,此面向分为3个具体的测量指标。3个测量指标主要聚焦于社会组织对其自媒体平台(官网、微博、微信公众平台)访问数量以及对网络上的关于本组织(或组织项目)评价的了解行为。

调查问卷的统计结果显示,26%的社会组织经常使用在线分析工具(如百度统计)对官方网站访问量进行分析,30%的社会组织很少使用,30%的社会组织从不使用;与此同时,26%的社会组织以后会考虑使用,11%的社会组织以后不会考虑使用。在受访的27家社会组织中,3%的社会组织没有听说过类似百度统计的在线网站访问量分析工具,3%的社会组织听说过但是并不了解,52%的社会组织使用过微博分析工具(如知微、孔明社交等)对官方微博访问量进行分析,37%的社会组织从不使用;与此同时,26%的社会组织以后会考虑使用,3%的社会组织以后不会考虑使用。在受访的27家社会组织中,11%的社会组织没有听说过类似知微等在线官方微博访问量的统计工具,3%的社会组织听说过但是并不了解。52%的社会组织经常分析本组织的微信发布文章的被访问情况,33%的社会组织很少分析,11%的社会组织从不分析,11%的社会组织以后会考虑分析。在受访的27家社会组织中,48%的社会组织经常在网上关注并搜集大家对本组织的项目评价,33%的社会组织很少关注并搜集,15%的社会组织从不关注并搜集,11%的社会组织以后会考虑关注并搜集。

(二)利用互联网进行协作

为了具体了解社会组织利用互联网进行协作的现状,此面向分为4个具体的测量指标。4个指标聚焦于社会组织对在线分屏工具、在线日历(QQ日历等)、在线会议工具(YY语音、腾讯QT、skype等)以及

---

① NGO2.0官网:http://www.ngo20.org/。

在线文档（共同）编辑工具（百会、OneNote、印象笔记等）的使用状况。

在受访的 27 家社会组织中，19% 的社会组织经常使用分屏工具开网络会议，30% 的社会组织很少使用分屏工具开网络会议，44% 的社会组织从不使用分屏工具开网络会议；与此同时，22% 的社会组织以后会考虑使用，7% 的社会组织不会考虑。37% 的社会组织经常使用在线日历（QQ 日历）安排日程，15% 的社会组织很少使用，22% 的社会组织从不使用，22% 的社会组织以后会考虑使用，3% 的社会组织以后不会考虑使用。19% 的社会组织经常使用 YY 语音、腾讯 QT 或 skype 等工具进行多人在线会议，30% 的社会组织很少使用，41% 的社会组织从不使用，22% 的社会组织以后会考虑使用，19% 的社会组织以后不会考虑使用。15% 的社会组织经常使用在线文档编辑工具，22% 的社会组织很少使用，44% 的社会组织从不使用，37% 的社会组织以后会考虑使用，3% 的社会组织以后不会考虑使用。

（三）宣传组织机构与理念

为了具体了解社会组织利用互联网进行组织机构与理念的宣传的使用现状，此面向分为 6 个具体的测量指标。6 个指标聚焦于社会组织通过网站、QQ 群、微博、微信等发布工作简报，官网提供订阅功能，在网上上传过本组织的宣传片，在大型会议现场使用微信、微博进行互动，及时更新机构网站、微博、微信公众号的内容，通过微博、微信公众号分享公众参与活动的照片与感想的情况。

70% 的社会组织经常通过网站、QQ 群、微博、微信等发布工作简报，15% 的社会组织很少通过此方式发布工作简报，3% 的社会组织以后会考虑通过此方式发布工作简报。19% 的社会组织在官网上提供了订阅功能，44% 的社会组织没有提供订阅功能，19% 的社会组织没有听说过官网的订阅功能，7% 的社会组织听说过但是不了解，22% 的社会组织以后会考虑使用官网的订阅功能，11% 的社会组织以后不会考虑使用此功能。56% 的社会组织经常做组织的宣传片并上传到网上，30% 的社会组织很少做组织的宣传片并上传到网上，7% 的社会组织从未做过组织的宣传片并将之上传，11% 的社会组织以后会考虑制作并上传组织宣传片，4% 的社会组织以后不会考虑。41% 的社会组织在大型会议中进行微信、微博互动，15% 的社会组织很少在大型会议进行微信、微博互动，19%的社会组织从未在大型会议中进行微信、微博的互动，33%的社会组织以后会考虑在大型会议中进行类似互动，4%的社会组织不会考虑。70%的社会组织会及时更新机构网站、微博、微信公众号，4%的社会组织很少更新，15%的社会组织从不更新，11%的社会组织以后会考虑更新。67%的社会组织会通过微博、微信公众号分享公众参与活动的照片、感想等，4%的社会组织很少分享，15%的社会组织从不分享，7%的社会组织以后会考虑分享。

（四）提高透明度与公信力

为了具体了解社会组织利用互联网提高组织透明度与公信力的现状，此面向分为6个具体的测量指标。6个指标聚焦于社会组织通过在线渠道定期公布机构财务状况、通过互联网公开组织的工作目标等、通过社交媒体等方式发布机构项目活动进展、固定的媒体合作伙伴、主动给媒体投稿、接受媒体专访的情况。

在受访的27家社会组织中，78%的社会组织经常通过在线渠道定期公布机构的财务状况，19%的社会组织很少通过在线渠道定期公布，22%的社会组织从不通过在线渠道公布，11%的社会组织以后会考虑通过在线渠道公布，4%的社会组织以后不会考虑。81%的社会组织通过微博、微信或社交网络等方式发布机构项目活动进展，7%的社会组织很少发布，4%的社会组织从不发布，4%的社会组织以后会考虑发布。59%的社会组织有固定的媒体合作伙伴，33%的社会组织没有，19%的社会组织以后会考虑寻找固定的媒体合作伙伴。33%的社会组织经常主动给各类媒体投稿，41%的社会组织很少主动给各类媒体投稿，19%的社会组织从不主动给各类媒体投稿，19%的社会组织以后会考虑主动给媒体投稿，11%的社会组织以后不会考虑。41%的社会组织经常接受媒体的邀稿或专访，44%的社会组织很少接受媒体的邀稿或专访，27%的社会组织从未接受媒体的邀稿或专访，11%的社会组织以后会考虑接受媒体的邀稿或专访，44%的社会组织不知道如何接受媒体的邀稿或专访。

（五）获得合作渠道与资源

为了具体了解社会组织利用互联网获得合作渠道与资源的现状，此面向分为5个具体的测量指标。5个指标聚焦于社会组织接受专业信息技术机构的培训、参加网上举办的公益项目竞赛、参加政府或企业主办的项目展会或资源对接、通过NGO2.0地图或行业门户网站寻找企业、基金会或者NGO的项目、通过NGO2.0地图或行业门户网站发现合作机会的情况。

在受访的27家社会组织中,33%的社会组织经常接受专业信息技术机构的培训,37%的社会组织很少接受专业信息技术机构的培训,22%的社会组织从未接受此类培训,26%的社会组织以后会考虑接受专业信息技术的培训。26%的社会组织经常参加通过网络举办的公益项目竞赛,44%的社会组织很少参加此类项目竞赛,22%的社会组织从未参加过此类竞赛,30%的社会组织以后会考虑参加此类竞赛,3%的社会组织以后不会考虑。70%的社会组织经常参加政府或企业主办的项目展会或资源对接,19%的社会组织很少参加此类展会或资源对接,7%的社会组织以后会考虑参加此类展会或资源对接。15%的社会组织经常通过NGO2.0地图或者行业门户网站寻找企业、基金会或者NGO的项目,37%的社会组织很少通过此类途径寻找项目,22%的社会组织从未通过此类途径寻找项目,33%的社会组织以后会考虑通过此类途径寻找项目,3%的社会组织以后不会考虑,7%的社会组织不知道如何通过此类途径寻找项目。11%的社会组织经常通过NGO2.0地图或者行业门户网站发现合作机会,48%的社会组织很少通过此类途径发现过合作机会,41%的社会组织从未发现过合作机会。

(六)进行知识与信息管理

为了具体了解社会组织通过互联网进行知识管理与信息管理的现状,此面向分为6个具体的测量指标。6个指标聚焦于社会组织内部接受专业信息技术机构培训的人在组织内的分享、在线志愿者管理系统的使用、组织在互联网上的公共资料存储方式、通过微博、微信公众号分享公益的相关知识、通过电子邮件在组织内发送资料、在QQ群内分享资料的情况。

在受访的27家社会组织中,33%的社会组织中接受过关于信息技术机构培训的人在组织内做过分享,41%的很少做过分享,11%的从未做过分享,19%的以后会考虑在组织内做分享。30%的社会组织经常使用在线志愿者管理系统,26%的社会组织很少使用,33%的社会组织从未使用过,30%的社会组织以后会考虑使用,7%的社会组织以后不会考虑使用,15%的社会组织没有听说过在线志愿者管理系统。48%的社会组织经常使用互联网上储存公共资料的地方（百度云盘、ftp 等），22%的社会组织很少使用，11%的社会组织从未使用，22%的社会组织以后会考虑使用，3%的社会组织以后不会考虑使用。67%的社会组织经常使用微博、微信公众号分享公益的相关知识，15%的社会组织很少使用微博、微信公众号分享公益的相关知识，11%的社会组织以后会考虑通过此途径分享公益的相关知识。70%的社会组织经常使用电子邮件在组织内部发送资料，19%的社会组织很少使用电子邮件在组织内部发送资料，11%的社会组织以后会考虑此做法。85%的社会组织在 QQ 群内分享资料，11%的社会组织从未在 QQ 群内分享资料，3%的社会组织以后会考虑此方法，3%的社会组织以后不会考虑。

（七）了解行业的发展信息

为了具体了解社会组织通过互联网分析行业的发展信息的现状，此面向分为 6 个具体的测量指标。6 个指标聚焦于社会组织访问公益行业的信息网站、订阅同行的电子简报、关注其他公益组织的微信公众号、加入公益机构 QQ 群、通过搜索引擎搜索行业信息、在线下与同行进行交流的情况。

在受访的 27 家社会组织中，74%的社会组织经常访问公益行业的信息网站，15%的社会组织很少访问，11%的社会组织以后会考虑访问。33%的社会组织经常订阅同行的电子简报，41%的社会组织很少订阅同行的电子简报，15%的社会组织以后会考虑订阅，3%的社会组织以后不会考虑订阅，3%的社会组织没有听说过电子简报，3%的社会组织听说过但是不了解电子简报。89%的社会组织关注了其他社会组织的微信公众号，56%的社会组织经常在微博上关注公益机构，22%的社会组织很少关注，11%的社会组织从未关注，11%的社会组织以后会考虑关注。63%的社会组织经常加入相关公益机构的 QQ 群，26%的社会组织很少加入，7%的社会组织从未加入，7%的社会组织以后会考虑加入，3%的社会组织以后不会考虑加入。59%的社会组织经常通过搜索引擎搜索行业信息，19%的社会组织很少通过搜索引擎搜索行业信息，3%的社会组织从未通过此途径搜索行业信息，15%的社会组织以后会考虑使用此种方法搜索行业信息。70%的社会组织经常在线下与同行进行交流，26%的社会组织在线下很少与同行交流，7%的社会组织以后会考虑线下与同行进行交流。

数据显示，在宣传组织机构与理念、提高透明度与公信力、了解行业的发展信息这三个方面，社会组织有突出表现，70%的社会组织经常通过网站、QQ群、微博、微信等发布工作简报，56%的社会组织经常做组织的宣传片并上传到网上，41%的社会组织在大型会议中进行微信、微博互动，70%的社会组织会及时更新机构网站、微博、微信公众号，67%的社会组织会通过微博、微信公众号分享公众参与活动的照片、感想等；78%的社会组织经常通过在线渠道定期公布机构的财务状况，81%的社会组织通过微博、微信或社交网络等方式发布机构项目活动进展，59%的社会组织有固定的媒体合作伙伴；74%的社会组织经常访问公益行业的信息网站，89%的社会组织关注了其他社会组织的微信公众号，56%的社会组织经常在微博上关注公益机构，59%的社会组织经常通过搜索引擎搜索行业信息，63%的社会组织经常加入相关公益机构的QQ群。但是，社会组织在通过大数据分析组织、利用互联网进行协作、获得合作渠道与资源、进行知识与信息管理四个方面的表现有待提高。

五 公益NGO的网络化建设

目前与公益NGO网络化建设有关的资源配置主要有三种途径：第一，以福田区社会建设专项资金为支持的培训；第二，以深圳社会组织总部基地的一站式服务平台为提供的技术支撑；第三，以NGO2.0为代表的专门服务于公益NGO的网络新媒体技术培训。

（一）对来自政府和总部基地的支持情况分析

区政府社会建设专项资金通过项目制形式开设了6期课程，主要针对如何写文案、怎样运用新媒体、如何进行软文推广。但是由于这一专项资金覆盖面很广，落实到网络新媒体能力培训方面的资源就非常有限，而且不稳定。

社会组织总部基地会为入驻的社会组织提供若干网络新媒体能力培训并提供新媒体发布平台（基地官方微博、微信公众号）支持。主要集中在社会组织如何进行自我推广、品牌包装方面。入驻基地的一些有媒体背景的社会组织也开展过一些科目培训，主要集中于基本的技术操作技能和宣传策划意识，没有连续性的、有深度的互联网新媒体使用与传播培训。基地提供的新媒体发布平台的传播能力相对社会组织自己的自媒体平台并没有较大优势。笔者网上调查，截至 2016 年 6 月，深圳社会组织总部基地的官方微博——"深圳社会组织总部基地（福田）"的粉丝量只有 192 个，微博总量 238 条，单条微博的评论、转发、点赞率低于 3。抽取并统计了基地官方微信公众平台——"深圳社会组织总部基地（福田）" 2016 年 5 月 3 日至 6 月 29 日共计 57 天的推文，结果显示基地官方微信公众平台的活跃率高于官方微博，57 天内共计推文 54 篇，推文频率为每日 0.95 篇，每周推文量保持在 4 至 8 篇。2016 年 6 月 3 日的推文《有人@你，你有一个专项资金的红包没有开启——专项资金项目申请公告出炉》拥有最高阅读量 1039 次，2016 年 5 月 15 日的推文《社会服务周户外活动展示》拥有最高点赞量 10 个。统计样本的平均阅读量为 168 次，平均点赞量为 2 个。与此同时，目前深圳社会组织总部基地没有正常投入使用的成熟的官方网站，作为播报平台的新媒体很难承担作为档案展示厅的官方网站的职能，尤其是在基地自媒体传播能力不能充分支持社会组织的传播需求时，基地所给予的传播平台支持就失去了实际效用和意义。

（二）以 NGO2.0 为代表社会组织间的互助支持分析

NGO2.0 从 2009 年 5 月启动，2014 年 8 月正式注册为民办非企业单位——深圳市图鸥公益事业发展中心。该项目的业务目标是培养国内各地公益组织的互联网和社会化媒体的应用能力。NGO2.0 致力于新媒体与公益组织的有机结合，业务覆盖公益技术、公益理念和思维的传播。NGO2.0 除了定期进行全国性的社会组织的互联网使用与传播能力调研外，还注重搭建公益社会组织的社区。

1. 网络新媒体技能培训

NGO2.0 致力于在全国推广"互联网+公益"的理念和实践，技能培训是其基础业务，包括如何利用社会化媒体做营销和品牌建构、如何利用新媒体做在线知识管理以及如何使用新媒体实现具体目标（比如众筹和数据可视化），开设了 10 多门课程，向公益组织推荐网络工具，开展网络协作和网络公益众筹等，截至 2016 年，NGO2.0 已经做了六七年的培训，共计培训 700 多家社会组织。

除了提供技能培训以及网络办公工具推介，NGO2.0 着重对社会组织进行互联网思维的训练。例如最早参加 NGO2.0 培训的一个组织——"拯救民勤"（甘肃省的民勤县是中国荒漠化非常严重的一个地方）的负责人参加过培训之后，就结合当地实际来做沙漠的治理工作，把治沙保护生态环境与发展电子商务相结合，获得了经济效益。

培训之后，NGO2.0 会追踪测量社会组织参加培训的效果。每隔一年半做一个全国性的公益组织的互联网使用与传播能力调研报告，为了解互联网时代公益组织的生存现状和需求提供了数据描摹。

2. 公益组织网络社区搭建

NGO2.0 重视社区概念，他们通过两种方式搭建社区，一种是通过培训建立社会组织互动的 QQ 群、微信群；另一种是通过实施"公益地图"项目，建立公益组织与企业、公益人之间信息对接的平台。

"公益地图"项目发起于 2009 年 5 月，现已逐渐搭建了与国内公益机构、基金会、大专院校、IT 企业和热衷公益的技术人员社区之间的合作关系，旨在建立公益组织与企业、公益人之间信息对接的平台。社会组织可以在这里找到全国各地的公益组织，也可以找到企业的 CSR（Corporate – Social – Responsibility，即企业社会责任）项目。

（三）反思公益组织网络化建设的缺失

1. 弥补网站基础建设的短板

在我们调查的 27 家社会组织中，绝大多数社会组织没有建立自己的官方网站，它们的信息发布多集中于微博、微信公众号等网络自媒体。在拥有自己官方网站的社会组织中，超过 70% 的社会组织在网站的可持续维护上陷入资金短缺、人才（技术）匮乏的困境。在深度访谈中我们了解到，基础网站建设是社会组织目前的信息建设短板。网站作为一个应用框架，它能够将各种应用系统、数据资源和互联网资源集成至一个信息管理平台上，并以统一的用户界面提供给用户，使企业可以快速地建立企业对客户、企业对内部员工和企业对企业的信息通道，它所具备的档案性与自媒体平台的播报性不可相互替代。深圳社会组织总部基地作为深圳市社会组织的 CBD（中央核心区），自 2014 年 5 月成立至 2016 年 7 月仍然没有专属的官方网站投入使用。当基地的自媒体平台较社会组织本身的自媒体平台没有较大的传播优势时，它为社会组织提供的公共信息传播就没有足够的传播效力，并且和社会组织自身的传播渠道重叠。在基础性的网络化服务方面，还需要利用公共文化服务的资源进行扶持。

2. 搭建和利用互惠网络社区

网络社区的搭建需要各个公益机构、基金会、大专院校、IT企业和热衷公益的技术人员的积极参与。没有参与者，就没有社区，打造社区的工具就没有意义。社区的使用价值与其的参与者、参与者的参与频次成正比。调查问卷显示，只有15%的社会组织经常通过NGO2.0地图或者行业门户网站寻找企业、基金会或者NGO的项目，37%的社会组织很少通过此类途径寻找项目，22%的社会组织从未通过此类途径寻找项目，33%的社会组织以后会考虑通过此类途径寻找项目，3%的社会组织以后不会考虑，7%的社会组织不知道如何通过此类途径寻找项目。11%的社会组织经常通过NGO2.0地图或者行业门户网站发现合作机会，48%的社会组织很少通过此类途径发现过合作机会，41%的社会组织从未发现过合作机会。将近半数的社会组织很少通过公益地图寻找合作机会，同样超过半数的社会组织从未在公益地图上发现合作机会。网络化建设不仅应注重打造社区工具的开发，更要注重对工具的使用。对社区而言，聚集和使用才能产生互惠效应。

3. 加强网络传播人才传播能力培养

网络新媒体时代，公益NGO发展所需要的人才结构产生了变化，做公益不仅需要热情、时间、物资，知识在公益活动中所占的比例越来越高。网络是需要固定的团队持续去做的。互联网技术对公益性公共服务的支持作用主要的不是社会组织自身的发展，而是要针对特殊人群的需求。公益NGO传播能力的培养应侧重于利用社会化媒体做好推广、在线知识管理、使用新媒体实现众筹和数据可视化等。我们的调查显示，社会组织在通过大数据分析组织、利用互联网进行协作、获得合作渠道与资源、进行知识与信息管理四个方面的表现不尽如人意。虽然调查显示社会组织在宣传组织机构与理念方面有突出表现，但是这种自说自话式的新媒体使用现状缺乏互动性和持续传播性。社会组织的新媒体平台发布的信息的阅读量、点赞量、转发量、评论量都亟待提升。社会组织需要改变单纯的播报性质的信息发布，关注时事热点话题与公益行动的结合，增强公益话题的策划创意，强化关注者的互动性和黏度，将互动扩展到线上与线下的结合。

创客文化现象和创新型城市建设

顾煜桓　郑子涵

摘要　在"大众创业、万众创新"的热潮下，创客文化在中国迅速发展起来。深圳借此契机，正全力打造"全球创客之都"，推动创新型城市建设。本研究主要通过文献研究和深度访谈，对深圳的创客群体和创客文化进行考察。以深圳创客群体中，成功创客（或创业）群体和大学生创客群体等为主要调研对象，归纳总结创客群体形成和发展的内在驱动力。结合深圳城市的特性，从产业环境、政策环境、社会环境等方面，分析深圳创客文化发展的外在推动力，论述了创客文化作为新兴的创新型城市的公共文化的巨大生机。

一　从"创客空间"引发的研究

在 2014 年 9 月 10 日的夏季达沃斯论坛开幕式上，国务院总理李克强在致辞中说："中国永远做开放大国、学习大国、包容大国。从中国国情出发，努力建设成为一个创新大国。要借改革创新的'东风'，推动中国经济科学发展，在 960 万平方千米土地上掀起'大众创业''草根创业'的新浪潮，形成'万众创新''人人创新'的新态势。""大众创业，万众创新"首次在公开场合被提出，意味着政府对自主创新的重视，积极推动大众创业，引导创新转化为生产力。

2015 年 1 月 4 日，国务院总理李克强到深圳考察柴火创客空间时称："创客们的奇思妙想和丰富成果，充分展示了大众创业、万众创新的新活力。这种活力和创造，将会成为中国经济未来增长的不熄引擎。"① 2015 年 1 月 5 日，"深圳·旧金山开放创新交流峰会"在美国旧金山市举行。深圳首次以官方身份向全球推介"创客之城"。深圳这座改革开放的前沿城市正迎来转型的机遇，朝着创新型城市、国际创客之都大步迈进。深圳如何充分整合现有资源，扬长避短，是把握这次历史机遇的关键。

2015 年深圳市的 GDP 为 1.75 万亿元，人均 GDP 继续为全国之首。其中南山区为 3714.57 亿，居于深圳之首。以腾讯公司为例，这个由马化腾这一深圳大学毕业的本科学生创办的小公司，仅用了 11 年时间就打造了亚洲市值（2 万亿）最大的超级公司。本文以深圳市南山区的创客文化现象为主要研究对象。南山区高新技术产业发达，拥有全深圳最大的高新技术产业园，聚集了大批优秀的高新技术企业，科技力量雄厚。深圳大学、深圳大学城等高等学府也坐落于南山区，形成良好的学术和科研氛围，有利于促进产学研的转化。同时，南山区得益于深圳市"文化立市"和发展高新科技产业的战略，已催生出一大批文化创意产业的园区、基地和企业，使得南山区成为创新、创意、创业的热土。类似柴火创客空间、深圳大学城创意园创客 BOX 等，是一些微观的创客细胞组织。透过这些创客细胞和生长环境的分析，可以揭示创客之都的文化内核。

本文从分析南山区创客的发展现状入手，着眼于创客本身、创客所处的产业环境和政策环境，及其二者之间的相互作用所形成的独特的创客文化。调研初期，主要采用文献研究法梳理创客文化研究成果、政府关于支持和引导创客发展的政策，对创客和创客文化的发展进行描述；继而，通过对南山区的创客、企业、产业园区的深度访谈，深入了解创客现象及生存发展模式。我们选择的访谈对象包括：蛇口网谷产业园区负责人、深圳大学城创意园负责人、柴火创客空间创始人之一刘得志、浪尖设计创始人兼总裁罗成，以及多名创业者和多名大学生创客等。媒体报道和企业官网等渠道的信息也有助于我们的调查研究。本文通过对

---

① 2015 年 1 月 6 日，《李克强总理在深圳考察 赞"创客"充分展示大众创业、万众创新活力》，南方网：http://news.southcn.com/gdnews/ymtb2014/content/2015-01/05/content_115579585.htm。

创客、产业环境、政府政策环境的调研，为当前"大众创业，万众创新"热潮下大众的创新和创业，以及建设创新型城市文化提供参考。

二 何谓"创客"和"创客文化"

"创客"一词来源于英文"Maker"，最早生长于欧美广泛普及的DIY（do it yourself，自己动手做）文化。DIY文化在最基础的层面表现为不依赖专业工匠，通过利用适当工具与材料进行修缮工作，慢慢演变成发挥个人创意的一种风潮。在这种现象背后是倡导一种创造型文化而非消费型文化。①

随着信息技术、开源软件运动与新型生产工具的发展，DIY活动向科技领域蔓延，爱好者可以利用互联网、3D打印机和各种桌面加工设备将各种创意变为实际产品。2005年创刊的《爱上制作》（*Make*）杂志由美国最大的计算机出版公司编辑出版，创始人Dale Dougherty将这些自己所做的东西，通过创造与分享将想法变为现实的人称为"创客"。

在美国先有所谓的"车库文化"。很多美国人的家庭都有车库和地下室，而车库往往用作个人和家庭的工具间和修缮车间。车库文化自由而随性，不少喜欢动手动脑的青少年和梦想家都喜欢在车库里试验自己的奇思妙想。迄今为止，很多著名的品牌产品都是来自车库的，如惠普、迪斯尼、福特、苹果、亚马逊、微软等。"车库文化"是工业时代的"创客文化"。当代的创客文化继承了车库文化的发明精神，由于有了开源软件和网络化环境的帮助，获得了更大的自由发明空间。②

（一）"创客"定义

关于"创客"，国际上并没有统一标准的定义。在不同的国家和社会背景下，创客演变出不同的内涵。创客群体自身也对创客的具体内涵有不同的理解，主要包含以下几类：

---

① Maker, Wikipedia, https://en.wikipedia.org/wiki/Maker_culture.
② 徐思彦、李正风：《公众参与创新的社会网络：创客运动与创客空间》，《科学学研究》，2014年第12期。

1. "创客"是将创意转变为产品的人

美国《连线》杂志前任主编、经济学长尾理论的发明者和阐述者、《创客：新工业革命》作者 Chris Anderson 称："所谓'创客'就是那些能够利用互联网将自己的各种创意转变为实际产品的人。"① 美国著名发明家 Mitch Altman 和 Hacker 则认为："创客当然包括手工艺人和做各种兴趣爱好的人，但我们现在所说的'创客'，范围比这个要宽广得多。任何制造出产品的人，无论他们的产品是科学、计算机、电子技术、缝纫、食品，还是计算机程序等，都可以被称为创客。"② 张浩是中国最早一批接触和传播创客文化的人，也是将"Maker"翻译成"创客"的第一人。他解释说，"我的理解是，我们是一群创造的人，你创造了一个东西，你就是创客，你创造的东西如果具有了商业价值，你就可以选择去创业"。③

2. "创客"是一种文化和生活方式

台湾人李大维认为："创客就是一群坚守创新，持续实践，乐于分享并且追求美好生活的人，也是最有意愿、活力、热情和能力为自己，同时也为全体人类去创建一种更美好生活的一群人。"④ 柴火创客空间的创始人之一潘昊认为：墨子可以说是中国最早的创客，墨子不仅是一个伟大的发明家和行动者，创客们"开源、共享"的理念与墨子"兼爱、非攻"的思想一脉相承。⑤ 同是创始人的刘得志谈及创客定义时称："创客是一种文化，是一种生活方式，一定要坚持做好最底层的阶段。"参与创建第一个创客空间的王盛林强调："创客不仅是一种创业模式，更是一种生活方式，创客的理念鼓励我们跳出原有的体制和格局，让创造成为生活的一部分。"⑥

---

① 姜奇平：《史诗般的创客与新工业革命》，《互联网周刊》2012 年第 23 期。
② 《想改变世界，先改变自己——知名 Hacker、发明家 Mitch Altman 专访》，CSDNhttp://www.csdn.net/article/2014-04-18/2819397-Change-Yourself-Before-Change-The-World。
③ 《他，译出了"创客"这个词》，《深圳商报》2014 年 5 月 4 日报道。
④ 吴栋钢：《"创客方兴未艾，推动中国制造"——首届中国创客圆桌论坛成功在京举办》，《中国发明与专利》2013 年第 5 期。
⑤ 同上。
⑥ 同上。

3. "创客"在创客运动不同阶段的三种定义

Make 杂志的创始人 Dale Dougherty 从整个创客运动的角度提出了他的三种处于不同阶段的创客群体定义,即所谓"三种创客":Zero – to – Maker(入门创客),Maker – to – Maker(与创客协作的创客),Maker – to – Market(进入市场的创客)。

第一种"Zero – to – Maker(入门创客)"是刚开始对创客产生兴趣的人,他们有各种年龄各种背景,可能并不知道如何真正动手做,但是很希望尝试,他们会找到一些创客空间并在里面寻找一些可以指导他们的资源,从而慢慢学会自己动手制作。

第二种"Maker – to – Maker(与创客协作的创客)"是已经自命为创客的人,他们能力并不一定已经很强,但是他们会主动学习他们需要的东西,并能认识到创客空间里的其他人是做什么的,而且可以跟他们形成资源互补,愿意一起合作完成团体的项目。

第三种"Maker – to – Market(进入市场的创客)"有点像一种"偶然的创业者"。他们可能最开始只是为了制作自己所喜欢的事物而完成项目,但是当他们向其他人展示自己成果,其他人说"这个东西很棒,我可以买得到吗?"的时候,他们才突然萌生出原来可以把这个项目产品化的想法,从而发展出一个把自己喜欢的东西变成产品的事业,在市场上销售自己创造的产品。①

2015 年,深圳市科技创新委员会发布《深圳市促进创客发展政策措施问答白皮书》,将深圳创客群体划分为两种类型:Zero – to – Maker(入门级创客),即创意阶段的爱好者,其执着于一个兴趣并寻求创意实现的指导和资源;Maker – to – Market(进入市场的创客),即创业型创客,其目标是实现创意的产品化、产品的市场化。至此,"创客"在深圳有了官方定义。

(二)"创客"研究现状

当前,国家和各级政府部门关于"创客"的调查性研究和对策性研究发展较为迅速。李克强总理在达沃斯论坛首次公开提出"大众创业、万众创新"以后,国家政府各部门都以政策文件等形式,为其提

---

① Terryoy:《这一年,深圳的创客空间"由一化为三"》,雷锋网,http://www.leiphone.com/news/201412/gxsloEIjtRpzzr5d.html,2014 年 12 月 8 日。

供制度和政策的保障,并在具体实践层面,给予具体引导和扶持。以深圳为例,从2015年3月至今已出台了包括《深圳市关于促进创客发展的若干措施(试行)》《深圳市促进创客发展政策措施问答》等多个指导和促进深圳创客发展的重要文件。

然而,学界关于"创客"的研究仍然较少,现有以"创客"为主题的中文研究文献仅有几百篇。这部分关于创客的研究,多与创客空间和创客教育相关。在创客空间的相关研究文献中,关注点集中在国内外创客空间的类型、形态、特点、作用和意义等方面。部分文献也对当前中国如何利用创客空间,推动创客文化的发展提出了建议。在关于创客教育的研究方面,主要集中在对国外创客教育普及、创客文化在青少年中的推广等方面,多是经验的探索和归纳总结。另有零星关于深圳市创客群体和创客发展的调查研究报告。此部分调研报告关注深圳创客发展现状,以统计性数据为主,缺乏对深圳创客群体的发展动因,深圳创客发展环境的全面、深入调研。

综上所述,在各级政府的重视和推动下,关于"创客"的对策性研究发展迅速,政府智库就推进创客发展问题,在实践层面提出对策性方案。学界关于"创客"的研究仍以创客群体、创客空间等为主,且停留在调查性和描述性层面。未来的研究,应当以中国创客群体、发展创客的社会环境等为主。从文化研究的角度,深入研究中国独特的创客文化,以推进创客和创客文化的进一步发展。

三 深圳创客生存与发展状况

(一) 得天独厚的"创客"基因

早在2009年,"创客"一词在国内还鲜为人知,深圳的"科技宅"们就带着对DIY的热情聚在一块创立了深圳DIY社区(SZDIY),通过线上交流与线下聚会的方式来分享想法与着手实物的制造。他们聚在一起碰撞创意,在华强北寻找可以用于产品制作的元器件。当时,矽递科技作为国内首家为创客提供硬件服务的企业已经成为该领域的世界前三强之一。创始人潘昊也是国内较早接触创客文化的人。2011年潘昊与深圳DIY社区的成员一起成立深圳第一个创客空间——柴火创客空间。

潘昊、麻雪蛟、王建军等创客运动的参与者，以及那些在没有"创客"一词年代就已经出现的马化腾、邹胜龙等"老创客们"是深圳的创客事业最基本也是最核心的基础——创客群体自身。

在产业环境上，深圳建设"创客之都"也有着得天独厚的优势。Economist曾在名为《中国制造》的文章中描述了中国的发展创客事业的潜力，认为中国山寨企业所建立的完备的制造业链条为中国创客将想法变为产品原型，再将产品原型变为商品提供了最有力也是最基本的保障。作为拥有世界领先的完整产业链的"山寨之都"的深圳，在创客时代，不负创客天堂的美誉，2014年美国著名的硬件加速孵化器——HAXLR8R将深圳的山寨发源地华强北作为其在中国的落脚处。

（二）时势造英雄的"创客时代"

2015年3月10日上午（美国当地时间），深圳"创客之都"形象宣传片在纽约时代广场播出，形象片以"Make with Shenzhen"的强音来宣示深圳这座城市对于"创新与制造"的信仰以及建立全球创客之都的信心。"新年新气象"是中国百姓在新年伊始最爱使用的祝福语之一，对于深圳的创客发展而言，2015年毫无疑问是一个机遇年。羊年的首个工作日，深圳柴火创客空间就迎来了2015年的第一位新会员，这位新会员正是总理李克强。李克强总理在现场说："创客充分展示了大众创业、万众创新的活力。这种活力和创造，将会成为中国经济未来增长的不熄引擎。"李克强总理为"众人拾柴火焰高"的柴火创客空间，添了一把照亮和点燃"柴火空间"以及"深圳创客"信心和动力的柴火。

深圳的创客运动迎来了近5年来的快速发展期，2015年的深圳文博会首次设立了创客文化展区，为创客提供一个展示与交易平台。矽递科技有限公司等创客硬件服务商和柴火创客空间、深圳大学城创客集装箱等创客空间分别在主会场和分会场搭建了展示平台，并开展了文博会主会场"创客路演"和深圳大学城的创客市集等推广深圳创客事业的主题活动。另外在本次文博会上，深圳创客运动另一个闪光点在于深圳创客文化与深圳高校的结合，深圳大学与深圳职业技术学院也在文博会的主会馆设立了展示空间，透露了深圳的创客文化正加速走进校园的信息。

2015年6月19日深圳国际创客周开幕，创客周的"节日氛围"在深圳这座年轻的城市蔓延。柴火创客空间主办国际创客嘉年华（Maker Faire）最初是由美国 *Make* 杂志发起，已连续在深圳举办三届，不同于第一届的"Mini Maker Faire"，本次嘉年华命名为"Maker Faire Shenzhen"，在规模上与国际参与性上已经接近了世界主要创客城市嘉年华级别。在 Maker Faire 的开幕式上，科创委发布了《深圳市促进创客发展政策措施问答》白皮书，较全面地说明了现在深圳创客发展的概况和未来发展思路，证实了深圳将打造国际创客之城作为推进深圳创新型城市发展的战略任务。紧接着在7月，深圳市发布了《促进创客发展三年行动计划》，在行动中说明了三年（2015—2017年）间深圳发展创客事业的总体目标，当中提到"建成一批低成本、开放式、便利化的创客空间载体；形成一批内容丰富、成本低廉、开源共享的软件硬件资源；会聚一批思想活跃、创意丰富的创客人才；营造一种创客教育普及深入、创客精神发扬光大的城市文化；形成一套内容丰富、形式多样、机制灵活、政策完善的创客服务体系"。全方位布局来打造一个极具活力与良好生态环境的创客之都。

据不完全统计，截至2015年6月，各类创客万余人集聚深圳，各类创客空间发展至107家。根据《促进创客发展三年行动计划》中对于未来深圳创客发展规模的设想："2015年伊始，深圳每年至少新增50个创客空间、10个创客服务平台以及新增创客3万人。到2017年年底，全市创客空间数量有望达到200个、创客服务平台达到50个、全市创客超过10万人。"半年的时间，政策更新，空间建设、创客文化传播等发展速度均达到了历史的峰值，深圳创客事业的发展再次展现了"深圳速度"。

四 深圳创客文化现象探究

（一）创客群体的内在驱动力

社会学家卢因在1939年提出"团体动力学"这一概念，从研究个体的生活空间转到研究团体对行为的影响。团体动力学包括两个基本观念：①社会的健全有赖于团体的作用；②科学方法可用以改善团体的生活。团体的行为像个体的行为那样，也是以相互依存的事实为基础的。

团体是一个动力整体,其中任何一个部分的变化都必将引起另一部分的变化。从这个角度观察创客现象,我们可以将它作为一个群体文化。创客不是个别人物、个别环境的现象,而是具有内在动力的团体文化,创客团体成员之间的彼此作用,更能体现这一群体社会心理学根源和行动趋势。

创客是热衷创意、乐于分享的一群人,他们坚守创新,持续实践,同时具有将各种兴趣与爱好转变为现实创意的需求和能力。在这个群体内部,创意的流动连接起创客生态圈的彼此交流的桥梁。在设计与制造的过程中,创客们完善了自身,同时也将这种创新的能量扩散到外部,形成外部的"创客"氛围,影响、吸收更多的志同道合者。因此,这个团体的本质打上了"创新"的记号。而在团体的外部,创客们的活跃带动了社会的变化,使社会空间发生了内在气质的转变。越来越多的人接受了"创客"这一概念,越来越多的人热衷于成为创客。

为了探析深圳创客群体的内在驱动力,我们采取了访谈的方式,探究这些受访者成为创客以及将创客事业持续下去的心理动因。本书首先根据目标群体的创客角色特征,将创客群体标记为创业成功者、在职创客、大学生创客、农民工创客、中小学生创客五类不同身份特征的群体;调研之后,我们再根据访谈结果将创客群体内在驱动力划分为以下三种不同的驱动力,进而观察创客自身的不同发展阶段的心理动因特点。

1. 基于兴趣爱好和分享

"兴趣爱好"与分享是创客文化兴起最基础的心理因素,之所以有创造是源于热爱和好奇心。不论是已经成功的创业者还是仍处于学习阶段的大学生创客,对于创造新事物的兴趣与爱好都是支持他们作为创客发散创新精神的基本心理。这也证实了 *Make* 杂志创始人 Dale Dougherty 所说的,创客的基因来源于兴趣,因兴趣而开始行动。

除了"兴趣"与"爱好",发扬分享精神也是创客群体所达成的共识。除了在技术专利层面的分享,还包括对彼此所拥有的资源的分享。分享并不等于免费,它所强调的是一种分享彼此优势而促进事物发展的精神。刘德志说:"更多是精神上的驱动,而不是金钱上的驱动。我们的追求是通过分享能够得到很多的共鸣与认可,这是很有意思的事情。另外,就是我们通过分享,可以让更多人参与进来,我们可以(一起)

推进这个技术的发展。"潘昊曾在2013年首届创客圆桌论坛上强调,创客们"开源、共享"的理念与墨子"兼爱、非攻"的思想一脉相承。2014年11月30日,国际开放创新圆桌会议在深圳召开,发布了《全球创客深圳宣言》,当中写道:"我们崇尚创造,我们信仰创新,我们乐于分享,我们就是我们——我们是创客。"①

对于在职创客以及大学生创客而言,"兴趣爱好"是主要的内在驱动力,张浩(Dorabot开源机器人创始人,是中国最早一批接触和传播创客文化的人,也是将"Maker"翻译成"创客"的第一人)曾在接受访问时说:"很多人平时上班,在业余时间聚在一起搞创造。对他们来说,当一名创客这件事就像K歌一样,是一种消遣。创客空间就是一个KTV。"

"兴趣爱好"以及分享精神是创客群体内在驱动力中最广泛的,无论是根植于创业成功者还是成长的中小学"创客",深圳创客教育运动的兴起无疑是对中小学"创客"的一场培育"兴趣爱好与分享精神"的启蒙运动,《深圳市促进创客发展三年行动计划(2015—2017年)》中明确了创客教育的任务:"完善创客教育服务体系,开发创客教育培训课程,与高等院校、技工院校和中小学课程合理衔接;举办深圳学生创客节,加强学生创客创新交流……大力培育创客文化,倡导'开源、分享、协作'的创客精神。"

2. 热爱与推广创客文化

正如李大维(上海创客空间"新车间"创始人)所言:"创客就是一群坚守创新,持续实践,乐于分享并且追求美好生活的人,也是最有意愿、活力、热情和能力为自己,同时也为全体人类去创建一种更美好生活的一群人。"② 创客文化所具有的"创新、热情、分享、追求美好未来"的特质吸引了许多的追捧者。创客运动中的领袖人物坚持推广最纯真的创客文化,将推广创客文化与创客运动看作一项事业。在与柴火创客空间负责人刘德志的访谈中,我们问到为什么柴火创客空间不借着热度扩大规模,他回答道:"我们不想把做创客空间变为一个泡沫,

---

① 人民网-人民日报海外版报道:《深圳成为全球创客乐园》,网易新闻http://news.163.com/14/1210/03/AD2RLJNE00014AED.html,2014年12月10日。

② 吴栋钢:《"创客方兴未艾,推动中国制造"——首届中国创客圆桌论坛成功在京举办》,《中国发明与专利》2013年第5期。

我的初心是为了小朋友，我们的（中国）小朋友可能还在家里玩Ipad，上着培训班，我想把这种创新创意的气氛，能够接地气地让大家感受到，没有考虑过怎样转型的问题，我们希望能够把最纯粹的创客文化推广出去。"如今，创客文化已经走进了校园，创客文化本身的魅力与传播吸引越来越多的大学生成为创客。

3. 创业动机

"创客"与"创业者"有什么样的联系？创客与创业者不能被画上等号，但也不是矛盾的关系。创客群体中的一部分人群可能或期望成为创业者，他们有着创业意愿，并将创新与创业结合起来。

在职创客肖璟（"毕老师"项目合伙人）说自己也算是一个创客，希望能够创建自己的事业，把自己的想法变成一个可以持续发展的事业，一边上班一边向自己的创业目标进发。创业对于创客而言并不是一定要做的事，在创客群体之中，一些创客创造出来的产品是具备市场潜力的，符合"长尾市场"的需求，在这种时候，一些具有创业热情的创客就会走向创业之路，以创业来继续自己的创客之路。

在深圳，一些成功的创业者就是创客创业的实例，如腾讯的马化腾，迅雷科技的邹胜龙，大疆科技的汪涛等。"大众创业、万众创新"的号召再次将创客与创业建立了重要的联系。国际知名的硬件孵化中心HAXLR8R在深圳华强北建立了孵化基地，而诸如"中科创客学院""深圳大学城创意园"等已经建成的线下和诸多待建的创客孵化器，和深圳市政府出台的一系列降低创客创业成本的扶持政策，这些都体现了创客与创业的关系正逐步加强，创业俨然成为创客群体发展的内在驱动力。

（二）深圳创客群体的环境外力

创客文化的兴起和发展不仅仅靠创客群体自身的内在驱动力，也与创客所在的城市发展环境紧密相关。深圳作为改革开放的前沿城市，发展速度和发展水平一直位居全国前列。经过几十年的发展，加工制造业发达，在高新科技、创意产业等多方面也具有显著优势。其中，南山区拥有较为成熟的产业环境，加上政府的政策导向和资金支持，使南山区成为创业的热土。众多高新科技创业企业、文化创意产业园区、创客空间等先后落户深圳南山区，给创客群体提供了良好的生存和发展环境，为深圳创客文化的兴起和发展提供了温厚的土壤。

小微企业、大中型企业、产业园区、创客空间及南山区的产业环境和政策环境，构成了推动创客文化发展的点、线、面。

1. 点：创客和小微企业

在创客文化发展的过程中，创客本身是主体。是否具有创新意识和创造力，能否将创新和创意变现，是创客群体最核心的素质。当创客将创新思想转变为创意产品之后，一些创客开始探索产品的盈利模式和产业化道路。他们不再只是满足于创造本身，而是渴望将产品推向市场并获得利润。这一部分创客向创业者的身份转变，成立公司，即小微企业。

然而，在产业化的过程中，这些小微企业面临着诸多问题，像人才和团队建设、公司经验管理、筹集资金等。我们访谈了浪尖设计有限公司创始人、现任总裁罗成。罗成是创客出身，而后成立企业，现在已发展成覆盖工业设计全产业链的行业领先企业。经历了这个转变过程的罗成，十分了解创客在产业化转变过程中所可能出现的各种问题。他说，"创客有一个好的产品、好的研究方向，可能他也会拿到资本投资，但是要把他研究的方向变为现实，变成可以体验的产品，那么他就需要平台去帮他组织资源"。小微企业的发展，需要良好的孵化和成长平台，需要资金、人才、产业链等环节资源的支撑，需要政府政策的引导和扶持。

2. 线：大中型企业—产业园区—创客空间形成的"产业链"

在推动创客发展的过程中，大中型企业、产业园区及创客空间都各自扮演着重要角色，是推动创客发展的关键。

（1）大中型企业

南山区大中型企业数量繁多，尤其以高新技术产业企业和文化创意产业企业为主，其中有一些已发展成行业内的领军企业、龙头企业，或高新技术产业、文化创意产业的示范基地。像腾讯公司、A8新媒体集团、雅昌文化集团、华强文化科技集团、环球数码创意控股有限公司、迅雷公司等，在文化与科技方面均取得显著成就。这些企业拥有较强的自主创新能力，并着力于推动创新、创意转化为产品，在业务发展、人才资源、企业管理等方面也都较为成熟。这些企业的发展和经营模式，值得小微企业借鉴。

罗成先生就自己的体会谈道："很多创客都以小微企业的身份来找

我，（通常）他有一个爆发点，有一个好的核心的研究，他把商业模式也想好了，把很多方面都想好了，但他的产品可能只是一个雏形，他想要快速落地，就一定要找平台。但他在落地的过程中，没有产品专家，没有品质专家，没有供应链经验的专家，怎么办呢？自己组建团队还需要一个磨合期，这个时候如果有一个平台来帮他解决问题是最好的。"无论是业内领先企业还是发展到一定规模的大中型企业，以双方合作的方式，为小微企业提供平台，协助小微企业整合和补充部分资源，既帮助小微企业实现产品落地，同时也为自己增加盈利，更能促进行业的进步发展。

腾讯作为互联网领军企业，在这方面起到了领导和典范作用。腾讯通过推出开放平台，鼓励外部团队和企业去开发出有优秀创意的社交工具和游戏。目前在腾讯开放平台上累计收益超过1亿的创业公司达24家，超1000万的达108家，融资额超过1亿的创业公司超过100家，超20家创业公司已经或正在上市进程中。2015年腾讯在全国建立了25个线下众创空间，为创业者提供各方面的支持。同时，也有很多小型的创业项目、创业团队大量涌现，它们不一定是服务大型的企业，而是通过众筹网和众筹平台完成自己的项目，形成小微企业。

（2）产业园区

南山区在高新科技和文化创意产业方面都已形成产业园区聚集。国家科技部"建设世界一流科技园区"发展战略的六家试点园区之——深圳市高新技术产业园区坐落于此，产业园区有超过600家企业进驻。集聚孵化器功能的"文化产业园区"有OCT‐LOFT华侨城创意文化园、南海意库、深圳设计产业园、深圳动漫园、蛇口网谷、南山互联网创新创意服务基地、大学城创意园、T6艺术区、百旺创意工厂、世外桃源创意园等共16家，其中市级文化产业园区10家，约占全市1/4。

这些产业园区是创客和小微企业的重要孵化平台，园区本身也以投资方和合作方的身份，在资金、团队等资源上协助创客和小微企业的成长。深圳大学城创意园就是专门为大学生创客群体搭建的孵化平台。在访谈中，园区创建者、总经理陈伟标告诉我们："创客就是把想法变成现实。我们（这栋楼）后面有一个'创客车库'，他们都是有产品但是还没有市场化和产业化的。要实现市场化和产业化，他们就需要资金和团队。有些创客只会做产品,但是没有市场,我们就整合一些资源,把做市场、做技术、做投融资的整合起来。高职院有个项目发展到了上海,他们自己融到钱,我给他们介绍团队,帮助他们发展。创业的过程中,最重要的是创业团队,是人才;其次是销售渠道,所以我们要给创客们找这些资源。我们的网上创客平台已经启动,创客们可以进驻在上面运作,也相当于是我们孵化的项目。"

除此之外,产业链各环节的企业集聚在园区,有利于资源共享与互补,协同发展。深圳动漫园是以动漫行业为主的文化创意产业园区,目前园区内已形成较为完整的产业链,园区内企业基本涵盖了从创意到设计和包装制作等动漫产业链条的各个环节。深圳动漫园的运营管理方,积极为园区内各企业搭建交流与合作的桥梁,促进产业链上下游企业的共同合作与发展,推动动漫行业进一步向前发展。

(3) 创客空间

不同于由创客变为创业者,还有很多创客并不以营利或产业化为追求。他们动手制作、进行创新和创造的动力,源于自身的兴趣,或是有更高的传播创客精神的追求。对于这部分创客来说,孵化平台、资金和人才支持等并不重要,他们需要一种纯粹的创新和创意的氛围,需要与其他志同道合的创客们聚集在一起交流、合作,迸发出新的智慧火花。创客空间,是他们的部落。

柴火创客空间于 2010 年,由潘昊、刘得志等人建立,是深圳第一家创客空间,位于华侨城创意文化园北区 A5 栋。柴火创客空间建立的初衷即体现在它的名字中——众人拾柴火焰高。可以说,柴火创客空间是深圳乃至全国创客空间的标志。柴火创客空间为深圳的创客群体提供了一个分享、交流、协同创作的工作坊,它不以营利和产业化为目的,最纯粹的创客精神和创客文化在这里生根发芽。3D 打印机、3D 扫描仪、各类新奇的电子设备等,在这里成为现实。同时,注重与国内外创客的交流,举办各类相关的讲座、分享交流活动会、成果展示会等。深圳创客周、High Tour 深圳分享会、Make Fashion 史上穿戴式电子艺术作品展等都是由柴火创客空间主办或承办。

创客空间不同于企业、产业园区,它坚持非产业化和不以营利为目的,使得创客空间成为传播创客文化和创客精神的重要领地。创意与创新的思维在创客空间里迸发,这种创意和创新的精神是创客文化不断发